Hänisch · Gedanken für ein paar Minuten

Gottfried Hänisch

Gedanken für ein paar Minuten

Agentur des Rauhen Hauses
Hamburg

Umschlaggestaltung: Dieter Gätjens
unter Verwendung eines Fotos von Burkhart Demberg, Köln

Quellenverzeichnis
Franz von Lipperheide (Hrsg.),
Sprichwörterbuch,
Verlag F. Bruckmann, München 1909
Josef Sellmair (Hrsg.),
Weisheit unterwegs,
Verlag Friedrich Pustet, Regensburg
Friedrich Braun (Hrsg.),
Erzählungen zum kleinen lutherischen Katechismus,
Verlag von Holland und Josenhaus,
Stuttgart 1906
Die gute Nachricht,
Das Neue Testament in heutigem Deutsch,
Evangelische Haupt-Bibelgesellschaft
zu Berlin

Alle nicht mit Namen gekennzeichneten Beiträge – Meditationstexte, Gedichte und Prosa – stammen vom Autor und Herausgeber.

Agentur des Rauhen Hauses Hamburg 1984

Druck: Bercker · Graphischer Betrieb GmbH, Kevelaer
ISBN 3 7600 0387-7
Best.-Nr. 1 1221-5

Jeder Morgen
ist eine neue Berufung.

Martin Buber

Januar

Januar **1** *Weise mir, Herr, deinen Weg,*
Psalm 86,11

Ich fühle mich sehr glücklich.
Ich bin sehr traurig.
Zwei völlig entgegengesetzte Gefühle –
kennen wir sie?
Wie sind wir ins neue Jahr hinübergekommen?
Was empfanden wir, als die Glocke Mitternacht schlug, die Raketen in den Himmel stiegen, die Böllerschüsse losgingen?
Wehmut?
Sorge?
Oder das Verlangen, einen Menschen umarmen zu wollen, ihm dabei ein Dankeschön zu sagen?

Ungewiß liegen die Tage vor uns.
Manch einer bangt um den Besitz, um Vertrauen und Zuneigung.
Andere stecken so voller Pläne, daß sie schon die ersten Minuten des neuen Jahres am liebsten mit den Händen packen möchten, in die Zukunft mit großen Schritten hineinlaufen wollen.

Wer Unbekanntes vor sich hat, sehnt sich nach Orientierung.
Wer die Gegend nicht kennt, ist dankbar für einen Wegweiser.
Denn das Ziel und die Richtung sind verfehlbar.
Dann kommen die Umwege, oder der enttäuschte Rückzug – das Eingeständnis, nichts erreicht zu haben.

Ich meine, es ist gut, beten zu können: Zeige mir, Herr, deinen Weg!
Wer sich ihm so anvertraut, wird gelassen und gespannt zugleich.
Das Neue wirkt weniger unheimlich, aber auch nicht langweilig.
Weil die Schritte getan werden, die gewiesen sind.

Wir gehen tausendmal den gleichen Weg, aber niemals wieder denselben. Wilhelm Raabe

Denn wir haben hier
keine bleibende Stadt.
Hebräer 13,14

2

Januar

Stimmt das?
Gibt es keinen Ort, der uns hält?
Sind wir immer unterwegs?

Nein, es gibt auch Rastpunkte zum Verschnaufen, Augenblicke, die zur Rückschau einladen. Mancher macht gerade in den ersten Tagen des neuen Jahres den Versuch, einmal ehrlich zu sich selbst zu kommen, sich einmal den Realitäten zu stellen, und seien es nur die Jahre des zunehmenden Alters.
Doch dann geht es weiter, wieder lockt Neues und Unbekanntes.
Im Lebenslauf zum großen Ziel ist jeder Aufbruch auch ein Abschied.

Das also stimmt:
Wer stehenbleibt, der findet nichts.
Wer nur rückwärts sieht, den hält die Trauer.
Wir haben hier keine bleibende Stadt, sondern die zukünftige suchen wir.
Das hält in Bewegung.
Da ist Suchen im Gange:
weiterwollen,
nicht dahocken,
sich nicht einrichten wollen, endgültig.
Es gibt auch einen notwendigen Tapetenwechsel im geistlichen Leben:
im Glauben Neues entdecken,
das Evangelium nicht durch eine Schablone betrachten,
offen sein, welche Erfahrung wir machen,
frei bleiben für neue Erkenntnisse.

Wer in Bewegung bleibt, kommt schneller auf Gott zu.

Das Leben ist eine Flamme, die sich selbst verzehrt, aber sie fängt jedesmal wieder Feuer, wenn ein Kind geboren wird. *George Bernard Shaw*

Das Kind ist nicht nur dafür da, daß es erwachsen werde, sondern auch, nein zuerst, daß es selbst, nämlich ein Kind, und, als Kind, Mensch sei. *Romano Guardini*

Um diese Zeit kamen die Jünger zu Jesus und fragten ihn: »Wer wird in der neuen Welt Gottes der Größte sein?« Da rief Jesus ein Kind herbei, stellte es in ihre Mitte und sagte: »Ich versichere euch, wenn ihr euch nicht ändert und den Kindern gleich werdet, dann könnt ihr in Gottes neue Welt überhaupt nicht hineinkommen. Wer so wenig aus sich macht wie dieses Kind, der wird in der neuen Welt Gottes der Größte sein. Und wer in meinem Namen solch ein Kind aufnimmt, der nimmt mich auf.«
Matthäus 18,1–5

Ein Kind, das ständig kritisiert wird,
lernt vor allem zu verurteilen.

Ein Kind, das man immer auslacht,
wird sich scheu zurückziehen.

Ein Kind, das öfter gelobt wird,
lernt selbst, etwas zu schätzen.

Ein Kind, das Duldsamkeit kennenlernt,
wird die Kraft zur Geduld entwickeln.

Ein Kind, das seine Eltern nur streiten hört,
wird nicht an Versöhnung glauben.

Herr, wenn du willst,
lassen wir Feuer vom Himmel fallen
und vernichten sie! Lukas 9,54

4 Januar

Mit Feuer und Schwert dazwischenfahren,
das wollen Jakobus und Johannes, weil die Bewohner eines Dorfes in Samarien es abgelehnt hatten, Jesus eine Unterkunft zu gewähren.
Im Zorn rufen die beiden Mitarbeiter Jesu nach Vergeltung.
So ein Ort muß vom Erdboden verschwinden!
Dieses Nest wird kurzerhand ausgeräuchert!
Drastische Maßnahmen sind erforderlich!
Man muß ein Exempel statuieren!

Jesus gibt den beiden Feuerköpfen nicht nach.
Er fragt sie:
Habt ihr denn vergessen, welche Gesinnung euch bestimmen soll?
Schweigend ziehen sie in ein anderes Dorf weiter.

Wollen denn Christen die Macht?
Es gab eine Zeit, da hatten sie sie, da ging es so zu, daß, wer nicht den Willen der Kirche tat, sein Lebensrecht einbüßte.
Ein dunkles Kapitel in der Geschichte der Gemeinde Jesu.
Aber es gab auch noch eine andere Zeit, da hieß es:
Die Schätze der Kirche sind nicht Geld und Besitz,
die Schätze der Kirche sind die Armen, Kranken, Einsamen und Geächteten.
Sie sind ihr Reichtum.

Trotzdem –
ich spüre in mir den Hang zur Macht,
ich hätte sie gern in Händen,
ich hätte gern die Worte zur Verfügung, die im Handstreich das Unbequeme beseitigen.

Herr, zünde in mir das Feuer der Liebe an,
deine Liebe ist wie die Sonne –
und die Welt braucht Wärme.

Januar **5** *Von der Arbeit*

Die Arbeit war für den Menschen, den die Bibel im Zustand des Paradieses beschreibt, kein Fluch, sondern eine Aufgabe. Der Mensch bestellte den Garten Eden, hütete die Tiere und baute Früchte an, er gestaltete und verwaltete. Jede Art von Arbeit muß darum auch heute als ein Beitrag des Menschen verstanden werden, die Welt immer wieder neu zu erschaffen. Dabei geht es nicht nur um das Werk des einzelnen, sondern auch um das Miteinander, um die Gemeinschaft, auf die hin der Mensch von Gott geschaffen ist.
Im Neuen Testament wird ein Wort genannt, das eng in Verbindung zu „arbeiten" steht, das Wort „dienen". Der Christ produziert nicht nur, er werkelt nicht für sich dahin, sondern er will dienen, er will seinem Mitmenschen ein Helfer sein. Nicht um seines guten Rufes willen, sondern Christus zuliebe. Manchmal geht uns die Arbeit jedoch nicht flott von der Hand. Wir empfinden bereits das Aufstehen am frühen Morgen als eine Last. Solche Tage gehören zu unserem Leben, und keiner bleibt davon ausgenommen. Ein Fluch sollten sie uns dennoch nicht sein. Weil uns Christus befreit hat zum Dienst.

Der Mensch soll arbeiten, aber nicht wie ein Lasttier, das unter seiner Bürde in den Schlaf sinkt und nach der notdürftigsten Erholung der erschöpften Kraft zum Tragen derselben Bürde wieder aufgestört wird. *Johann Gottlieb Fichte*

Wer nicht arbeiten will, soll auch nicht essen. Nun hören wir, daß es einige unter euch gibt, die ein ungeregeltes Leben führen. Sie arbeiten nicht, sondern treiben sich unnütz herum. Wir ermahnen sie im Namen des Herrn Jesus Christus mit allem Nachdruck, daß sie einer geregelten Arbeit nachgehen und ihren Lebensunterhalt selbst verdienen.
2. Thessalonicher 3,10–12

Gott ist Licht;
in ihm gibt es keine Spur
von Finsternis. *1. Johannes 1,5*

Als Kind ging ich ungern in dunkle Räume.
Das Dunkle war mir unheimlich,
zu undurchsichtig,
nichts war greifbar,
wie der Fall in eine tiefe Grube.
Abends bat ich darum, im Zimmer das Licht eingeschaltet zu lassen, bis ich eingeschlafen war; ich wollte meine Umgebung sehen.
Heute tappe ich ungern in die finstere Nacht hinein, wenn ich den Weg nicht kenne.
Die Finsternis hemmt mich.
Helligkeit dagegen ermuntert,
da wird mir warm, und ich sehe klar.

Natürlich gibt es Tag und Nacht,
also Dunkelheit und Sonnenlicht,
schwarz und weiß,
böse und gut,
falsch und richtig.
Ich muß damit leben, weil es das Leben ist.

Gott, du bist Licht.
Niemand ist vollkommen außer dir.
Wo du bist, da ist Klarheit.
Ich sehne mich nach solcher Helligkeit.
Gott, du bist Licht.
Bleibe mir nahe,
damit ich mich nicht verirre.

Die das Dunkel nicht fühlen, werden sich nie nach dem Licht umsehen. *Henry Thomas Buckle*

Am Anfang, bevor die Welt geschaffen wurde,
war schon der, der „Das Wort" heißt.
Er war bei Gott und in allem Gott gleich.
Von Anfang an war er bei Gott.
Durch ihn wurde alles geschaffen;
nichts entstand ohne ihn.
Allen Geschöpfen gab er das Leben,
und für die Menschen war er das Licht.
Johannes 1,1–4

Der Anfang fürchtet oft, womit das Ende scherzt.
Andreas Gryphius

Guter Anfang ist halbe Arbeit.
Sprichwort

Aller Anfang ist schwer.
Sprichwort

Wer fängt an?, so fragen wir beim Kartenspiel.
Wann fängt der Film an?, so fragen wir vor dem Kinobesuch.
Was fange ich mit dem bißchen Geld an?, so fragen Unzufriedene.
Immer heißt das: beginnen.
Wo kein Beginnen ist, da geht nichts los,
da bleibt alles am Ort stehen,
da verändert sich nichts.

Einer muß anfangen.
Ganz egal, worum es sich da handelt,
ob um Selbsteinsicht, um Kartenspiele oder um die Arbeit nach der Mittagspause.
Einer muß anfangen.
Auch Gutes zu tun.
Und Liebe weiterzugeben.

Meine Zeit steht in deinen Händen.
Psalm 31,16

8 Januar

Das ist gut, in den ersten Tagen des neuen Jahres zu wissen:
Ich bin geborgen,
und ein anderer trägt für mich die Verantwortung mit:
Ich bin dem Strudel der Zeit nicht ausgeliefert.

Der Strudel der Zeit –
ich erfahre ihn zum Beispiel in der großen Bahnhofshalle.
Züge fahren ein und aus.
Rund um die Uhr Erwartungen, Eile und Betriebsamkeit.
Auf die Minuten Liebe und Zorn.
Plötzlich sind Menschen traurig, plötzlich voller Freude.
Die ganze Palette vom schillernden Leben zeigt sich.
Ankunft und Abfahrt,
und der Fahrplan steht fest,
die Zeiten sind berechnet,
sie sind genau aufeinander abgestimmt.

„Als Gott die Welt schuf, hat er nichts von Eile gesagt!«
Ein treffendes Sprichwort.
Darüber nachzudenken lohnt sich,
besonders in der Hektik des eigenen Lebens,
unter dem Ein-Druck: Nur ja nichts verpassen!
Soviel wie möglich Leben umsetzen!

Das ist gut, in den ersten Tagen des neuen Jahres zu wissen:
Du mußt nicht jagen.
Du bist kein aufgezogenes Uhrwerk, das abläuft.
Deine Zeit liegt in Gottes Händen.

Die Leute, die niemals Zeit haben, tun am wenigsten.
Georg Christoph Lichtenberg

Mein Freund, die Menschen so zu lieben, wie sie sind, ist unmöglich. Und doch soll man es nun einmal. Deshalb verbeiße deine Gefühle, wenn du ihnen Gutes tun willst, halte dir die Nase zu und schließe die Augen. Fjodor M. Dostojewski

Unsere Gegner sind Lehrer, die uns nichts kosten.
Ferdinand M. de Lesseps

Jeden freundlich empfangen,
kurz mit ihm reden,
ihn getröstet entlassen,
und sein Herz nicht an ihn hängen.
Karl Hilty

Man hört immer von Leuten, die vor lauter Liebe den Verstand verloren haben; aber es gibt auch viele, die vor lauter Verstand das Herz verloren haben.
Jean Paul

Verdirb es nicht mit den Menschen!
Wir müssen innerlich ein wenig an uns arbeiten und suchen,
milder in unserem Urteil,
anspruchsloser in unseren Forderungen zu werden.
Wir müssen anfangen, die Leute zu nehmen, wie sie sind,
und zur Erleichterung dieser Arbeit immer eingedenk sein,
daß es in Nord und Süd,
in Ost und West
immer wieder die alte Geschichte ist
und daß wir selber die Fehler teilen,
die wir an anderen rügen und verdammen.
Theodor Fontane

Er warf sich vor Jesus nieder
und bat ihn, doch in sein
Haus mitzukommen. Lukas 8,41

Vor Königen und Herrschern warf man sich hin:
mit der Bitte um Gnade, um Hilfe, um Gerechtigkeit.
Es müssen verzweifelte Menschen sein, die sich so selbst vergessen,
die die Schranken überspringen
und die sich so demütigen,
um einen Ausweg aus der schrecklichen Lage zu finden.

Da bittet ein Vater um das Leben seines Kindes.
Die Rettung ist so gut wie aussichtslos.
Nach menschlichem Ermessen gibt es keine Heilung.
Der Tod ist so gut wie sicher.
Und doch bittet der Vater um das Leben für sein Kind.
Jesus soll das Unmögliche möglich machen.
Endlich soll einmal der Ausnahmefall gelten.
Der Vater glaubt daran.
Das Wunder ist des Glaubens liebstes Kind.

Jesus rettet das Kind und gibt es den Eltern wieder.
Der Ausnahmefall wurde wahr.
Das ist mehr als ein Anstoß zum Nachdenken.
In solchen Notzeiten öffnen wir Jesus unser Haus,
unser Herz,
unser Leben.
Nur in solchen Zeiten?

Herr, du kennst meine ausweglosen Situationen.
Du weißt, was mich erwartet.
Komm zu mir
und hilf.

In wichtigen Dingen sind wir im Leben immer einsam, und unsere wirkliche Geschichte wird von den anderen fast nie begriffen. Der beste Teil dieses Dramas ist der Monolog oder vielmehr die intime Auseinandersetzung zwischen Gott, unserem Gewissen und uns. Henri Frédéric Amiel

Alle unsere Leiden kommen daher, daß wir nicht allein sein können. Jean de La Bruyère

Allein ist es besser
als mit Schlechten im Verein,
mit Guten im Verein
ist besser
als allein.
Friedrich Rückert

Alles Unglück der Menschen kommt davon, daß sie nicht mehr fertigbringen, eine Zeitlang allein in ihrem Zimmer zu sitzen. Blaise Pascal

In unser grenzenloses Alleinsein geht nur einer mit, und das ist Gott. Aenne Perl

Dein Wort ist die Wahrheit.
Johannes 17,17

12 Januar

Auf das Wort eines anderen bauen können,
sich verlassen dürfen, daß er die Wahrheit sagt,
das ist viel wert.
Ja ist ja, und nein bleibt nein.
Auch im Blick darauf, was zugesagt wurde.
»Ich komme und helfe dir!«
»Ich werde die Angelegenheit für dich klären!«
»Du hast mein Wort, ich sage nichts von dem weiter, was du mir berichtet hast!«
Das ist es, was wir suchen:
Zusagen, die nicht nur leere Sprüche sind,
Zusagen, die eingehalten werden.
Denn leider wird viel zuviel geredet,
das Blaue vom Himmel wird versprochen –
und nichts ist wahr davon.

»Wahrheit ist Gottes Siegel!« steht im Talmud geschrieben.
Was Gott zusagt, das hält er bestimmt! verspricht die Bibel.
Können wir uns darauf verlassen?
Ich denke, ja.
Vorausgesetzt, wir hören Gottes Wort aus den vielerlei menschlichen Wörtern heraus, aus dem Wirrwarr der vielen Stimmen und Sprachen, der Leitsätze und Ansprachen, der Referate und Reportagen.

Herr, dein Wort ist die Wahrheit,
laß mich darauf hören und danach tun.
Sprich mich an,
rede zu mir,
hilf mir, dich zu verstehen.
Denn oft kann ich dich nicht hören,
und manchmal weiß ich nicht, ob du es bist, der da redet.

Januar **13**

Wenn dein Bruder unrecht getan hat, dann geh zu ihm hin und rede mit ihm unter vier Augen darüber. Matthäus 18,15

Wenn wir uns doch daran halten würden:
Hingehen und mit dem Betroffenen reden, nicht erst auf die lange Bank schieben, und nicht gleich viele Leute einschalten.
Aber wir halten uns nicht daran.
Einer macht einen Fehler –
und der Krawall geht los.
Jemand hat eine Nachricht nicht wörtlich weitergegeben –
und das Donnerwetter bricht lautstark aus.
Wie ist das, wenn wir in so eine Lage geraten:
Wir haben festgestellt, daß ein anderer etwas großzügig mit dem ihm anvertrauten Geld umgegangen ist. Als ersten ist uns das aufgefallen. Rein zufällig sind wir dahintergekommen.
Was tun?
Mit dem Mäntelchen christlicher Nächstenliebe läßt sich das nicht zudecken.
Und sich zu sagen: Was ich nicht weiß, macht mich nicht heiß!, das geht auch nicht.

Vielleicht geht es so:
Ansprechen und aussprechen,
ruhig und sachlich klären, was du vermutest
und welches deine Beweise sind.
Ist Unrecht geschehen, so muß das wieder gutgemacht werden.
Der andere wird das tun, wenn er nicht gleich ins Rampenlicht der Öffentlichkeit gezerrt wird.
Unter vier Augen –
das ist die Seelsorge.
Und Seelsorge ermahnt, deckt auf, will zurechtbringen.
Damit der andere wieder leben kann.

Spuren im Schnee,
Fußtapfen nur
oder Skifahnen,
und die Fährte des Wildes,
frisch oder alt:
Hier ist Leben vorbeigezogen,
vorwärts,
weiter.

Spuren im Schnee,
ein Bild nur
oder ein Beispiel,
und die Wahrheit darin,
laut oder zart:
So zieht unser Leben dahin,
vergeht,
macht dem Neuen Platz.

Spuren im Schnee,
beruhigend für die einen,
für andere beängstigend,
und das Evangelium darin;
gut und neu:
Einer ist vorangegangen,
hat die Spur gezeichnet,
damit wir das Ziel erreichen.

Laß mich deiner Spur folgen, Herr,
damit ich mich nicht verirre
und das Ziel erreiche,
das du für mich gesteckt hast. Amen.

Januar **15**

Dankt Gott dem Vater
zu jeder Zeit für alles.
Epheser 5,20

Fordern wir zuviel –
und sind wir deshalb so wenig dankbar?
Es geht uns gut,
aber es soll uns möglichst noch besser gehen,
noch wohl-ständiger.
Gern messen wir uns an anderen,
an dem, was sie besitzen,
was sie sich angeschafft haben, verdienen und planen.
Richtig ansteckend ist dieses Laufen und Rennen nach
»mehr«,
nach Außergewöhnlichem,
nach Schönerem,
Teurerem.

Aber da sind doch noch andere Werte:
Die Gesundheit ist unbezahlbar,
Liebe und Zuneigung sind nicht zu erkaufen,
gute Freunde lassen sich nicht einfach auswechseln und
ersetzen –
und das, was wir täglich haben,
unsere Wohnung mit der persönlichen Note,
der Urlaub, auf den wir uns freuen,
das Buch, das wir lesen,
irgendwann ein Hausfest,
der Beruf und die Kollegen,
vielleicht der langverdiente Lebensabend im Rentnerdasein.

Freilich, zu jeder Zeit und für alles dankbar sein –
dazu bedarf es schon mehr als der Erinnerung an das, was unser Leben glücklich macht. Auch Krankheit, Fehlschläge, Traurigkeit und der Tod, der uns einen Menschen nimmt, gehören dazu. Wie kommen wir dann mit dem Dank zurecht? »Dankbare Menschen sind wie fruchtbare Felder; sie geben das Empfangene zehnfach zurück!« habe ich gelesen.
Vielleicht ist es das:
Zu wissen, alles, was uns Gott wie ein Vater gibt, ist gut.
Darum kann ich abgeben, um Neues zu empfangen.

Danke, Herr, für diesen Tag.

Wenn die Welt euch haßt,
dann denkt daran,
daß sie mich zuerst gehaßt hat.
Johannes 15,18

16 Januar

Mir ist zunächst ein ganz anderer Eindruck vor Augen:
Unter uns Christen herrschen Streit und Haß,
wir zanken uns,
verdächtigen einander,
sitzen uns wie feindliche Brüder gegenüber,
werfen uns Gehässigkeiten an den Kopf,
diskriminieren uns gegenseitig und stellen uns bloß –
ist es ein Wunder, wenn sich andere darüber wundern,
wenn sie die Achtung vor uns verlieren
und uns nicht mehr vertrauen?
Solche Leute, die sich selbst untereinander fertigmachen,
werden höchstens verachtet, nicht aber gehaßt.

Erst, wenn wir wirklich in der Gesinnung Jesu handeln,
wird es mitunter schwierig.
Dann macht sich vielleicht Spott breit,
ein Witz fährt dazwischen,
das Gelächter ist da.
Wir sollten aber immer ein Stück von Jesu Willen
verwirklichen wollen, auch wenn wir bei anderen auf
Widerstand stoßen:
Wo etwa geschludert wird, darfst du nicht mitmachen;
wo jemand in seine eigene Tasche arbeitet, darfst du es nicht
einfach hinnehmen;
wo ein heruntergewirtschafteter Typ Hilfe braucht,
darfst du ihn nicht laufen lassen.

Ich möchte dir Mut machen,
in Jesu Gesinnung zu bleiben.
Antworte mit Liebe auf Haß,
und wer dich verflucht, den segne.

Januar **17** *Verstehst du denn, was du da liest?*
Apostelgeschichte 8,30

Im Jahrhundert der leicht zugänglichen Information werden wir mit Worten regelrecht eingedeckt.
Das Bücherangebot der Verkaufsmessen und die Produkte des Journalismus bieten uns Mitteilung, Unterhaltung, Belehrung.
Da fällt es schwer, Schritt zu halten,
zu verstehen
und aufgeschlossen zu bleiben,
da sind Einschränkung und Begrenzung notwendig.

Verstehst du denn, was du da liest? fragt Philippus den Finanzverwalter der Königin von Äthiopien. Dieser hatte sich während eines Besuches in Jerusalem eine Schriftrolle gekauft und befindet sich nun auf der Heimreise, bei der er im Buch des Propheten Jesaja liest.

Wie kann ich verstehen, wenn mir niemand dabei hilft! antwortet der Äthiopier.

»Du mußt die Bibel nur aufschlagen und darin lesen,
dann verstehst du schon!«
Solch einen unbedachten Satz sagt Philippus nicht.
Das wäre eine törichte Anweisung.
Sie kann schädlich sein.
Denn die Bibel will erklärt und gedeutet werden.
Dazu haben Menschen studiert,
dafür gibt es Dozenten, Prediger und Professoren.
Sie sollen die Zusammenhänge aufzeigen, den Weg beschreiben, den das Volk Gottes geht, die Erfahrungen mitteilen, die Menschen in der Begegnung mit Gott machen.
Sie sollen die Hintergründe erhellen und die Geschichte erklären.

»Was man nicht versteht, besitzt man nicht!“ sagt Goethe.
Laß dir erklären, was du nicht verstehst.
Das ist keine Schande.

Bitte sag mir doch:
um wen geht es denn hier?
Apostelgeschichte 8,34

Von manchen Menschen sagen wir, sie hätten keinen Durchblick.
Keinen Durchblick haben heißt:
wie geblendet sein,
keine Übersicht haben, die Zusammenhänge einfach nicht begreifen.
Zunächst klingt das recht negativ.
Doch wir können, bei allem Wissen, schließlich nicht alles wissen.
Es wäre ja vermessen zu behaupten, daß wir alles wissen,
überall durchblicken,
alle Zusammenhänge begreifen.

Der Finanzverwalter der Königin von Äthiopien schämte sich seiner Unkenntnis nicht. Er hatte die Stelle aus dem Buch des Propheten Jesaja gelesen, die von einem Schaf berichtet, das sich ruhig scheren läßt und geschlachtet wird, und von einem Menschen, den man verurteilt und dessen Urteil dann plötzlich wieder aufgehoben wird. Bitte, sag mir doch: um wen geht es denn hier?
Das ist wirklich für mich alles ein bißchen verwirrend.
Und so gut bin ich in Bibelkunde nicht.

Da erzählt ihm Philippus die gute Nachricht von Jesus.

Es gibt kein perfektes Wissen in Glaubensfragen.
Da sind immer wieder neue Erfahrungen,
immer wieder neue Erkenntnisse.
Hauptsache, du willst davon hören.
Hauptsache, du bist neugierig geworden.
Dann wirst du die Erklärung auch mit Interesse hören.
Der Finanzverwalter aus Äthiopien läßt sich danach taufen.
Und dann setzt er seine Reise fröhlich fort.
Er hat die Gute Nachricht von Jesus verstanden.

Sein Schicksal bildet der Mensch sich selbst! – Und: seinen Menschen bildet sich das Schicksal. Johann Michael Sailer

Nichts bildet den Menschen mehr, als Menschenschicksale sehen. Wilhelm Raabe

»Es gibt sehr viele Menschen, die unglücklicher sind als du« – gewährt zwar kein Dach, darunter zu wohnen,
allein, bei einem Regenschauer darunter zu retirieren, ist das Sätzchen genug. Georg Christoph Lichtenberg

Ich habe mich nicht gegen das Schicksal beklagt und nicht gemurrt.
Aber einmal,
als ich ohne Fußbekleidung war
und mir keine Schuhe kaufen konnte,
fing ich zu murren an.
Schweren Herzens ging ich da in eine große Moschee in Kufa, und nun erblickte ich in der Moschee einen Mann, der keine Beine hatte.
Da dankte ich Gott dafür, daß ich beide Beine hatte und mir nur Schuhe mangelten, um sie zu bekleiden.
nach Lew. N. Tolstoi

Zwei Matrosen sitzen auf einem Brett, das an die Bordwand gehängt ist, neben sich haben sie zwei gewaltige Töpfe mit Farbe. Langsam, doch unaufhörlich streichen sie das Schiff. Da sagt der eine Matrose zum anderen: „Und ich bin von zu Hause weggelaufen, weil ich nicht Anstreicher werden wollte wie mein Vater!«

Das Fundament ist gelegt:
Jesus Christus.
Niemand kann ein anderes legen.
1. Korinther 3,11

Das wissen sie,
die Häuser-Erbauer,
die Eigenheim-Baumeister,
die Architekten der Hochhausriesen und Neubaublöcke:
Das Fundament ist wichtig,
seine Tragfähigkeit entscheidet über Konstruktion und Dauer,
auf ihm ruht das Ganze,
in ihm ist es verankert.
Heute ersetzt Stahlbeton das Felsgestein –
immer kommt es auf den stabilisierenden Untergrund an,
schon manches Bauvorhaben scheiterte, weil der Unterbau nicht trug,
auf Sumpfgelände und brüchigem Gestein ohne Halt läßt sich nicht bauen,
auch nicht auf Sand.

Ihr seid Gottes Bauwerk.
Ich, Paulus, bin wie ein umsichtiger Bauleiter vorgegangen
und habe das Fundament gelegt;
andere kommen und bauen darauf weiter.
Es wird nicht verborgen bleiben, was einer darauf baut,
es wird sich zeigen, ob es dem Feuer und Sturm standhält.

Mein Leben ein Bauwerk Gottes?
Das Fundament ist gelegt: Jesus Christus.
Er trägt mich.
Er stabilisiert.
Nun kommt es darauf an, was ich darauf setze –
und was ich daraus mache,
nicht nur mutig,
sondern auch besonnen.

Januar **21**

Stärkt die müden Hände
und macht fest
die wankenden Knie! Jesaja 35,3

Es ist noch gar nicht so lange her, da saß ich tagelang an ihrem Bett.
Sie hatte ein hohes Alter erreicht, eine alte Frau, gezeichnet von den Arbeitsjahren und von harten Zeiten.
Ihr sehnlichster Wunsch lautete:
Wenn ich nur endlich sterben könnte!
Mit leiser Stimme flüsterte sie diesen Satz vor sich hin.
Ich verstand ihn.
Sie litt entsetzlich.
Wenn man keinen Bissen mehr hinunterbekommt und nur noch so ein bißchen trinken kann, dann wird das Gesicht fahl.
Es war die totale Schwäche.
Nichts ging mehr.
Ich sah auf sie wie auf einen alten, vertrockneten Baum.

Erlösung.
An dieses Wort dachte ich.
Nimm sie, o Gott, zu dir!
Sie muß so sehr leiden.
Es ist genug.

Erlösung.
Das ist die Hoffnung.
Solche Hoffnung brauchte das Volk Israel in schwerster Zeit.
In solchen Zeiten werden die Hände müde,
und die Knie beginnen zu zittern.

Es ist zu allen Zeiten so gewesen:
In die Resignation hinein,
in die Lethargie,
über alle Trostlosigkeit hinweg,
wider alle Lähmung
strömt die Kraft, die herausreißt,
die wieder aufrichtet,
die den Durchbruch möglich macht.

Hab keine Angst!
Deine Schuld ist dir vergeben.
Matthäus 9,2

Vergeben schon – aber nicht vergessen!
Diese Meinung hören wir öfter.
Sie besagt: Vergeben ist leichter als vergessen.
Mit Worten läßt sich ein Strich unter alles ziehen –
aber in Gedanken, in der Erinnerung, da kaum.

Natürlich, auch das gibt es:
Manche Menschen tragen unendlich lange nach.
Es gehört fast zu ihrer Natur, nicht vergessen zu wollen.
Und manche rechnen immer wieder auf
und schaffen den Nährboden für ihre Forderung:
Bedenke, was du getan hast –
und aus diesem Grund tue jetzt, was ich von dir verlange!
So sollen Zuneigung und Gehorsam aus Schuldgefühlen
erpreßt werden.

Wie ganz anders ist die Zusage:
Hab keine Angst! Deine Schuld ist dir vergeben.
Der Himmel tut sich da auf.
Das klingt nicht nur ermutigend, das verändert und befreit.
Denn in diesem Augenblick fällt die Last ab.
Wie oft schleppen wir doch viel zu lange Gepäck mit uns,
das uns nur niederdrückt.
Und mancher fährt sich fest in seinem Berg von
Schuldgefühlen.

Wenn Gott vergibt, dann vergibt er alles.
Da bleibt nichts zurück.
Hab keine Angst!

Sage niemals von etwas: »Ich habe es verloren«, sondern: »Ich habe es zurückgegeben.«
Dein Kind ist gestorben: du hast es zurückgegeben.
Dein Weib ist gestorben: du hast es zurückgegeben.
Ein Landgut wurde dir genommen: auch das hast du zurückgegeben.
»Aber der es mir nahm, war ein schlechter Kerl!«
Was geht es dich an, durch wen es der Geber zurückverlangt?
Epiktet

Einmal kam ein Mann zu Jesus und fragte ihn: »Lehrer, was muß ich Gutes tun, um das ewige Leben zu bekommen?«
»Warum fragst du mich, was gut ist?« antwortete Jesus. »Es gibt nur einen, der gut ist! Wenn du bei ihm leben willst, dann halte seine Gebote.«
»Welche Gebote?« fragte der Mann.
Jesus antwortete: »Du sollst nicht töten, nicht die Ehe brechen, nicht stehlen, nicht lügen, du sollst deinen Vater und deine Mutter ehren und deinen Mitmenschen lieben wie dich selbst.«
»Ich habe alle diese Gebote gehalten«, erwiderte der junge Mann. »Was muß ich noch tun?«
Jesus sagte zu ihm: »Wenn es dir ums Ganze geht, dann verkaufe deinen Besitz und gib das Geld den Armen, so wirst du bei Gott einen unverlierbaren Reichtum haben. Und dann komm mit mir!«
Als der junge Mann das hörte, ging er traurig weg; denn er war sehr reich. Matthäus 19,16–22

Reich ist man nicht durch das,
was man besitzt,
sondern mehr noch durch das,
was man mit Würde zu entbehren weiß,
und es könnte sein,
daß die Menschheit reicher wird,
indem sie ärmer wird,
und gewinnt,
indem sie verliert.
Immanuel Kant

Kein Mensch
hat Gott jemals gesehen.
Johannes 1,18

24 Januar

Gerade das macht uns zu schaffen,
gerade danach fragen sie, die nur begreifen, was sie auch sehen und was sie anfassen können:
Zeig mir deinen Gott!
Wenn es ihn gibt, dann muß er auch zu sehen sein.
Hier, den Motor, den kann ich sehen, den gibt es!
Hier, der Schlüssel, ich kann ihn drehen und damit öffnen!
Hier, das Brot, ich schmecke es!

Vielleicht blickst du in solchen Augenblicken deines eigenen Zweifels oder der Anfrage zu jenen, die ihre Götter geschnitzt, in Stein gehauen oder als Naturerscheinung vorgewiesen haben. Durch viele Zeiten haben sich Menschen solche Götter hergestellt, sichtbar für die, die daran glauben sollten, den Feinden zur Abschreckung. Aber – eben tote, leblose Figuren, denen man opferte und die doch stumm blieben und noch heute keine Antwort geben. Und die Gewalten der Natur sind selbst jenen Gesetzen unterworfen, deren Kraft die Menschen verehrten.

Kein Mensch hat Gott jemals gesehen, sagt Johannes.
Und er setzt hinzu:
Nur der Sohn, der eng mit dem Vater verbunden ist, hat uns gesagt, wer Gott ist.
Und weil Vater und Sohn sich ganz ähnlich sind,
kann Johannes sagen:
Sieh Jesus an, und du siehst Gott.
Er ist der neue Mensch,
nicht nur nach Gottes Bild geschaffen,
sondern Teil von ihm selbst.
Und Jesus nennt Gott Vater,
damit deutlich wird:
Auch du bist sein Kind.

Januar **25**

*Vergeßt die Menschen nicht,
die euch Gottes Botschaft zuerst
mitgeteilt haben.
Hebräer 13,7*

Das ist schon von Bedeutung, wer das erste Mal die Gute Nachricht von der Liebe Gottes zu uns brachte:
Vater oder Mutter,
ein Freund,
die Braut,
ein Mitarbeiter in der Gemeinde,
und –
ob in jungen Jahren oder erst im Alter.
Denk jetzt einmal darüber kurz nach,
erinnere dich an sein Gesicht,
an seine Hände,
an seine Gesten.

Das ist schon von Bedeutung, wie sie uns die Gute Nachricht vermittelten,
ob mit Strenge und in der Art eines Lehrmeisters,
oder in der Güte mütterlicher oder brüderlicher Liebe.
Vielleicht hat sich inzwischen in der Erinnerung verschoben,
was dir heute wichtig ist,
die Situationen von früher sind nicht die heutigen.
Doch es bleibt:
Wir haben ein erstes Mal von Gott gehört.
Und wir horchten auf,
wir staunten,
oder wir waren bestürzt.

Viele Menschen hören nie davon.
Vielleicht, daß wir darum jenen nacheifern, die uns die Gute Nachricht das erste Mal anvertrauten,
indem wir Gleiches tun und weitersagen,
indem wir vorleben.
Damit ehren wir jene, die uns zuerst Gottes Botschaft mitgeteilt haben, am besten.

Mensch, wenn du irregehst,
so frage dein Gewissen;
du wirst ohn' all'n Verzug
die Straß' erkennen müssen.
Angelus Silesius

Alle Menschen pflegen zu sündigen.
Der Unterschied zwischen den Menschen besteht im Grad der Gewissensbisse nach der Sünde.
Vittorio Alfieri

Im Gewissen hat das Auge Gottes mich erblickt,
und nun ist es mir unmöglich, zu vergessen,
daß dieses Auge mich sieht.
Sören Kierkegaard

Niemals soll sich der Schlaf auf die matten Lider dir senken,
ehe du jegliches Werk des Tages dreifach geprüft hast:
Wo übertrat ich?
Was habe ich vollbracht?
Was sollte ich und ließ es?
So geh' alles durch von Anfang zum Ende,
und schließlich:
Tatest du Arges, so spar keinen Tadel;
wenn Gutes; sei fröhlich.
Griechische Weisheit

Darum bemühe ich mich auch, immer ein gutes Gewissen vor Gott und den Menschen zu haben. Apostelgeschichte 24,16

Januar **27**

Seid auf der Hut,
daß niemand die Gnade Gottes
verscherzt. *Hebräer 12,15*

Soll ich meines Bruders Hüter sein? antwortet Kain in der biblischen Erzählung Gott, als dieser ihn fragt, wo Abel sei.
Was geht mich das Seelenheil anderer an?
Bin ich für deren Fehler verantwortlich?
Und überhaupt: Sind die Leute nicht ekelhaft, die ihre Nase immer in anderer Eigenleben stecken? Diese Topfgucker!
Denken wir so?
Sagen wir uns: Der Nachbar, der Freund, der Ehepartner, der Kollege, sie sind schließlich erwachsen genug, um auf sich selbst aufpassen zu können, ich bin nicht ihr Kindermädchen!

Gewiß, das bist du nicht,
und niemand will dich zur Gouvernante machen.
Aber, das könnte eben passieren, daß der Nachbar, der Freund, der Ehepartner oder der Kollege die Chance ausschlagen und auf den Abweg geraten.
Kannst du da im Abseits stehen?
So tun, als wäre nichts?

Gottes Gnade verscherzen,
durch Schuld die Barmherzigkeit ausschlagen,
sie verjubeln –
ich möchte nicht, daß jemand Gottes Gnade verspielt.
Ich möchte aber auch nicht ein Aufpasser sein.

Herr, laß mich helfen, wie mir geholfen wird,
laß mich beim Namen nennen, was beim Namen zu nennen ist,
nicht wie ein Pharisäer,
sondern wie ein Bruder,
wie eine Schwester,
wie ein richtiger, guter Freund.

*Denn ich weiß wohl, was
ich für Gedanken über euch habe,
spricht der Herr: Gedanken
des Friedens und nicht des
Leides, daß ich euch gebe das Ende,
des ihr wartet. Jeremia 29,11*

Gedanken nur?
Als Idee?
Als Theorie?
Eine Utopie?
Das wäre zuwenig.
Weil das große Bedürfnis der Menschheit so nicht zu
befriedigen ist:
Frieden – und nicht Leid,
danach sehnen wir uns,
das erbitten wir in unseren Gebeten.

Das Gegenteil von Frieden – das ist der Krieg.
Krieg bringt Leid, Not und Tod.
Gar noch ein Weltkrieg!
Da bleibt nichts übrig, rein gar nichts.

Der Frieden, den Gott meint, ist aber mehr als nur das
Gegenteil vom Krieg.
Der Friede, den Gott über uns ausbreiten will, bedeutet nicht
nur Harmonie und Wohlbefinden,
er bringt das Glücklichsein,
das Heil,
er ist so tief wie der tiefste Bergsee
und so weit, wie die Sonnensysteme sind,
so rein, so kraftvoll.
Daran denkt Gott,
weil er weiß, wir warten darauf,
weil er sieht, wir halten die Friedlosigkeit nicht aus,
daran denkt Gott,
damit das Häßliche erlischt
und das Böse in uns aufhört.

Gedanken – für ein paar Minuten,
sie reichen bis in die Ewigkeit hinein.

Januar **29** *Ich habe deine Tränen gesehen.*
2. Könige 20,5

Tränen sind die Perlen der Seele.
Hinter ihr Geheimnis kommen zu wollen heißt, in den Menschen hineinsehen wollen.
Warum weinen wir?
Was sind das für Gefühle, die die Augen feucht machen?
Traurigkeiten,
Enttäuschungen,
Zorn –
oder Glück?
Es hat eine Zeit gegeben, da galt die Meinung:
Ein Junge, ein Mann, die weinen nicht, die haben sich in der Gewalt, heulen ist Weibersache!
Eine unsinnige Einstellung zu Gefühlen.
Als ob sich Gefühle unterdrücken ließen, ohne daß Menschen dabei Schaden nehmen!

Tränen sind die Perlen der Seele.
Hiskia war ein König. In seiner Zeit ein mächtiger Mann, der Befehle erteilen konnte und Huldigungen für sich in Anspruch nahm, also ein Mensch, der weit über dem Durchschnitt der damaligen Bevölkerung lebte.
Aber, was ist das alles, wenn er weiß: Ich bin todkrank. Es ist keine Hilfe mehr möglich. Und mit so viel Schmerzen im Leib kann keiner den Helden spielen, da kommen die Tränen von selbst.

Ich habe deine Tränen gesehen, sagt Gott zu Hiskia.
Das heißt: Ich kenne dich genau.
Ich weiß, was du fühlst.
Gerade jetzt, in den Stunden der Verzweiflung, lasse ich dich nicht los.
Auf mich sollst du hoffen.
In meiner Nähe wirst du gesund.

Nun kommt es darauf an, ob du mir vertraust, sagt Gott.

Je mehr du deine Bedürfnisse häufst, um so größerer Knechtschaft setzt du dich aus:
weil du deine Freiheit um so mehr beschränkst, je mehr du nötig hast.
Vollkommene Freiheit genießt nur, der überhaupt nichts bedarf, am nächsten kommt ihm aber –
wer nur weniges bedarf. Johannes Chrysostomus

Alles, was dem Bedürfnis ähnlich ist,
hat die Eigentümlichkeit,
daß man es viel weniger genießt,
wenn man es hat,
als es schmerzt,
wenn man es entbehrt.
Wilhelm von Humboldt

Wie selten ist der Mensch mit dem Zustand zufrieden, in dem er sich befindet! Er wünscht sich immer den seines Nächsten, aus welchem sich dieser gleichfalls heraussehnt.
Johann Wolfgang von Goethe

In dem menschlichen Geschlecht ist ein
wunderliches Streben: – zuerst der Drang,
sich zu entwickeln,
dann Kinder zu haben,
dann zu genießen,
all die kleinen Dinge zu erforschen,
endlich Gott zu erkennen.
Adalbert Stifter

Hans, komm Holz hacken! – Mein Magen schmerzt!
Hans, komm Grütze essen! – Wo, wo ist mein großer Löffel?
Volksweisheit

Januar **31**

Warum tut ihr
den ganzen Tag nichts?
Matthäus 20,6

Das fragt ein Weinbergbesitzer die Männer, die auf dem Marktplatz herumstehen und arbeitslos sind. Sooft er zum Marktplatz kommt, findet er solche Arbeitslose, kräftige, arbeitswillige und jetzt gelangweilte Männer, die niemand einstellt.
Eine ganz schreckliche Situation, die uns fern und fremd ist.
Wir haben unsere Arbeit, unseren Beruf,
wir verdienen und können damit auskommen,
unsere Existenz ist gesichert.
Arbeitslossein macht Menschen kaputt,
regelrecht krank.
Sie fühlen sich nutzlos,
minderwertig.
Arbeit ist ein Stück entscheidender Bestätigung für Menschen, in ihr setzen sie Eigenes in die Tat um.
Arbeit ist nicht nur Leistung, sondern auch Erlebnis.

Warum tut ihr den ganzen Tag nichts?
Auch das gibt es:
Leute, die nicht mehr an sich selbst arbeiten,
die sich in den Tag hineinfallen lassen,
die nichts mehr ändern.
Vielleicht stecken zu viele Enttäuschungen in ihnen,
vielleicht zerbrachen die guten Ansätze,
darum resignieren sie.
Vielleicht aber sind sie auch selbstzufrieden,
satt,
von sich ganz und gar überzeugt.

Warum tut ihr den ganzen Tag nichts?
Wer zu lange wartet, verpaßt auch den Rest.

Herr, zeige mir, was ich heute tun soll.

Februar

Februar **1**

Solange wir also noch Zeit haben,
wollen wir allen Menschen
Liebe erweisen. *Galater 6,10*

Menschen klagen darüber, daß sie einem Angehörigen, einem Freund oder einem ihnen sehr nahestehenden Kollegen eigentlich hätten noch viel mehr Gutes tun sollen, als sie taten; nun, da er gestorben ist, besteht keine Möglichkeit mehr dazu: Es bleibt nur Reue. Und oft plagen Vorwürfe, die nicht schlafen lassen, weil die Meinung da ist, den anderen eben doch nicht richtig verstanden zu haben.

Hätte ich ihm doch mehr Liebe erwiesen!

Das ist der eine Teil.
Der andere besagt dies:
Auch unsere Zeit ist bemessen.
Wir stehen auf Abruf in dieser Welt.
Für manche wirkt der Gedanke daran bedrückend.
Wer will schon an den Tod erinnert werden?
Und doch, die Begrenzung steht unwiderruflich fest.
Solange wir also noch Zeit haben ...
Eigentlich brauchte das nicht zu bedrücken,
Liebe erweisen macht ja froh.
Und wer sie anderen gibt, hat selbst viel davon.

Ich möchte so gern freundlich sein und Liebe erweisen!

Ein schöner Wunsch.
Vielleicht ein Gebet.
Ein Seufzer.
Mal sehen, wer mir über den Weg läuft, ich will es versuchen.
Seine Zeit ist auch meine Zeit.

Der Augenblick ist jetzt! *Lew N. Tolstoi*

Der Heitere ist Meister seiner Seele.
William Shakespeare

Heiterkeit und Freudigkeit ist der Himmel,
unter dem alles gedeiht,
Gift ausgenommen.
Jean Paul

Wer die Sorgen meistern will, der borge
sich von morgen niemals schon die Sorge;
denn die beiden unbeschwerten Schwestern
sind von morgen und eben von gestern.

Wer das Lachen lernen will, der singe,
wenn er aufwacht, was er gern anfinge;
denn die beiden unbeschwerten Brüder
sind das Lachen und eben die Lieder.

Wer die Freundschaft halten will, der wisse,
daß die Zeiten heilen manche Risse;
denn nur ausgekochte Bösewichter
haben Köpfe, aber nicht Gesichter.

Heiterkeit hat nur der Mensch,
Genuß auch das Tier.
Jean Paul

Ein fröhliches Herz macht das Leben lustig,
aber ein betrübter Mut vertrocknet das Gebein.
Sprüche 17,22

Der Heiterkeit sollen wir, wenn sie sich einstellt, Tür und Tor
öffnen, denn sie kommt nie zur unrechten Zeit.
Arthur Schopenhauer

Februar **3**

Wenn ich zu dir rufe,
so erhörst du mich und gibst
meiner Seele große Kraft.
Psalm 138,3

Wie man in den Wald hineinruft,
so schallt es heraus.
Denn es kann nichts anderes kommen
als die eigene Stimme,
laut,
zornig,
weich,
werbend,
wie beim Echo –
das jedoch verzerrt, verdreht und verkürzt.

Aber ich rufe zu dir, Herr,
nicht wie in einen großen, finsteren Wald,
nicht gegen Wände, die den Schall zurückwerfen,
und was dann zurückkehrt, ist wie ein Spott.
Ich rufe zu dir, weil ich will,
daß nicht meine eigene Stimme wiederkommt,
daß ich nicht nur meine eigenen Worte höre,
sondern daß du antwortest
und damit in mein Leben eingreifst.
Ich rufe zu dir, Herr,
denn die Erfahrung sagt:
Du läßt mich nicht auflaufen,
nicht stranden,
du machst mich stark,
so daß mein seelisches Gleichgewicht wiederhergestellt wird
und ich wieder Boden unter den Füßen fühle.

Nicht alle unsere Wünsche, aber alle seine
Verheißungen erfüllt Gott. *Dietrich Bonhoeffer*

Warum tut Gott mir das an?
Ich verstehe ihn nicht mehr!
Sein Weg ist mir unbegreiflich geworden!
So oder ähnlich sprechen mitunter Christen.
Es ist ihnen, als sei ein Vorhang niedergegangen,
so fremd ist ihnen Gott geworden,
sie fühlen sich von seinen Zusagen wie abgeschnitten.
Noch vor kurzer Zeit meinten sie geborgen zu sein,
sie glaubten Gottes Weg zu kennen,
sie gingen jeden Schritt als Geführte –
nun plötzlich die harte Probe,
das Leben bekommt einen Knick.

Es gehört zu den großen Aussagen der Bibel, daß Gottes Wege mit uns nach anderen als menschlichen Gesichtspunkten verlaufen. Da streckt er einen Arm aus und fegt die Stolzen samt ihren Plänen hinweg. Dort richtet er Unterdrückte auf und macht Hungrige endlich satt. Reiche werden arm, und Mächtige stürzen vom Thron. Lebensläufe, von Menschen vorprogrammiert, brechen ab, ein Torso bleibt übrig. Andere, aus medizinischer Sicht aufgegeben, stehen von ihrem Krankenlager auf und leben weiter.

Gott, dein Weg ist heilig.
Er ist anders, als ich ihn mir oft vorstelle.
Dann rätsele ich herum,
ich denke:
Was willst du mir damit sagen, mein Gott,
wohin willst du mich führen,
sind das nicht Umwege?
Bis mir klar wird:
Gott, dein Weg ist heilig.
Laß mich ihn verstehen lernen –
und gehen.

Das schönste Glück des denkenden Menschen ist,
das Erforschliche erforscht zu haben
und das Unerforschliche ruhig zu verehren.
Johann Wolfgang von Goethe

Man muß viel lernen, um zu erkennen, daß man wenig weiß.
Michel Eyquem de Montaigne

Vor vielen Jahren gedachten die Frommen: Es ist Sünde zu sagen, die Erde sei etwas anderes als eine Scheibe.
Und gegen die Erkenntnis standen sie auf zum Gericht,
denn, so meinten sie in bester Absicht: Wer gegen den Buchstaben steht,
steht gegen Gott.
Aber die Erde bewegte sich doch,
eine Kugel unter Millionen Kugeln,
zum Entsetzen der Richter
und zum Schaden der Wissenden.
Das gab Anlaß genug zum Zweifel
und zum Spott,
oder gar, um abtrünnig zu werden.
Es steht geschrieben:
Die Furcht des Herrn
ist der Weisheit Anfang,
also nicht der Erkenntnis Ende.
Und –
macht sie euch untertan, diese Erde.
Denn sie bewegt sich weiter.

Wichtig ist nicht die Menge des Wissens, sondern seine Güte. Man kann sehr viel wissen, dabei aber nicht einmal das Nötigste. Lew N. Tolstoi

Kinder sind eine Gabe des Herrn.
Psalm 127,3

6 Februar

Kleine Kinder – kleine Sorgen,
große Kinder – große Sorgen!
Die Gabe des Herrn – eine Last?
Ich kenne solche Berichte über »ungeratene Kinder«,
die Eltern kriegen graue Haare davon,
sie merken, wie sie ihr Kind verlieren,
wie es ihnen wegläuft,
vielleicht den Weg ins Verderben einschlägt.
Wissen wir das genau?
Oder sprengen Kinder oft nur die Fesseln der Tradition?

Kinder sind eine Gabe Gottes.
Wie aber, wenn einem Ehepaar Kinder versagt bleiben?
Straft sie damit etwa Gott?
Diese Vorstellung aus dem Alten Testament ist uns heute fremd;
genau, wie die, daß großer Besitz ein besonderer Segen des Herrn wäre.

Kinder sind eine anvertraute Gabe, ein Geschenk.
Wie glücklich können Eltern sein, wenn sie in das Körbchen zu dem Neugeborenen blicken. Und wie behutsam gehen sie mit dem kleinen Menschen um.
Wie stolz können Eltern sein, wenn die Kinder dann groß geworden sind, das Examen bestanden haben, ihren Weg machen – und wie können Eltern schmunzeln, wenn sie Züge ihres eigenen Verhaltens bei ihren Kindern wiederfinden, denselben Gang, dieselbe Geste, das genaue Wissenwollen, die gleiche Empfindsamkeit.
Kinder sind auch immer ein Stück Zukunft. Eltern prägen in ihnen das Kommende. So, wie Kinder Mitmenschlichkeit erleben, so werden sie später selbst einmal sein. Eltern tragen deshalb eine hohe Verantwortung für ihre Kinder, bis zu dem Zeitpunkt, da diese selbst verantwortlich sind.
Eine lange Strecke.
Halten wir durch?
Ich denke ja –
mit Gottes Hilfe.

Februar **7** *Seid immer fröhlich.*
1. Thessalonicher 5,16

Das kann ich ja gar nicht.
Ich bin oft so niedergeschlagen,
so müde und gleichgültig,
und ich frage mich: Woran mag das nur liegen?

Anderen scheint nicht so zumute zu sein,
die sind ausgelassen und fröhlich,
die lachen und freuen sich
und sagen: Es ist schön, zu leben!

Warum gelingt mir das nicht?
Bin ich so veranlagt?
Oder hat man mich nur so erzogen,
verzogen?

Seid fröhlich!
Das hat einen Ursprung.
Fröhlich sein können und wollen,
das kommt nicht aus Stimmungsmacherei,
fröhlich sein können heißt unbeschwert sein,
nicht unter Druck stehen,
unter dem Zwang, etwas anderes darstellen zu müssen,
als man selber ist.

Gott sagt:
Mein Kind, ich habe dich angenommen, wie du bist. Du mußt nicht immerzu beweisen wollen, wer du bist. Du mußt dich nicht krampfhaft an eine Position klammern. Ich bin bei dir. Das ist ein Grund, fröhlich zu sein. Probier's.

Die Menschen sollen sich einander bei den Händen fassen
und nicht nur gut sein, sondern auch froh.
Die Freude ist der Sommer, der die inneren Früchte färbt.
Jean Paul

Dolmetschen – das heißt übersetzen.
Dolmetscher werden überall gebraucht:
während einer Konferenz oder eines Kongresses,
bei der Stadtrundfahrt oder innerhalb eines Institutes,
für das gedruckte wie für das gesprochene Wort.
Dolmetscher sind dazu da, etwas verständlich zu machen –
von einer Sprache in die andere.

Dolmetschen – das heißt übersetzen.
Auch Christen sind Dolmetscher.
Sie wollen eine Nachricht weitergeben, die wenige verstehen.
Sie wollen sich verständlich machen,
warum sie so sind und so handeln.
Sie wollen sich erklären.
Ein Christ kann jedoch nur das übersetzen, was er selbst
begriffen hat und glaubt.
Und er muß seine Umwelt genau kennen, in ihr bewußt leben
und ihre Sprache sprechen.
Nicht zuletzt wird es jedem Christen helfen, wenn er weiß:
Ich bin bei der Übersetzung nicht die Hauptperson,
ich bin nur Dolmetscher.
Das wertet nicht ab,
das berechtigt auch nicht zur Schluderei,
im Gegenteil, da ist besondere Sorgfalt nötig.

Dolmetschen – das heißt übersetzen.
Vielleicht so, wie ein Boot von einem Ufer zum anderen
über-setzt.

Wer aufmerksam zuhört, vernünftig fragt,
gelassen antwortet und zu sprechen aufhört,
wenn er nichts mehr zu sagen hat,
der ist im Besitz der nötigsten Eigenschaft,
die das Leben erwartet. *Johann Kaspar Lavater*

Februar **9** *Bei ihm ist Kraft und Einsicht.*
Sein ist, der da irrt und der irreführt.
Hiob 12,16

Unkenntnis schützt vor Strafe nicht –
das ist eine alte richterliche Regel.
Sonst könnten wir uns ja ganz schön herausreden:
»Ich habe nichts davon gewußt! –
Mir völlig unbekannt!«
Ein unzureichendes Alibi.

Andererseits: Irren ist menschlich!
Das ist klar.
Ich kann nicht in allen Dingen Bescheid wissen.
Irren ist ein Zustand, in dem jemand vermeintlich das Richtige sagt oder tut –
in der Annahme, daß ...
Jeder Mensch kann sich irren, sagt Cicero, nur der Tor verharrt im Irrtum.
Man muß Einsehen haben.

Hingegen: Irreführen,
das ist bewußtes Fehlleiten.
Nicht nur annehmen, es könnte nicht richtig sein,
sondern wissen, es ist falsch.
und trotzdem dazu verleiten.
Dazu gehört eine Menge Abgebrühtheit.
Irreführen ist mehr als vorsätzliches Täuschen.
Da kann jemand in den Abgrund und Tod geschickt werden.
In der Zeit des Faschismus wurden Millionen irregeführt.

Gott hat beide in der Hand:
den, der irrt, und den, der irreführt.
Und er will, daß beide zur Einsicht kommen.
Einsehen heißt, einen Zusammenhang richtig erkennen.
Das muß nicht blamabel sein.

Herr, ich möchte vom richtigen Weg nicht abkommen,
behüte mich vor Irreführung.

Merkt ihr nicht, daß Gott
euch durch seine Freundlichkeit
zur Umkehr bringen will?
Römer 2,4

Ein gutes Wort bewirkt mehr als viele Tadel!
Das raten uns die Pädagogen und Psychologen,
davon erzählen uns Eltern.
Es ist so:
Mit Freundlichkeit erreichst du mehr.
Da kann der andere kaum nein sagen.
Eine freundliche Bitte läßt sich schwerlich abschlagen,
es sei denn, der andere ist hart verpackt,
er ist stur und will einfach nicht –
verbockt – verstockt.
Oder, er ist so mit sich beschäftigt, daß er überhaupt nicht
zuhört, rein gar nichts wahrnimmt von der Freundlichkeit.
Und Freundlichkeit hängt ja mit Freundschaft zusammen.

Laß mich's merken, Herr,
daß du freundlich zu mir bist,
daß du mir ein Freund sein willst.
Laß mich einsehen, was ich falsch mache,
laß mich merken:
Meine Entscheidungen führen oft weg von dir,
und das bringt mich nicht voran,
auch wenn es so aussehen sollte.
Heute willst du,
daß ich deine Freundlichkeit nicht ausschlage.

Herr, mein Freund,
ich will mich zu dir wenden.
Gehe die Strecke mit mir,
die zum Leben führt.
Herr, du mein Freund der Freundlichkeit.

Ein Mann soll die Besonderheiten seines Lebens geheimhalten, damit die anderen keine Gelegenheit haben, ihn zu bewundern. Thomas Morus

Manchmal –
und das ist der Augenblick im Alltag –
entdecke ich
in meinen vier Wänden
plötzlich
das allzu Bekannte
ganz neu
und wundere mich.

Dann sehe ich –
und das ist, als lebte ich ganz neu –
hinter das Material,
hinein in die Form,
in die Tiefe, und
ich frage mich: Warum
empfinde ich die Nähe erst jetzt?

»Erst jetzt« –
das will keine Klage sein.
»Erst jetzt« heißt nicht alles.
Nur:
Das eine Ding, das kleine,
vielleicht unbedeutende,
das mich ein zweites Mal freut –
wie ein Wunder.

Man sieht oft etwas hundertmal, tausendmal, ehe man es zum allererstenmal wirklich sieht. Christian Morgenstern

Nichts bewundern! – Gälte das,
so wär das Leben ein schlechter Spaß.
Wenn wir nichts mehr zu bewundern haben,
wär's Zeit, wir ließen uns begraben.
Ludwig Börne

Jesus rief seine zwölf Jünger zusammen und gab ihnen die Macht, böse Geister auszutreiben und alle Krankheiten und Leiden zu heilen. *Matthäus 10,1*

12 Februar

Das wäre schön:
Die größten Geißeln der Menschheit werden beseitigt:
Krankheit und Leiden.
Ein paradiesischer Zustand,
die heile Welt.
Es ist, als würde die große Absage an Schmerz und Kummer beginnen, als hieße es nun:
Endlich für die Menschen und nicht mehr gegen sie,
endlich wird in Ordnung gebracht, was aus den Fugen geraten war.

Der Eintritt Jesu in diese Welt ist das Signal für alle.
Die Herrschaft Gottes wird proklamiert:
Noch regiert der große Durcheinanderwerfer,
noch sind »alle Teufel los«,
noch raffen Aussatz, Krebs und Strahlen die Menschen hinweg,
noch fügen sich Menschen gegenseitig viel Leid zu,
doch am Horizont wird der Silberstreifen sichtbar,
am Horizont geht die Sonne auf,
am Horizont heben sich die Konturen einer neuen Welt ab,
und einige Menschen geben dem Raum in ihren Herzen,
einige beginnen danach zu leben,
setzen die Maßstäbe Jesu –
statt Strafpredigten liebevolle Bestätigung,
statt Angstschweiß befreiende Freudentränen.

Und er gab ihnen die Macht,
die Ohnmacht der Liebe und des Erbarmens.

Herr, durchdringe mich damit.
Ich glaube daran, daß du siegen wirst.
Amen.

Eine Fabel erzählt:
Ein Vogel lag auf dem Rücken und hielt beide Beine starr gegen den Himmel gestreckt. Ein anderer Vogel kam vorüber und fragte verwundert: »Warum liegst du so da? Und warum hälst du die Beine so starr?« Da antwortete der erste Vogel: »Ich trage den Himmel mit meinen Beinen. Wenn ich losließe und die Beine anzöge, würde der Himmel herabstürzen!« Kaum hatte er das gesagt, da löste sich ein Blatt vom nahen Eichenbaum und fiel leise raschelnd zur Erde. Darüber erschrak der Vogel so sehr, daß er sich geschwind aufrichtete und spornstreichs davonflog. Der Himmel aber blieb an seinem Ort.

Zwei Kegelbrüder gehen ziemlich spät nach Hause. Sagt der eine: »Wenn ich jetzt nach Hause komme, kocht meine Frau vor Wut!« – Sagt der andere: »Hast du ein Glück, ich bekomme um diese Zeit nichts Warmes mehr!«

Eine Legende erzählt:
Es waren zwei Mönche, die lasen miteinander in einem alten Buch, am Ende der Welt gebe es einen Ort, an dem der Himmel und die Erde sich berühren. Sie beschlossen, ihn zu suchen und nicht umzukehren, ehe sie ihn gefunden hätten.
Lange durchwanderten die beiden die Welt, bestanden unzählige Gefahren, erlitten alle Entbehrungen, die so eine Wanderung durch die ganze Welt fordert, und auch alle Versuchungen, die einen Menschen von seinem Ziel abbringen können. Immer dachten sie nur daran, was in dem Buch stand: Eine Tür sei dort, so hatten sie gelesen, man brauche nur anzuklopfen und befinde sich bei Gott.
Schließlich fanden sie, was sie suchten. Sie klopften an die Tür, bebenden Herzens sahen sie, wie sie sich öffnete, und als sie eintraten, standen sie zu Hause in ihrer Klosterzelle. Da begriffen sie: Der Ort, an dem Himmel und Erde sich berühren, befindet sich auf dieser Erde, an der Stelle, die Gott uns zugewiesen hat.

Die Nacht ist bald vorbei,
es ist fast Tag. *Römer 13,12*

Fast Tag, also nicht Fast-Nacht!
Nein, um Karneval geht es hier nicht.
Auch nicht um Langschläfer oder Frühaufsteher.
Sonst könnte der eine sagen:
»Ich bin froh, wenn die Nacht nicht so rasch vorbei ist,
ich schlafe gern und geize mit jeder Minute Schlaf.«
Und ein anderer würde klagen:
»Ach, ich bin jedesmal froh, wenn eine Nacht vorbei ist, ich
kann sowieso nicht gut schlafen und habe die Dunkelheit
nicht gern, besonders, wenn es dann noch so still ist,
so unheimlich still!«

Die Nacht ist bald vorbei, es ist fast Tag –
hier wird von Letztgültigem gesprochen,
von einer Endstation,
einem Ziel, das erreicht ist:
Diese Nacht wird die letzte Nacht sein,
mit all ihren Quälereien,
mit dem Stöhnen Todkranker,
mit dem Weinen der Kinder,
mit all den Schmerzen –
das ist bald vorbei.
Es ist fast Tag,
und dann gibt es nur noch den Tag,
nur noch Sonne und Helligkeit.
Es werden keine Tränen mehr vergossen,
und das Böse verliert seine Macht,
Freude ist an der Tagesordnung.

Wir wissen nicht, wann das sein wird.
Wir wissen auch nicht, wie es geschieht.
Aber du, Herr, hast gesagt, daß du kommen willst,
und dein großer Tag wird kein Ende haben.

Februar **15**

Du, Herr, bist unser Vater;
»Unser Erlöser«,
das ist von alters her dein Name.
Jesaja 63,16

Wir sagen doch manchmal:
»Meinen guten Namen gebe ich dafür nicht her!«
Oder:
»Er ist eine namhafte Persönlichkeit« –
ein Mensch mit besonders bekanntem Namen.
Ein Name benennt etwas,
bezeichnet eine Art,
hebt sich von anderem ab,
besagt vielleicht Einmaligkeit.

In der Sprache der Wirtschaft gilt das Markenzeichen,
es lockt und bürgt für eine bestimmte Qualität,
das Produkt oder die Firma stehen dafür ein.

Gottes Name –
auch so ein Markenzeichen, das für Qualität bürgt?

Unser Vater
und
unser Erlöser.
Zwei uns vertraute Begriffe.
Vater,
das Zeichen für Schutz, Versorgung und Verantwortung.
Das heißt: Er läuft nicht weg von uns,
er läßt uns nicht sitzen,
ihn dürfen wir bitten.
Erlöser,
das Zeichen für Freiheit, Würde, Weite und Zukunft.
Das heißt: Er löst die Begrenzung,
ihm dürfen wir vertrauen,
er bindet nicht fest.

Ich denke,
daran können wir uns halten,
das ist erprobt –
von Urzeiten her.

Denn wer bittet, wird bekommen;
wer sucht, wird finden;
und wer anklopft,
dem wird geöffnet. *Matthäus 7,8*

Vielversprechend!
Wie im Schlaraffenland.
Zu schön, um wahr zu sein:
Wenn du die Sache nur richtig anpackst, tun sich dir alle Türen wie von selbst auf,
alle Wünsche gehen in Erfüllung.
Wie nahe liegt es, an die Funktion eines Automaten zu denken:
Du mußt nur die richtige Münze einwerfen,
und schon wirst du bedient.

Bietet Gott solchen Service an?
Ich meine, uns wird nicht in Aussicht gestellt, daß wir alles erreichen, was wir uns wünschen. Wahrscheinlich würden wir auch eine Menge dummes Zeug zusammenbetteln, einen Haufen Plunder raffen, und Einlaß fordern, wo wir wirklich fehl am Platze sind.

Also doch alles nur leeres Stroh?
Dürfen wir Gott nicht beim Wort nehmen?

Wir sollten die Probe aufs Exempel machen und – glauben.
Es liegt daran, ob und wie wir Gott vertrauen.
Da entscheiden sich Bitten und Erhalten, Suchen und Finden, Anklopfen und Geöffnetbekommen.
Und wir werden bestimmt überrascht sein von dem, was passiert –
ich denke,
alles zu unserem Besten.
Vielleicht anders, als erwartet,
doch bestimmt nie zum Nachteil für uns.

Darum
bitte, suche, klopfe an.
Du wirst Neuland entdecken.

Jeder wünscht sich ein Ohr, in das er jammern kann.
Portugiesisches Sprichwort

Findest du einen Menschen, der ruhig ist,
der mit der Gegenwart des Geistes,
mit wahrer Teilnehmung,
mit stillem Bedürfnis hören kann,
der dich nicht leicht unterbricht,
der nicht zwei Fragen auf einmal tut,
die Antwort auf eine gelassen abwartet,
der nicht vorwärts, nicht zurückgreift,
dessen Blick dich nicht geflissentlich fixiert
und niederschlägt,
dessen Blick dem deinigen nicht geflissentlich ausweicht,
der in demselben Grade unnachlässig
und unangespannt ist,
so denke, einen Schatz im Acker,
eine Perle gefunden zu haben.
Johann Kaspar Lavater

Der Dialog mit einem Andersdenkenden
beginnt mit dessen Monolog.

Zuhören erfordert Konzentration. Es ist nötig, das eigene Hören und Sehen, Denken und Fühlen auf den Partner auszurichten.
Dazu gehört:
Ich lasse den Partner ausreden und falle ihm nicht ins Wort.
Ich höre nicht nur auf den Wortlaut, sondern auch auf die Wortwahl, auf Tonfall, Stimmlage und Sprechtempo.
Pausen und Phasen des Schweigens halte ich aus.
Ich stelle weiterführende Fragen, die mich zu neuem Zuhören bringen.

Es kommt also nicht auf den Willen und die Anstrengung des Menschen an, sondern nur auf Gottes Erbarmen.
Römer 9,16

18 Februar

Das zu hören ist wohltuend:
Es kommt also nicht auf meine Leistung, auf mein Werk an, sondern nur auf Gottes Erbarmen.
Nicht, weil ich zu faul bin oder weil mir so eine Feststellung als Alibi dienen könnte, meinen Glauben mit meinem Leben nicht in Einklang bringen zu müssen.
Vielmehr hilft es mir, den Glauben nicht als Zwang und Auflage zu verstehen.
Denn darunter leiden ja gerade viele Christen, daß sie sich anstrengen und dabei fast kaputtmachen, weil sie vollkommen sein wollen und das doch nicht schaffen.
Wie haben sich Menschen angestrengt, zermartert und bemüht, Gott näherzukommen, ihm gehorsam zu sein, seine Gebote zu beachten – und mußten erkennen: Alles nur Stümperei, immer wieder Rückfälle, nur halbe Sachen!

Wir können nichts zu Gottes Erbarmen hinzutun.
Gnade ist Gnade.
Ein Mensch, der zum Tode verurteilt wurde, weil seine Schuld eindeutig bewiesen ist, erwartet nichts als den Tod. Vielleicht nützt er die letzten Tage oder Stunden, sein Leben aufzurechnen, vielleicht schreibt er Briefe und bittet um Vergebung, vielleicht hat er noch einen besonderen Wunsch. Plötzlich wird er begnadigt. Niemand erwartete diese Wendung. Und nichts konnte der zum Tode Verurteilte dazutun. Alles lag bei dem, der begnadigte.

Ich möchte das ganz fest ins Auge fassen:
Gott hat mich begnadigt.
Ich bin aus dem Tod ins Leben geschickt.
Nun kann es nicht mehr das alte Leben sein.
Das alte Leben ist abgeurteilt, vorbei.
Ich will das ganz fest in mir bewegen:
Solch großes Erbarmen will weitergegeben werden.

Februar **19**

Führe mich aus dem Kerker,
daß ich preise deinen Namen.
Psalm 142,8

Zur Praxis mancher Herrscher gehörte es, unliebsame,
unbequeme Untertanen kurzerhand einzusperren.
In Literatur und Schauspiel sind solche zu Unrecht
Verurteilte beliebte Hauptfiguren,
Helden vielleicht:
Fidelio,
der Graf von Monte Christo,
der Evangelimann –
nur erfundene Geschichten ohne Wirklichkeitsbezug?
Im alten England mußten untauglich gewordene Königinnen
ins Gefängnis ...
In der Zeit des Faschismus wurden Konzentrationslager
errichtet –
grausame Realitäten!

Auch die Bibel erzählt solche Geschichten,
Geschichten von Menschen, die die Wahrheit sagten
und dafür in den Kerker geworfen wurden:
Daniel in die Löwengrube,
Johannes der Täufer in das Burgverlies des Königs Herodes,
Paulus ins Staatsgefängnis von Rom.
Werden sie nicht alle den sehnlichen Wunsch vor sich
hingesprochen haben:
Führe mich aus dem Kerker, daß ich deinen Namen preise?
Menschlich verständlich.

Es gibt aber auch eine innere Gefangenschaft:
eine Bindung, die zur Sucht geworden ist,
oder eine ungetilgte Schuld,
oder die Angst vor sich selbst.

Führe mich aus dem Kerker,
öffne die fest verschlossenen Türen,
ich selbst komme nicht heraus,
ich bleibe sonst ewig drinnen.
Es darf kein leeres Versprechen sein:
Danach will ich deinen Namen in großer Dankbarkeit nennen,
Herr.

In die eine Richtung zeigt die Ampel grün.
Das heißt: Gehe!
Zögere nicht. Nur voran. Wenn grün ist, darfst du loslaufen.
Das ist dein gutes Verkehrsrecht.
In die andere Richtung zeigt die Ampel rot.
Das heißt: Halt!
Stehenbleiben. Warten. Wenn rot ist, lauert Gefahr. Das zu beachten ist deine Verkehrspflicht.

So erfüllt sich dein Leben:
Zwischen »gehe« und »halt an«.
Einmal heißt es: Bewege dich. Bleibe nicht stehen. Nimm die Gelegenheit wahr. Vor dir liegt eine Chance. Vor dir liegt ein Ziel.
Das andere Mal heißt es: Warte. Übereile dich nicht. Du bist jetzt nicht am Zug. Deine Aufgabe besteht in nichts anderem als Geduld zu üben. Du mußt zeigen, daß du Herr über die Hast bist.

Es gibt in unserem Leben viele Zeichen, die uns gegeben werden. Wir sollten sie nicht übersehen.

Fast in jedem Menschenleben gibt es Momente oder Ereignisse, in welchen wie in Keimen seine ganze Zukunft vorgebildet ist und die man als Symbole dieses Lebens betrachten kann. *Ernst von Feuchtersleben*

Simeon segnete sie und sagte zu der Mutter: »Dieses Kind ist von Gott dazu bestimmt, viele in Israel zu Fall zu bringen und viele aufzurichten. Es wird ein Zeichen Gottes sein, gegen das sich viele auflehnen und so ihre innersten Gedanken verraten werden.« Lukas 2,34.35

Februar **21**

Verurteilt nicht andere,
damit Gott euch nicht verurteilt.
Matthäus 7,1

Das liegt uns im Blut:
den anderen verurteilen.
Über ihn den Stab brechen.
Den Richter spielen.
Mit dem Klatsch fängt es an.
Gerüchte werden in Umlauf gesetzt.
»Haben Sie schon gehört?«
»Wie die leben!«
Das Ende ist der Rufmord, die gemeine Verletzung der Ehre.
»Ich habe das nicht gewollt!« sagen die erschreckten Gemüter.
Der Schaden jedoch ist unübersehbar.
»So schlimm kann es doch nicht sein!« meinen die Besänftiger.
Aber zerstört ist nun einmal zerstört.
Das Scherbengericht ist da.

Verurteilt nicht andere!
Das heißt nicht nur: So was schickt sich nicht.
Oder: Wenigstens der Anstand sollte uns das verbieten.
Verurteilt nicht andere –
damit Gott euch nicht verurteilt!
Das ist deutlich und massiv.
Denn wer von uns ist ohne Fehler?
Keiner kann ein makelloses Leben vorweisen.

Den anderen verteidigen,
für ihn eintreten,
seine Ehre schätzen
und Gutes von ihm reden –
das sollen wir tun.
Und eben das heißt:
den Klatsch nicht mitmachen.
Das Gerücht stoppen.
Den Rufmord ächten –
und aufdecken.

Urteilen ist Gottes Sache.

Wenn ihr fastet, dann setzt keine Leidensmiene auf wie die Heuchler. *Matthäus 6,16*

22 Februar

Wissen wir überhaupt noch, was Fasten bedeutet?
Vielleicht kennen wir gerade noch die Fastnacht.
Oder gar den Begriff Fastenzeit.
Was ist das für eine Zeit?
Darf man da nichts mehr genießen, was Spaß macht und schmeckt?
Ist das die Zeit ohne Vergnügen, die lustlose, traurige Zeit?
Mancher kommt da auf die Idee, nach dem Motto zu leben:
Öffentlich Wasser, heimlich Wein!
Eine heuchlerische Devise.

Fasten heißt: eine Vorschrift aufrechterhalten.
Fasten heißt konkret: sich der Speise enthalten.
Diese Anweisung wurde erteilt, um in der Zeit vor Ostern das Leiden Christi bewußter zu begreifen und zu würdigen.
Jahrhundertelang galten bestimmte Verordnungen und Vorschriften für den Christen. Sein Leben sollte durch Askese, durch Verzicht, wachgehalten werden, ganz nach dem Erfahrungswert:
Ein voller Bauch studiert nicht gern.
Fasten heißt also, abstinent leben,
sich zurückhalten von festlich gedeckten Tischen.
Haben wir dafür Verständnis? Es geht uns doch gut.
Und wir haben unsere Eß- und Trinkgewohnheiten.
Wer will schon darauf verzichten –
und sei es sogar für ein paar Wochen?
Obwohl es manchem Bauch guttäte, sich ein bißchen zurückzuhalten.

Jesus ist kein Gesundheitsapostel.
Er verordnet weder Schonkost, noch wirbt er für ein Diätgeschäft.
Aber er ist auch nicht gegen das Fasten.
Denn Zurückhaltung und Mäßigung schaden nie.
Sie haben für den Christen sogar ein Motiv.
Zum Beispiel dies:
die Leiden Christi zu bedenken.
Weil dieses Leiden noch heute weitergeht
in aller Welt.

Bei den meisten Disputen (Streitreden), wo ich zugegen war, als Zeuge oder Mitarbeiter, fand ich, daß die Streitenden einander nicht verstanden, im Laufe des Disputs, daß sie einander nicht verstehen wollten, und oft auch, daß sie einander nicht verstehen konnten. Johann Michael Sailer

Die in der Unordnung leben, sagen zu denen, die in der Ordnung stehen, daß sie sich von der Natur entfernen.
Blaise Pascal

Alles hat seine Zeit,
Streit hat seine Zeit.
Prediger 3,1.8

Ein streitsüchtiger Hund läuft meist mit zerissenen Ohren.
Niederländisches Sprichwort

Streiten, das ist Kämpfen.
Wer den Streit sucht, der sucht auch den Kampf.
Streiten heißt, sich durchsetzen.
Streiten heißt, den anderen überwinden wollen.
Solche aggressiven Menschen sind nicht selten.
In jedem Menschen steckt der Wunsch, nicht alles schlucken zu müssen; jeder Mensch wehrt sich, wenn er angegriffen wird.
Wie ein Gewitter die Luft reinigt, so kann ein Streit das Miteinander klären.
So gesehen heißt streiten auch: Klarheit schaffen.
Da muß es am Ende nicht Sieger und Besiegte geben.
Es kann auch Einsicht auf beiden Seiten die Folge sein.
Dann wäre der Streit wichtig gewesen.

»Unser Junge«, sagte die Frau zu ihrem Mann, »wird dir von Tag zu Tag ähnlicher.«
»Ach«, rief der Mann, »du suchst schon wieder Streit!«

Vor Jahren wurde einmal bei einem Kirchentag proklamiert: »Christen sind fröhliche Leute!«
Das klang vielversprechend. Aber demgegenüber ist die anklagende Forderung geblieben: »Erlöster müßten die Christen aussehen, wenn ich an ihren Erlöser glauben soll!«
Sehen wir so freudlos aus?
Oft werden Christen als Nörgler empfunden, als Miesmacher und Spielverderber. Mit dem Evangelium hat solche Meinung nichts zu tun. Die Gute Nachricht drückt nicht nieder, macht nicht traurig, verschüchtert nicht, sie befreit und macht froh. Darum können Christen fröhliche Leute sein.

Wer sich heute freuen kann, der soll nicht warten bis morgen. Sprichwort

Der Narr ärgert sich,
weil der Krug schon halbleer ist.
Ein Kluger freut sich,
daß der Krug noch halbvoll ist.
Der Ärger füllt den Krug nicht auf,
die Freude macht ihn nicht leerer.
Aber der Freude schmeckt das köstlich,
was dem Ärger bitter erscheint.
Chinesische Weisheit

Herr, schenke mir Sinn für Humor.
Gib mir die Gnade, einen Scherz zu verstehen,
damit ich ein wenig Glück kenne im Leben
und anderen davon mitteile.
Thomas Morus

Was es auch Großes und Unsterbliches zu erleben gibt: Den Menschen Freude zu machen ist doch das Beste, was man auf der Welt haben kann. Peter Rosegger

Februar **25**

Ich ließ mich suchen von denen,
die nicht nach mir fragten,
ich ließ mich finden von denen,
die mich nicht suchten.
Jesaja 65,1

Das ist oft so in der Geschichte Gottes mit uns Menschen:
Leute, die angeblich nichts mit Gott zu tun haben,
die weder religiös sind
noch groß nachfragen und grübeln,
suchen plötzlich Gottes Nähe,
brauchen sie,
möchten in Verbindung mit dem kommen,
der eine Antwort auf die Frage nach dem Sinn des Lebens ist.
Man hält es nicht für möglich:
Gott zeigt sich ihnen,
er tritt aus der Verborgenheit heraus –
im Gegensatz zu jenen,
die pausenlos von ihm reden
und so tun, als verstünden sie alle seine Wege,
als hätten sie ein Suchen und Fragen nicht mehr nötig.

Im Matthäusevangelium sagt Jesus im Gebet:
»Ich danke dir, Vater, Herr über Himmel und Erde,
daß du den Unwissenden zeigst,
was du den Klugen und Gelehrten verborgen hast.«
Aus dem Mund von Säuglingen
läßt Gott seine Macht verkünden,
behindertes Leben bekennt sich zu ihm.

Das ist oft so in der Geschichte Gottes mit uns Menschen:
Es gelten ganz andere Gesichtspunkte, als wir annehmen.
Leute, die Gott verneinen, tun seinen Willen,
andere, die immer »Herr, Herr!« sagen,
suchen nur sich selbst.

Denn gerade,
wenn ich schwach bin,
bin ich stark 2. Korinther 12,10

Das klingt paradox.
Entweder, ich bin stark,
oder ich bin schwach.
Durch Schwachheit stark sein, daran glaubt keiner.

Die Erfahrung, die Paulus weitergibt, ist eine andere,
eben paradox
und doch konsequent christlich:
Vor Gott zählt nicht der Ruhm starker Helden –
so gern er auch die Starken zum Raube haben möchte –,
vor Gott zählt das Schwache,
zählen die Schwierigen,
der Verachtete, der Einsame, der Gehemmte.
Das ist keine »Krüppel-Theologie«,
das ist Gottes Art, mit der er die gängige Norm durchbricht.

Aber wer schon möchte schwach sein,
geschweige denn ein Schwächling!

Herr, ich bekenne dir die Stunden,
in denen ich mich ganz elend fühle,
in denen ich klein und häßlich bin,
in denen ich total versage.
Da ist alles so verbraucht in mir,
ich denke, ich kann nicht mehr mithalten mit den anderen.
Dann bin ich froh, wenn ich weiß:
Du lachst mich nicht aus,
du willst in meiner Schwachheit mächtig sein.

Februar **27**

Verlaßt euch nicht auf Lügenworte, wenn sie sagen: »Hier ist des Herrn Tempel!« Sondern bessert euer Leben und euer Tun. *Jeremia 7,45*

Das gibt es:
Leute, die behaupten, auf der Seite Gottes zu stehen,
die sich darauf berufen, die richtige Religion zu haben,
die sich hundertprozentig sicher sind,
deren Gotteshaus der wahre Tempel ist –
und doch will das Gefühl nicht weichen, daß hier gelogen wird.
Es fehlen die Belege, die das Ganze abdecken.
Der Eindruck ist da: Hier wird gekniffen und geprellt.

Da wäre zu überprüfen und zu fragen:
Wie leben sie?
Tun sie anderen Unrecht an?
Bedrücken sie Ausländer, armer Leute Kinder oder Frauen?
Töten sie gar unschuldige Menschen?
Wie bei Jeremia damals.

Jeremia rechnete noch anders auf:
Sie, die so fromm tun und sich der Nähe Gottes rühmen,
sie stehlen, morden, brechen die Ehe, schwören Meineide
und besitzen die Unverschämtheit, vor Gottes Augen zu treten
und im Haus, das seinen Namen trägt, zu behaupten: »Hier
sind wir geborgen, das haben wir auch verdient!« –
um danach alles beim alten zu lassen.

Hat sich seit Jeremia viel geändert?
Betrifft es uns nicht ebenso, ob Kirchenmitglied, Kirchenrat
oder leitender Angestellter?
Behaupten wir nicht auch, auf der Seite Gottes zu stehen, und
bemerken oft gar nicht die Lüge?
Meinen wir, was göttlich ist?

Wer Gerste sät, erntet keinen Weizen.
Sprichwort

Ich bin der Herr, der die Zeichen der Wahrsager zunichte macht und die Weissager zu Narren.
Jesaja 44,25

28 Februar

Wer möchte nicht den magischen Tricks einmal auf die Spur kommen,
einmal genau wissen, wie das funktioniert, wenn etwas verschwindet und anderes auftaucht!
Es ist nicht nur Neugier,
es ist vor allem die Ungewißheit, die uns nervt.
Ein Stückchen Zukunft im voraus erfahren,
nur einmal kurz hinter die Kulissen blicken dürfen,
das wünschen wir uns,
und das ist mehr, als hinter Tricks kommen zu wollen.

Immer schon erklärten Menschen, sie wüßten, was geschehen wird.
Die einen betrieben das als Gewerbe,
die anderen wie Priester,
dritte wieder für den Jahrmarkt als Gaukler.
Ihr Erfolg bestand aus einer Mischung von Halbwahrheiten,
allgemeinen Kenntnissen der Lage und raffiniert erfragten
Fakten aus dem persönlichen Leben des Ratsuchenden.
Manche erkühnten sich sogar, Gottes Eingreifen
vorauszusagen, so als hätten sie einen heißen Draht dorthin.

Daß wir nicht erfahren, was kommen wird, ist gut.
Einmal sind wir dadurch genötigt, bewußt heute zu leben.
Zum anderen würde uns wahrscheinlich nicht damit gedient
sein, zu wissen, was in fünf oder zehn Jahren mit uns passiert.
Nein, so eine Zeitmaschine gibt es nicht.
Und, wer angeblich den Untergang der Welt ausgerechnet hat,
sollte nachblättern, wie oft das schon versucht wurde.

Ich bin der Herr –
das gilt, wenn Menschen in Abhängigkeit anderer Götter geraten,
wenn sie meinen selbst einmal Gott spielen zu können.
Narren sind sie.

Herr, ich vertraue mich dir auch heute an.

Ein Bekannter rief an.
»Ich muß in die Heilstätte, bei der Reihenuntersuchung wurden auf meiner Lunge Schatten festgestellt.«
Schatten auf der Lunge. So eine Feststellung verschlägt einem die Sprache.
Schatten. Das Wort bestürzt. Ich habe gleich gedacht: Nun bezahlt er also die vielen Jahre, in denen er so stark geraucht hat. Hätte er doch davon abgelassen!
Wo kein Licht ist, da ist auch kein Schatten. Das wissen wir.
Der Schatten gibt die Umrisse wieder, manchmal verzerrt, manchmal erschreckend, manchmal amüsant.
Die Bibel sagt, alles ist nur ein Schatten von dem, was die neue Welt Gottes bringen wird. Ist unser Leben also nur ein Umriß, ein Schattenspiel?
Ich habe damals meinem Bekannten davon nichts gesagt. Und ich bin froh, daß er inzwischen wieder gesund und ausgeheilt ist.
Er ist den bösen Schatten losgeworden.
Schatten. Von Jesus wurde in der Urgemeinde gesagt, er sei die Sonne der Gerechtigkeit. Und er sagt selbst von sich: Ich bin das Licht der Welt. Wie nun, wenn wir durch ihn unseren Schatten in die Welt werfen ließen, als Umriß dessen, was einmal sein wird? Da würde die neue Welt Gottes nicht in den Schatten gestellt.

Meine Tage sind dahin wie ein Schatten,
und ich verdorre wie Gras. Psalm 102,12

Wie köstlich ist deine Güte, Gott, daß Menschenkinder unter dem Schatten deiner Flügel Zuflucht haben! Psalm 36,8

März

März **1**

Umsonst habt ihr alles bekommen,
darum sollt ihr es auch
umsonst weitergeben. *Matthäus 10,8*

Das war der eigentliche Ausgangspunkt:
Wer die Gute Nachricht weitersagt, der sollte nicht erwarten,
dafür auch noch bezahlt zu werden.
Darum verdiente sich der Apostel Paulus sein tägliches Brot
durch Zeltweben;
darum finden wir es komisch, wenn sich in vergangenen Zeiten
ein Pfarrer seinen Predigtdienst mit einem Korb Eier oder
einer Mastgans vergelten ließ;
darum fragen auch heute Christen, ob es richtig ist, daß die
hauptamtlichen Angestellten der Kirche bezahlt werden –
und das macht die bezahlten Mitarbeiter oft so unsicher!

Sosehr solch eine Frage berechtigt erscheint –
die Gemeinden haben längst verstanden, daß es ohne bezahlte
Mitarbeiter in der Kirche gar nicht geht,
schließlich ist jeder Arbeiter auch Anwärter auf Lohn und
Gehalt.
Etwas ganz anderes ist es,
ob das Evangelium tatsächlich auch umsonst weitergegeben
wird,
oder ob da Bedingungen gestellt
und Voraussetzungen gefordert werden,
ob nicht doch Menschen erst eine »Einzahlung« leisten
müssen,
zuvor investieren sollen,
bevor sie Anteil an der Liebe Gottes erhalten.

Geben wir so weiter?
Schränken wir nicht ständig ein?
Fordern wir nicht doch: Erst einmal alles hergeben!

Umsonst heißt: uneingeschränkt.
Das war der eigentliche Ausgangspunkt.

Rebellion!
Aufruhr gegen den Vater.
Der Wunsch, endlich selbständig zu werden, bricht durch.
Nicht länger so abhängig leben müssen,
nicht länger der Ordnung des Hauses Gehorsam leisten,
nicht mehr sich gängeln lassen,
nicht mehr diese ständige Aufsicht,
das Ruder selbst in die Hand nehmen,
denn:
»Ich bin kein Kind mehr!«
»Ich habe meinen eigenen Kopf!«
»Ich will mein Leben selbst in die Hand nehmen!«

Rebellion!
Bruch mit der Gewohnheit.
Das Aufbegehren gegen die Autorität.
Ganz unterschiedliche Motive vielleicht.
Der Grundzug bleibt,
der Griff nach dem, was einem zusteht –
und das ist kein Gnadenbrot, sondern das Erbe.

Rebellion!
So sind wir Gott gegenüber.
Wir wollen heraus aus der Enge der Gebote.
Wir hören den verlockenden Hinweis:
»Ihr werdet sein wie Gott!«

Erstaunlich,
Gott bindet uns nicht!
Der Vater gibt dem Sohn den Teil der Erbschaft.
Das Tor nach draußen steht offen.

Mein Gott, laufe ich auch so von dir fort?

März **3**

*Dort lebte er in Saus und Braus
und verjubelte alles.* *Lukas 15,13*

Ein Leben führen, wie es einem gefällt.
Ganz nach seinem eigenen Geschmack.
Sich einrichten, essen, verreisen, lieben.
Nach Herzenslust »auf den Kopf hauen« dürfen.
Die Feste feiern, wie sie fallen.

Verführerisch, dieser Gedanke.
Nicht nur junge Menschen träumen davon.
Auch Erwachsene sehnen sich danach.
Vielleicht mal inkognito,
unerkannt, als Fremder,
da traut man sich mehr!
Auch Erwachsene haben Lust, alles zu verjubeln.

Die einen nennen so ein Lebensgefühl:
Mal auf die Pauke hauen!
Den ganzen Alltagsballast abwerfen,
frei sein.
Andere wehren vernünftig ab:
Ausschweifungen führen zu nichts,
man verliert das rechte Maß,
und das dicke Ende kommt bestimmt.

Es geht nicht darum, wie oft Feste gefeiert werden
oder feste gefeiert wird.
In der Geschichte vom Vater und den beiden Söhnen,
die uns Lukas erzählt, geht es um mehr:
Da verspielt einer sein ganzes Leben
und merkt gar nicht,
wie solch ein Wonne-Leben trügt.
Die Entfernung vom Vater ist nicht mehr abzuschätzen.
Denn scheinbar geht alles seinen gewünschten Gang.
Da ist nicht spürbar, wie sehr man sich selber verliert.

Er war so hungrig,
daß er auch mit dem Schweinefutter
zufrieden gewesen wäre;
aber selbst das verwehrte man ihm.
Lukas 15,16

»Auf den Hund gekommen«, sagen wir –
und wir meinen:
übel dran,
kaum noch zu retten,
rutscht unweigerlich ab auf die schiefe Bahn.

Hier ist es viel schlimmer:
am Schweinetrog gelandet,
und nicht einmal ein Recht auf Schweinefutter.
Erst der groß Gefeierte, der Mann mit den Spendierhosen,
einer, der mit beiden Händen das Geld ausgab,
jetzt nicht einmal mehr auf der untersten Stufe der Leiter,
sondern bankrott,
außerhalb der menschlichen Gesellschaft.

Was denken wir, wenn Menschen so sind,
gestrandet, kaputt,
süchtig, labil, straffällig geworden?
Wenden wir uns dann ab?
Weil wir doch nicht so sind wie sie,
nicht derart verkommen?

Die Bibel beschreibt nicht die Lebensgeschichte
eines »Versackten«,
die Bibel moralisiert nicht,
sondern zeigt uns im Bild vom verlorenen Sohn:
Die Ferne vom Vater ist das pure Elend,
auf dem Misthaufen hockt er, der frei sein wollte,
in der Kälte,
draußen vor allen Türen.

Herr, laß mich nicht in diese Ferne von dir geraten,
und hilf mir, daß ich dem anderen helfe,
allen, die den Heimweg zu dir suchen.

Endlich ging er in sich.
Lukas 15,17

Endlich zur Vernunft gekommen –
das ist etwas anderes als
endlich in sich gehen.
Denn mit dem Verstand läßt sich manches erklären,
mit Vernunft kann ein Fazit bedacht werden,
aber
ob wir das Ergebnis annehmen und für unser Leben
Folgerungen ziehen,
das bleibt eine ganz andere Sache.

Die Umstände, unter denen Menschen gezwungen werden,
in sich zu gehen, sind oft hart genug:
unheilbare Krankheit,
der Selbstmord eines Freundes,
Versagen in der Liebe,
Vertrauensbruch,
die Folgen einer Leidenschaft,
eine Krise unseres Selbstbewußtseins.

Vielleicht denken wir in diesen Tagen darüber nach,
intensiv.
Ein Gedanke könnte uns dabei helfen:
Jesu Hingabe an seine Mitmenschen wollte solch ein
In-sich-Gehen auslösen.
Nicht, um ständig Nabelschau zu halten,
nicht aus Gründen der Selbstbespiegelung,
sondern um unseres Menschseins willen.

Halte an zwischen den Terminen.
Setz dich
und höre, was dir Gott sagt.
Sich selbst erkennen
ist die größte Erkenntnis.

Mein Sohn hier war tot,
jetzt lebt er wieder.
Lukas 15,24

Tot – und wieder am Leben.
Ein zweites Leben also?
Ein neues Leben?
Das erste scheint ausgelöscht zu sein,
es war sinnlos geworden,
verpfuscht.

»Mein Sohn.«
Der Vater nimmt das Kind an.
Sein Kind.
Das ist das neue Leben,
das zweite Leben:
die Umarmung des Vaters, die den Sohn annimmt,
die ihn aufnimmt.

Das gilt dir:
Gottes Türen sind offen.
Er wartet auf dich.
Er läuft dir entgegen.
Er nimmt dich in die Arme.
Er fragt nicht, warum du kommst.
Er verhört dich nicht.
Er bestraft dich nicht.
Im Gegenteil:
Eine Feier erwartet dich.
Ein großes Fest.
Mit Essen und Trinken.
Mit Tanzen und Lachen.

Es ist schon immer Gottes Brauch gewesen,
daß er sich mehr freut über einen Sünder, der Buße tut,
als über neunundneunzig Selbstgerechte.
Weil er das Leben will.

Werner Kunath, 28 Jahre, verheiratet, zwei Kinder,
hat sich vorgenommen,
die Gemeinschaft der Einsamkeit vorzuziehen,
also nicht nur familiär offen zu sein,
sondern jedem, der ihm im Treppenhaus begegnet,
»Guten Tag« oder »Guten Abend« zu sagen,
vielleicht dabei zu lächeln und
eine Geste zu machen, die ausdrückt:
Wir sind Nachbarn!

Werner Kunath will hinter jeder Nummer
den Namen kennenlernen,
das Hochhaus auch in der Breite entdecken,
also nicht nur mit seiner eigenen Frau reden,
sondern die Hausgemeinschaft ernst nehmen,
Kontakte suchen und Verbindungen herstellen,
schließlich sei es Geschwätz,
über »Anonymität« zu klagen und
nichts dagegen zu tun.

Werner Kunath will etwas tun, das – eigentlich –
ganz selbstverständlich ist.
Es müßte viel mehr solcher Kunaths geben,
die freundliche Einfälle haben und die
den ersten Schritt dann auch wagen,
die nicht zögern, um sich Distanz zu erhalten,
sondern die mal fragen: Kann ich Ihnen helfen?
Oder die das Schweigen im Fahrstuhl brechen,
also, solche müßte es viel mehr geben.

Ein Mensch, der nur an sich denkt und in
allem seinen Vorteil sucht, kann nicht glücklich sein.
Willst du für dich leben, leb für andere.
Lucius Annaeus Seneca

Und nun zu euch Männern: Denkt daran, daß eure Frauen die schwächeren sind. 1. Petrus 3,7

8 März

Das sogenannte »schwache Geschlecht« – die Frauen!
Gilt das denn noch heute?

Damals dachte man so:
Die Frauen ordnen sich den Männern unter,
sie sollen sich nicht äußerlich herausputzen,
mit aufwendigen Frisuren zum Beispiel,
mit kostbaren Juwelen oder prächtigen Kleidern.
Die Schönheit einer Frau kommt von innen:
Freundlichkeit und Herzensgüte sind der unvergängliche Schmuck.
Nur der hat in Gottes Augen Wert.

Und heute?
Die Mode betont bewußt das Feminine.
Aber sie hält keinesfalls die Emanzipation der Frau auf.
Denn das alte Rollendenken ist beim besten Willen nicht mehr aufrechtzuerhalten.

Heute denkt man so:
Frau und Mann sind gleichberechtigt.
Das ist kein Problem mehr.
Es geht vielmehr um die echte Partnerschaft.
Gerade, wo sich Menschen wesensmäßig unterscheiden,
da ergänzen sie einander –
auch Mann und Frau.
Gegenseitige Anerkennung bedingt solche Partnerschaft,
da hilft einer dem anderen.

Darum, ihr Männer und ihr Frauen, denkt daran:
Eure Partner sind anders,
und darin wollen sie euch ein gutes Gegenüber sein,
eine Hilfe
und Korrektur.

Nicht mitzuhassen – mitzulieben bin ich da.
Sophokles

Die Liebe ist ein Ring, ein Ring hat kein Ende.
Russische Weisheit

Menschen, die zueinander gehören,
sind wie zwei Ufer eines Flusses.
Der Strom der Liebe,
der zwischen ihnen fließt,
verbindet und trennt zugleich.
So bewahren sie ihre Eigenart
und sind doch eins.
Kedar Nath

Wer liebt, hat Geduld.
Er ist gütig und ereifert sich nicht;
er prahlt nicht und spielt sich nicht auf.
Wer liebt, ist nicht taktlos, selbstsüchtig und reizbar.
Er trägt keinem etwas nach.
Er freut sich nicht, wenn der andere Fehler macht,
sondern wenn er das Rechte tut.
Wer liebt, gibt niemals jemanden auf.
In jeder Lage vertraut und hofft er für ihn.
Alles nimmt er geduldig auf sich.
1. Korinther 13,4–7

Kirchentags-Gedankensplitter:
Einen Menschen lieben heißt, ihn so ansehen,
wie ihn Gott geschaffen hat.

Besser ein Gericht Gemüse
und Liebe dabei als ein
gemästeter Ochse und Haß dabei.
Sprüche 15,17

Eine gute Lebensweisheit,
eine vernünftige Lebenseinstellung:
So ein Gemüseeintopf, mit Liebe gemacht, schmeckt
tausendmal besser als der Rinderbraten, den eine
unfreundliche Köchin serviert.

Und Liebe dabei –
das ist der Schlüssel.
Ich kenne Menschen, die schenken und schenken,
Teures und Ansehnliches,
aber sie tun das verdrossen und mürrisch.
Und da sind andere,
man kommt zu ihnen zu Besuch,
rund um den Tisch sitzen sie,
eine große Familie,
viele Mäuler, die auf das Essen warten,
und der Gast ist willkommen,
wenn die Suppe auch dünner wird;
und es wird erzählt und geplaudert,
gelacht und gefragt,
ein herrliches Schmausen.

Und Liebe dabei –
auch bei Tischgesprächen
während wir über andere Leute reden,
uns ihrer erinnern.
Haß schlägt auf den Magen.
Der Braten kann noch so gut sein,
er schmeckt nicht, wenn wir dabei feindlich gesinnt sind,
über andere herziehen,
sie beleidigen und niedermachen.

Und Liebe dabei –
nur eine Lebensweisheit für Mittagstische?
Ich denke: nicht,
und will es damit probieren.

März **11**

Und Adam versteckte sich.
1. Mose 3,8

Kinder spielen gern Verstecken.
Einer muß suchen.
Findet er lange niemanden, so ruft er: »Wo seid ihr?«
Vielleicht antworten einige vorsichtig
mit einem langgezogenen »Hiiier«.
Die Spannung wächst.
Der Sucher ist ganz nahe dem Versteck.
Plötzlich die Entdeckung.
Das Geschrei ist groß.
Versteckenspielen, ein Kinderspaß.

Nicht so bei Adam und Eva.
Die Geschichte, die die Bibel von ihnen erzählt,
ist keine Spielerei.
Diese Gotteskinder haben ein schlechtes Gewissen,
darum verstecken sie sich.
Zuvor lebten sie in Gottes Nähe ganz offen,
nun wollen sie sich am liebsten unsichtbar machen,
sie wollen von Gott nicht entdeckt werden,
weil sie sein Vertrauen mißachtet haben.

Was versuchen wir vor Gott zu verbergen?
Verstecken wir unser Leben vor ihm?
Verschließen wir uns?

Adam wird von Gott in seinem Versteck gefunden.
Ausreden helfen ihm nicht,
sie verraten ihn nur.
Gott durchschaut ihn.

Den offenen Himmel der kindlichen Offenherzigkeit darf nichts verschließen, nicht einmal die Morgenröte der Scham. *Jean Paul*

Geh hin zur Ameise, du Fauler,
sieh, wie sie lebt, und lerne!
Sprüche 6,6

Von Tieren lernen?
Von den Ameisen bestimmt,
von ihrem Staat,
von ihrer Weise zu leben.
Den Winter haben sie, zu Klumpen von je etwa hunderttausend Tieren zusammengeballt und im Zustand einer grausig anzusehenden Gliederverrenkung erstarrt, in einer Tiefe von etwa einem Meter und bei einer Temperatur um zehn Grad überstanden. Wenn die Frühjahrssonne scheint, kriechen aus der Mitte des Leiberklumpens, wo es am wärmsten ist, einige Arbeiterinnen vorgewärmt heraus, krabbeln an die Oberfläche der Tannennadel-Pyramide und sehen nach, ob die Sonne schon scheint. Falls es so ist, nehmen sie ein etwa zweistündiges Sonnenbad und tanken sich dabei mit Wärme auf. Dann flitzen sie hinunter mitten in den Klumpen der steifgefrorenen Artgenossinnen hinein und geben ihnen etwas von ihrer Körperwärme ab. Dadurch werden im Zentrum zwei bis drei weitere Arbeiterinnen zum Leben erweckt, die nun ihrerseits in den Sonnenschein laufen, sich mit Wärme aufladen und zurückkehren, bis schließlich die ganze Gesellschaft bei einer Nesttemperatur von fünfundzwanzig Grad ein krabbelndes Gewimmel ist.

Wärme sammeln –
und abgeben.
So wird Leben wach.

Von den Tieren lernen?
Von den Ameisen bestimmt.
Es wäre unter uns wärmer,
und das Miteinander verantwortlicher,
weniger egoistisch,
würden wir's tun.

Ihr wißt, daß Christus körperliche Schmerzen gelitten hat. 1. *Petrus 4,1*

Passionszeit – Leidenszeit.
Im Blick auf die Millionen Toten in Kriegen und durch Hunger
eine Gedenkzeit, die betroffen macht;
wir kennen die Menschheitspassion
in Hütten und Höhlen –
das perfekte Elend.

Passionszeit – Leidenszeit.
Im Blick auf viele psychisch Kranke, die gestört und verwirrt
um sich blicken,
eine ernste Bedenkzeit.
Wir kennen die Menschheitspassion
in Heilanstalten und Kliniken –
die hoffnungslose Trauer,
das dumpfe Dahinleben.

Passionszeit – Leidenszeit.
Jesus hat nicht etwa theoretisch gelitten,
sondern handfest körperlich:
Er wurde geschlagen,
ausgepeitscht,
der Angstschweiß stand ihm auf der Stirn,
um ihn herum Spott und Gelächter,
und dann der entsetzliche Durst im Todeskampf,
das Angenageltsein,
verlassen,
allein.

Viele Menschen leiden so.
Jesus ist unter ihnen nicht der größte,
der tapferste und im Leiden erprobte,
er steht solidarisch bei ihnen,
damit der Blick frei wird für Gott,
für die Hoffnung über den Tod hinaus.
Dort ist er Herr über den Schmerz und alles Leiden.

Was ich euch sage,
gilt für alle: »Bleibt wach!«
Markus 13,37

14

März

Schlafmützen verpassen den Tag.
Sie merken nicht, was um sie herum geschieht.
Und –
sie ahnen nicht die Gefahr, in der sie sich befinden.

Jeder Offizier ermahnt seine Soldaten,
besonders wachsam zu sein.
Weil Feinde da sind.
Weil die Truppe einsatzfähig sein muß,
weil sie tauglich sein muß zur Verteidigung.

Jesus erteilt keine solchen Befehle.
Er sagt nicht: »Durchhalten, Freunde!«
Jesus droht auch nicht:
»Wenn ihr euch nicht zusammenreißt,
werdet ihr das bitter zu spüren kriegen!«
Es geht hier auch nicht um Dauerrekorde,
wer es am längsten aushält, nicht zu schlafen.

Jesus kennt uns Menschen.
Er weiß von unserer Schwachheit.
Und schlafen zu wollen ist ein natürliches Bedürfnis,
das stellt sich von selbst ein.
Jesus meint unsere konzentrierte Aufmerksamkeit
dem Leben gegenüber:
Nämlich darauf zu achten, wer uns bestimmt,
zu überlegen, wonach wir uns richten,
damit wir uns eines Tages nicht die Augen reiben,
wenn es zu spät ist.

Bleibt wach!
Das heißt: Seid kritisch!
Und bereit.

März **15**

Von da an suchte Judas eine günstige Gelegenheit, Jesus zu verraten. *Markus 14,11*

Judas,
das ist die undurchsichtigste Gestalt in der Jüngerschaft.
Wer will ihn beurteilen?
Wer kennt sich in ihm aus?
Zweifel an Jesus – einverstanden, die habe ich auch.
Angst vor der Niederlage – einverstanden, auch die überfällt mich.
Enttäuschung über den Mißerfolg – einverstanden, sie ist mir nicht unbekannt.
Aber Verrat?

Verraten heißt:
den Entschluß zum Verderben eines anderen fassen
und diesen bis zur Ausführung möglichst geheimhalten.
Verraten heißt:
mit verderblicher Absicht einen, der uns vertraute, anzeigen.

Das wird bei Judas deutlich gezeigt:
Er sucht die günstige Gelegenheit.
Er hat sich einen Plan gemacht.
Jesus soll sozusagen aus dem Hinterhalt heraus ans Messer geliefert werden.
Ein teuflischer Plan –
und das für einen schmutzigen Batzen Geld.

In uns schlummern viele Kräfte,
gute, und eben auch sehr böse.
Der Kampf ist nie schon entschieden.
Immer kann er in aller Wildheit aufbrechen.
Oft bieten sich solche günstige Gelegenheiten.

Hilf mir, Herr,
daß ich dich ja nicht verrate.

Bei euch muß es anders sein.
Der Höchste unter euch muß wie
der Niedrigste sein und der
Führende wie der Untergebene.
Lukas 22,26

Das ist die Ordnung der Welt.
Wer die Macht hat, der hat das Sagen.
Wie wäre die Welt sonst zu regieren?
Es muß eindeutige Kompetenzen geben,
klare Leitungsfunktionen.
Andernfalls gibt es nur Verwirrung.

Jesus stellt diese Ordnung trotzdem in Frage.
Bei euch muß es anders sein.
Also unten plötzlich oben?
Mal andersherum?

Die neue Ordnung meint nicht die Anarchie.
Es geht überhaupt nicht um politische Ambitionen.
Eine durchgehende Gesinnung ist gemeint:
Dienst, ein Leben mit Hingabe!
Jesus meint:
Kämpft nicht um die ersten Plätze.
Die Frage lautet nicht: »Wer ist der Größte?«
Das zählt nicht im Reich Gottes.
Die Frage lautet: »Willst du für den anderen dasein?«
Dann lege den Anspruch ab, über ihm stehen zu wollen.

Bei euch muß es auch so sein:
Der ganz oben ist wie der ganz unten,
und wer das Sagen hat, der gehorche auch.
Das ist die Ordnung der Welt Gottes.

Wie lange noch, Herr?
Willst du in Ewigkeit mich vergessen?
Wie lange noch
hälst du dein Gesicht vor mir verborgen?
Wie lange soll sich noch meine Seele sorgen,
soll ich mich ängstigen in meinem Herzen täglich?
Wie lange soll mein Feind Gewalt über mich haben?
Ich will darauf vertrauen, daß du gnädig bist;
ja, mein Herz ist hocherfreut über deine Hilfe.
Psalm 13,2.3.6

Großen Seelen ziehen die Schmerzen nach wie den Gebirgen die Gewitter; aber an ihnen brechen sich auch die Wetter, und sie werden die Wetterscheide der Ebene unter ihnen.
Jean Paul

Salomo und Hiob haben die Nichtigkeit des Menschen am besten erfahren und von ihr gesprochen:
Der eine war der glücklichste, der andere der unglücklichste der Menschen;
der eine hat die Eitelkeit des Vergnügens erfahren,
der andere – die Wirklichkeit des Elends. Blaise Pascal

Hast du eine Herzenswunde, so berühre sie so wenig wie ein krankes Auge. Gegen Schmerzen der Seele gibt es nur zwei Arzneimittel: Hoffnung und Geduld. Pythagoras

Mit dem Leben fertig werden, ehe das Leben mit einem fertig wird, heißt ja gerade, nicht mit der Aufgabe fertig werden. Sören Kierkegaard

Die Strafe liegt auf ihm,
damit wir Frieden hätten.
Jesaja 53,5

Ein anderer hält den Buckel hin.
Wie selten ist das!
Ein anderer nimmt die Schuld auf sich.
Kaum denkbar.
Ein anderer tritt stellvertretend ein.
Ist das möglich?

Vordergründig ja,
als Urlaubsvertretung
oder bei Krankheit.

Ich meine eine andere Stellvertretung:
an die Stelle eines anderen treten
und sein Los auf sich nehmen.
Zum Beispiel:
Maximilian Kolbe.
Ein Priester, der für einen anderen in den Tod geht.
Weil einer aus dem Schreckenslager zu fliehen versucht,
müssen viele in den Hungerbunker.
Beim Abzählen fällt das Los auch auf einen,
der Familienvater ist und um sein Leben fleht.
Maximilian Kolbe meldet sich,
er will an Stelle des Familienvaters in den Bunker gehen.
Und geht.
Der Bunker ist der Tod.

Stellvertretung.
Jesus, der Gottesknecht, stellt sich zur Verfügung.
Die Strafe Gottes liegt auf ihm,
damit wir Frieden finden.
Stellvertretung.
Jesu Einsatz ist die Brücke,
die Gott zu uns hin baut.

Vom Schlüssel

Mit einem Schlüssel kann ich auf- und zuschließen.
Mit einem Schlüssel kann ich etwas einschließen.
Mit einem Schüssel kann ich aber auch jemanden befreien.

Der Schlüssel schützt mein Eigentum.
Der Schlüssel sichert mich ab.
Der Schlüssel bewahrt mich davor, bestohlen zu werden.

Es gibt große und kleine Schlüssel.
Es gibt Autoschlüssel, Werkzeugschlüssel, Kofferschlüssel.
Es gibt Kirchenschlüssel und Gefängsniszellenschlüssel.
Tresore haben einen bestimmten Schlüssel.
Geheimtexte müssen entschlüsselt werden.
Wichtig sind Ersatzschlüssel.

Man sagt: Es gibt auch einen Schlüssel zum Herzen.
Die Sprache ist so ein Schlüssel zum Herzen.
Die Liebe ist so ein Schlüssel zum Herzen.
Man kann sich aber auch vor einem anderen Menschen verschließen.
Man kann auch einen Fall abschließen.
Man kann einem anderen Menschen gegenüber aufgeschlossen sein.

Mit einem Schlüssel kann ich auf- und zuschließen.
Der Schlüssel ist stärker als das Schloß.
Und doch: Ein Schlüssel, der nicht paßt, ist nutzlos.

Jesus aber sagte zu Petrus: Ich will dir die Schlüssel zu Gottes neuer Welt geben. Wen du hier auf der Erde abweisen wirst, den wird Gott auch abweisen. Wen du hier auf der Erde annehmen wirst, den wird Gott auch annehmen. — *Matthäus 16,19*

*Dann machte er sich daran,
seinen Jüngern die Füße
zu waschen und mit dem Tuch
abzutrocknen.* *Johannes 13,5*

Wer macht denn so was heute?
Wir waschen höchstens dem anderen den Kopf!

Jemandem die Füße zu waschen war in Israel
Arbeit für heidnische Sklaven.
Wenn Jesus also diese Arbeit tut,
dann erniedrigt er sich selbst sehr tief,
wie ein Sklave.

Fußwaschung, das ist Reinigung.
Ein Teil steht hier für das Ganze.
Denn wer von Jesus so gereinigt wird, der ist völlig rein.
Und nur, wer sich diesen niedrigen Dienst Jesu gefallen läßt,
der wird auch seine Herrschaft annehmen können.

Aber heute?
Jesus ist nicht wie damals bei uns.

Ein Beispiel habe ich euch gegeben, daß ihr tut, wie ich euch
getan habe.
Christen werden zur Nachahmung aufgerufen.
Zwar nicht mehr zum direkten Dienst der Fußwaschung –
wir leben nicht im alten Israel, in dem Reinigungsgesetze
besonderer Art galten –,
doch stets zur Diakonie für andere,
damit solche Dienstbereitschaft ansteckt.

Frage dich,
welchen Dienst du übernehmen könntest.
Frage dabei nicht, was etwa herausspringt.
Auch nicht, ob du dir dabei die Hände schmutzig machst.
Kranke und alte Menschen brauchen Pflege.
Einsame müssen heraus aus ihrer Isolierung.
Es fehlt an Verständnis und Zuhörenkönnen.
Ein ganzer Tag –
viel Zeit für Füße und Hände.

März **21**

Ich habe dir geboten,
daß du getrost und unverzagt seist.
Josua 1,9

Ein Spruch zur Konfirmation?
Oder für das Poesiealbum?
Für Leute in führenden Positionen?

Es gibt eine Menge gebotener Verhaltensweisen:
In Museen und Kirchen still zu bleiben,
die Straßenverkehrszeichen zu beachten,
Steuern und Miete pünktlich zu bezahlen,
bei Beerdigungen nur gedämpft miteinander zu sprechen,
im Zirkus beim Auftritt des Clowns zu lachen,
nach einem Konzert Beifall zu klatschen,
auf dem Fußballplatz zu pfeifen.
Für alles gibt es Regeln und Vorschriften.

Josua, der Nachfolger Moses, erhält eine andere Weisung:
Sei getrost und unverzagt!
Gehe deinen Weg mit Zutrauen,
und zittere nicht vor Angst.
Resigniere nicht,
weil du einen starken Vorgänger hattest;
weil du manchmal nicht weißt, ob du es schaffst;
weil dich die Arbeit überrollt.
Getrost und unverzagt –
das ist auch Gelassenheit
und der Mut, etwas zu wagen.

Vielleicht brauchst du heute so eine Zusage besonders.
Du mußt nicht lange darum bitten.
Sie ist da.
Nimm sie nur an.

Jerusalem, Jerusalem, du tötest die Propheten und steinigst die Boten, die Gott zu dir schickt.
Matthäus 23,37

Der Prophet gilt nichts in seinem Vaterland!
Das heißt doch:
Und hätte er das Ei des Kolumbus gefunden
und wäre er mit allen Wassern gewaschen,
ein Rhetoriker, ein Mann erster Klasse,
das alles zählt nicht zu Hause.

Als Jesus die ersten öffentlichen Reden hielt,
da fragten die Leute verwundert:
»Ist er denn nicht ein Zimmermannssohn?«
Mit anderen Worten:
Wie kann der nur?
Aus Nazareth – und solche Reden!

Jerusalem ist die Stadt des Tempels gewesen,
das zentrale Heiligtum, die Hauptstadt.
Von einer Hauptstadt erwarte ich, daß sie intelligente
Menschen in ihren Häusern angesiedelt hat,
Menschen, die die Zeichen der Zeit erkennen.

Die Zeichen der Zeit erkennen, das ist jedoch keine Frage der Intelligenz,
das ist auch keine Frage besonderer Frömmigkeit oder einer bestimmten Religion,
das ist eine Frage des Hinhörens und Hinsehens,
also der Aufgeschlossenheit für Gottes Gegenwart.

Jesus hat damals den Zustand des Gottesvolkes beweint.
Es machte genau das Falsche.
Jesus ist in die Stadt gegangen und wurde gefangengenommen.
Das Gottesvolk erkannte die Zeichen der Zeit nicht.
Jesus kam, um zu retten.
Sie nagelten ihn ans Kreuz.

März **23**

Wo sollen wir das Passamahl für dich vorbereiten?
Matthäus 26,17

Passamahl – Abendmahl.
Jerusalem wird still.
Die Häuser schmecken die Erinnerung.
Der Auszug der Väter aus der Fron Ägyptens kommt zur Sprache.
Damals tat Eile not.
Die Brote blieben ungesäuert.
Das Blut der Lämmer an den Türen hielt die Würgeengel fern.
Passamahl – Abendmahl.
Bitterkräuter mahnen an die Schmach von damals.
Danklieder werden gesungen.
Vom Glauben wird erzählt.

Aber am Tag der süßen Brote traten die Jünger zu Jesus und fragten: Wo sollen wir das Passamahl für dich vorbereiten?

Heute feiern wir Christen das Abendmahl in verschiedenen Formen,
als Tisch-Abendmahl,
als Eßgemeinschaft,
als Feier-Abendmahl oder Feierabend-Mahl,
als liturgische Feierstunde.
Ist uns der Hintergrund des Passamahles dabei bewußt?
Kennen wir die Stationen?
Eine Frage bestimmte alles:
»Wodurch ist diese Nacht unterschieden von den anderen Nächten?«

Abendmahl.
Wir leben auf.
Der Mittler bricht das Brot.
Brot für die Welt.
Abendmahl.
Schmecken wir die Zukunft?
Der Mittler bürgt mit seinem Blut.
Frieden für die Welt.

Christi Leib, für dich gegeben. Amen.
Christi Blut, für dich vergossen. Amen.

Traurigkeit und Zittern befielen ihn, und er sagte zu ihnen: »Auf mir liegt eine Last, die mich fast erdrückt.«
Matthäus 26,37.38

Viele Menschen haben schon in ausweglosen Situationen gestanden.
Wunschträume zerfallen endgültig.
Alles ist wie verbaut.
Müdigkeit stellt sich ein.

Christus ist unser Bruder.
Das ist kein Satz für Festansprachen.
Christus ist unser Bruder.
Das zeigt uns Gethsemane.
So sehr ist Gott uns gleich geworden,
daß er uns seine Angst nicht verbirgt.
Jesus schwach und einsam.
In die Himmel hinein starrt solche Einsamkeit.
Aussichtslos.

Auf mir liegt eine Last, die mich fast erdrückt.
Und die Versuchung befällt ihn, sie abzuschütteln.
Das bedeutet sehr viel für mich:
Jesus spielt nicht den Heros.
Er ist ganz ein Mensch.

Herr, nie bist du mir so nahe gewesen wie dort in Gethsemane.
Ich glaube dir deine Traurigkeit und dein Zittern.
Ich danke dir, daß du die Last getragen hast.
Ich würde gern bei dir sein und dich trösten wollen.
Vielleicht, daß ich dir helfe,
die Last von heute mitzutragen,
ein wenig,
mit meiner ganzen Kraft.

März **25**

Sie nahmen Jesus fest, führten
ihn ab und brachten ihn
in das Haus des Obersten Priesters.
Lukas 22,54

Sie sind losgezogen, als holten sie einen Verbrecher.
Der Eifer um ihr Gesetz hatte sie gefressen.
Obwohl sie ihn predigen hörten,
obwohl Kranke, Hungrige und Arme für seine Unschuld sprachen.
Sie sind losgezogen, als holten sie einen Verbrecher.
Der Mann aus Nazareth paßte nicht in ihr Weltbild,
er entsprach nicht ihren Vorstellungen von Gott.
Sie waren zu fromm,
und er war den Sündern zu nahe.

Wie oft schon hat sich das wiederholt:
Einer wird verhaftet, obwohl er unschuldig ist.
Und fromme Menschen sind daran beteiligt;
weil sie die Macht behalten wollen,
schalten sie denjenigen aus,
der ihre Macht bedroht.
Damit er in Vergessenheit gerät.

Jesus,
sie haben dich abgeholt,
wie man Juden in Deutschland abholte.
Jesus,
sei bei allen Menschen, die abgeholt werden
und die doch unschuldig sind.

Simon Petrus hatte ein Schwert. Er zog es und schlug einem Diener des Obersten Priesters ein Ohr ab. Johannes 18,10

Das ist unsere Art: zuschlagen.
Nur wenige Menschen entsagen der Gewalt.
Die meisten stellen ihre Stärke unter Beweis.

Jesus lebte gewaltlos.
Das ist keine Schwäche.
Seine Macht ist die Liebe.
Anders Petrus.
Wie Kain dürstet er nach Rache.
Er zieht das Schwert und schlägt zu.
Wenn schon nicht Legionen Engel helfen,
dann wenigstens er.

Es wird berichtet, Jesus habe die Wunde geheilt, die Petrus schlug. Jesus hat sich auf seine Feinde eingelassen, er hat sich ihnen zugewandt.
Verstehen wir die Umkehr der Maßstäbe?

Seitdem ist das Feuer der göttlichen Liebe
nicht mehr verloschen.
Viele Menschen bezeugen das:
Nur das Gebot der göttlichen Liebe baut die Gewalt ab.
Denn Gewalt löst keine Probleme,
sie schafft höchstens neue.
Also: Nicht zuschlagen!
Heilen.
Verbinden.
Segnen.
Das ist Jesu Art.

März **27**

Bevor heute der Hahn kräht,
wirst du dreimal behaupten, daß du
mich nicht kennst. Lukas 22,61

Aus dem leidenschaftlichen Bekenner Petrus, der geschworen hatte, Jesus nie die Treue aufzukündigen, wird ein erbärmlicher Feigling.
So rasch zerbricht der Vorsatz,
wenn das Leben erst mal so richtig mitspielt,
wenn es um Kopf und Kragen geht.
Da ist das Treuegelöbnis schnell vergessen.
Da werden Helden müde.

Erstaunlich,
mit solchen Leuten will Jesus die Kirche gründen?

So ist es.
Der Vollkommene ist nicht gefragt.
Zweitausend Jahre Kirchengeschichte erzählen davon:
Gott will keine Musterknaben,
die gibt es auch nicht,
er nimmt uns Menschen an, wie wir sind,
auch mit unserer Schuld,
mit unserem so niederschmetternden Versagen,
mit dieser dürftigen Treue.

Petrus ging in den Morgen hinaus.
Tränen fließen.
Die Stunde der Niederlage ist bitter.
Aber schon leuchtet Ostern über den Feldern.
Die Nacht muß weichen.
Petrus wird Gelegenheit finden, seine Treue zu erneuern.
Jesus gibt ihm die Chance.

Herr, verlaß mich nicht in der Stunde der Niederlage,
wenn ich behaupte, dich nicht zu kennen,
wenn ich mich deiner schäme.

Die meisten Menschen sterben als Kopien, während sie als Originale geboren sind. Ernst Elias Niebergall

Der Mensch ist ein Samenkorn Gottes, das zu einer Ähre voll guter Körner werden soll. Maxim Gorki

Wenn alle durch das Leben geläuterten Menschen am Schlusse ihres Lebens die Möglichkeit hätten, noch einmal zu beginnen, sie täten es mit Benutzung der gewonnenen Freiheit. Karl Hilty

Wir fahren durch die Zeiten,
als flögen wir davon.
Wir stehen oder treiben,
wohin wir sonst auch schreiten,
wir fliehen oder bleiben,
als flögen wir davon.

Wir wägen nach den Tagen,
als wüßten wir die Zeit.
Wir lachen oder weinen,
erkennen, was wir fragen,
und leben, wie wir meinen,
als wüßten wir die Zeit.

Merkmal großer Menschen ist, daß sie an andere weit geringere Anforderungen stellen als an sich selbst.
Marie von Ebner-Eschenbach

Man muß sich an zwei Dinge gewöhnen, um das Leben erträglich zu finden: an schlechtes Wetter und an die Ungerechtigkeit der Menschen.
Sébastien-Roch Nicolas de Chamfort

Alle Menschen sind klug, die einen vorher, die anderen hinterher. Chinesische Weisheit

März **29**

Der Herr bewahrt die Seelen seiner Heiligen. Psalm 97,10

Bewahren heißt: achthaben auf etwas.
Auch: bewachen, damit es nicht verlorengeht.
Vor Schaden schützen.
Aufheben.
Absichern.

Wir sagen manchmal:
»Ich wollte dich vor einer großen Dummheit bewahren!«
Das heißt: Ich wollte dir helfen,
nicht in dein eigenes Verderben zu laufen.
Davor wollte ich dich schützen.

Das meint die Bibel auch.
Das ist eine konkrete, handfeste Zusage.
Gott umgibt die, die zu ihm stehen, mit einer Schutzzone;
sie dürfen nicht angegriffen werden,
sie sind abgeschirmt.

Aber du zweifelst daran – und berechtigt,
denn du hast Beispiele bei der Hand:
Die Augenblicke, da du dich wie ausgeliefert fühltest,
wie überrannt
und gar nicht abgeschirmt.

Auch ich zweifle mitunter so.
Ich sehe auch nicht nur Schutz und Bewahrung.
Da passiert viel zuviel.
Aber ich denke, wir sollten uns trotzdem der anderen Stunden erinnern,
der Stunden, in denen wir spürten: Gott gab acht auf uns.
Das hilft weiter.
Auch, wenn wir Zweifel haben.

Der Schmerz macht, daß wir die Freude fühlen, so wie das Böse macht, daß wir das Gute erkennen.
Wäre kein Schmerz in der Welt, so würde der Tod alles aufreiben. Wenn mich eine Wunde nicht schmerzte, würde ich sie nicht heilen und würde daran sterben.
Ewald Christian von Kleist

Bei großen Schmerzen wirken Worte wie Fliegen auf Wunden.
Joseph-Henri Rosny

Schmerzen und Kranksein gehören zueinander.
Es tut weh, hackt und pocht, macht heiß und läßt einen dann wieder frieren – immer sind es untrügliche Anzeichen dafür, daß eine Krankheit anfängt.
Die Schmerzen sind das Signal: Achtung, da ist etwas krank in dir!
Wir müssen den Arzt aufsuchen und seine Hilfe erbitten. Ihm sagen wir, wo es weh tut, und hoffen darauf, daß er den Schmerz und die Krankheit beseitigt.
Aber es gibt auch Krankheiten, die kündigt zunächst kein Schmerz an, sie sind so heimtückisch, daß sie zu spät erkannt werden. Die Schmerzen, die später aufkommen, sind dann um so unerträglicher, sie werden zu einer unsagbaren Last für den Kranken, Schmerzen und Leben gehören zusammen – wie Leben und Sterben zusammengehören, wie Geburt und Tod.

Und zur Frau sagte Gott:
Ich will dir viel Schmerzen schaffen, wenn du schwanger wirst; unter Schmerzen wirst du Kinder gebären.
Und zum Mann sagte er:
Mit Schweiß auf deinem Gesicht sollst du dein Brot essen, bis du wieder zu Erde wirst, von der du genommen bist.
1. Mose 3,16–19

März **31**

Pilatus ging in den Palast zurück und ließ Jesus vorführen.
Johannes 18,33

Das Hin und Her um die Verantwortung hat begonnen.
Herodes, der König der Juden, schickt den Gefangenen Jesus zu dem römischen Statthalter Pilatus.
»Entscheide du, denn du hast die Macht dazu!«
Pilatus, der Richter Roms, verliert seine gewohnte Sicherheit, weil seine Frau einen bösen Traum träumte.
»Laß dich nicht mit Jesus ein!«
Der Gouverneur Pilatus zögert.
Und dann kommt es zum Dialog zwischen Jesus und Pilatus.
Der Römer darf nicht länger hinaus- oder abschieben,
seine Karriere steht auf dem Spiel.

Immer, wenn Christen ihr Glaubensbekenntnis sprechen,
wird auch der Name Pontius Pilatus genannt –
ein mächtiger Mann, der in Bedrängnis gerät,
der an Jesus keine Schuld findet
und der meint, ihn doch schuldig sprechen zu müssen.
In Zwänge verstrickt,
verstrickt er sich selbst in Widersprüche.
Er weiß nicht mehr, was Wahrheit ist.

Ich denke,
ich bin nicht Pilatus,
und doch habe auch ich Ausreden zur Hand,
und doch fühle ich mich manchmal über den »Narren Jesus« erhaben,
manchmal ist er mir sogar lästig,
wie er Pilatus lästig war.
Dann schäme ich mich.

April

April **1**

Sie schlugen ihn mit einem Stock auf den Kopf und spuckten ihn an. *Markus 15,19*

Folterung.
Der Zweck ist eindeutig:
gefügig machen!
Das abschreckende Beispiel schaffen.
Das Geständnis muß her: Gotteslästerung!

Folterung.
Mit Schlägen wird das Geständnis erpreßt.
Was sie wissen wollen, läßt sich herausprügeln.
Da gibt es kein Pardon.
Und Schreien rührt sie nicht.

Folterung.
Jesus bleibt nicht ausgenommen.
Für sie ist er der Rebell,
ein Feind des Kaisers in Rom.
Solche Allüren werden gründlich ausgetrieben.

Ich denke:
Wie tief steigt er noch hinab, dieser Jesus?
Warum läßt er sich das alles gefallen?
Und ich spüre:
Ich bin in die Sache verwickelt.

Auch heute wird er gefoltert.
Auch heute wird er geschlagen.
Auch heute spucken sie ihn an.
Und mir geht es gut!

Ich muß etwas dagegen tun.

Da gab Pilatus ihnen Barabbas frei.
Matthäus 27,26

2 April

Barabbas wird frei.
Entgegen allen Spielregeln verlangt das Volk den Mörder.
Und Pilatus gibt nach.
Eine riskante Freilassung.
Barabbas war Mitglied einer römerfeindlichen Partei.
Vielleicht sogar Führer einer Widerstandsgruppe.
Da sollte es keine Amnestie geben.

Eine alte Lesart nennt Barabbas noch mit dem Zunamen Jesus.
Dann also steht Jesus Barabbas
Jesus von Nazareth gegenüber.
Barabbas, das bedeutet Sohn des Vaters.

Was wird er mit seiner Freiheit angestellt haben?
Da kann Versäumtes nachgeholt werden.
Da eröffnen sich neue Perspektiven.
Oder sollten gar Rachelust und Haß
zu erneuten Verbrechen führen?

Christus hat uns befreit;
er will, daß wir auch frei bleiben.
Steht also fest
und laßt euch nicht wieder zu Sklaven machen!
So schreibt Paulus an die Galater.
Es ist Freispruch erfolgt.
Daran haltet euch.

Es sind nicht alle frei, die ihrer Ketten spotten!
Gotthold Ephraim Lessing

April **3**

Sie schrien weiter,
so laut sie konnten:
»Ans Kreuz mit ihm!« Lukas 23,23

Die Entscheidung ist klar:
Sie wollen Jesu Tod.
Er hatte sie, die angesehenen Frommen, Natternbrut genannt.
Mit Dirnen und Gaunern saß er an einem Tisch.
Er vergab den Leuten die Sünden.
Ausgestoßene umarmte er.

Darum rächen sie sich.
Der Neid macht sie ganz närrisch.
Jesus muß weg.
Er stört die Ruhe.
Er bringt die Institution durcheinander.
Er ist für die ganze Struktur eine Gefahr.
Und wo Argumente nichts mehr auszurichten wissen,
da sprechen die Fäuste,
da wird geschrien
und niedergebrüllt.

Ist die Entscheidung klar –
bei uns?
Muß der sieglose Jesus weg,
weil er auch unsere Kreise stört?
Entspricht er unseren Vorstellungen von Gott,
unserer Theologie,
unserem Frömmigkeitsstil?

Herr,
vielfach erschallt auch heute noch der Ruf:
»Ans Kreuz mit dir!«
Manchmal versteckt und weniger laut vielleicht,
aber du hörst ihn.
Ich denke, es ist schlimm, mitzuschreien.

Die Soldaten übernahmen Jesus.
Mit seinem eigenen Kreuz
auf den Schultern verließ er die Stadt.
Johannes 19,16.17

Der Balken des Fluches lastet schwer auf dem Rücken,
er drückt in den Staub der Gassen nieder.
Jesus trägt sein Kreuz zur Hinrichtungsstelle.

Viele Menschen haben sich an das Zeichen des Kreuzes gewöhnt.
Manche tragen es als Schmuck.
Das täuscht nicht darüber hinweg:
Es ist ein Schandzeichen.
Nur Verbrecher sterben am Galgen.
Damit gewinnt man keine Ehre.

Jesus schleppt sich voran.
Die pausenlosen Verhöre,
die Auspeitschungen und Mißhandlungen
haben den Körper geschwächt.
Vielleicht fürchtet das Hinrichtungskommando
den plötzlichen Tod Jesu auf der Straße,
den totalen Zusammenbruch.
Darum zwingen die Soldaten einen Mann namens Simon,
für Jesus das Kreuz zu tragen.

Viele Menschen haben sich an das Zeichen des Kreuzes gewöhnt.
Aber wie Simon den Balken zu schleppen,
die Last den Hügel hinaufzustemmen,
das ist etwas anderes, als Modeschmuck zu tragen.

Die Frage mag simpel klingen,
bedacht will sie immer sein:
Jesus das Kreuz tragen –
wie übersetze ich das in mein Leben hinein?

April **5**

Als sie zu der Stelle kamen,
nagelten die Soldaten Jesus ans Kreuz.
Lukas 23,33

Die Geschichte der Menschheit ist angefüllt von Berichten
über grausame Methoden, die Menschen erdachten, um andere
Menschen zu quälen und auszulöschen.
Die Kreuzigung war eines der furchtbarsten Tötungsmittel.
Mit ausgestreckten Armen hing der Verurteilte
unter sengender Hitze,
von Fieberdurst gepeinigt,
angenagelt zwischen Himmel und Erde,
auseinandergestreckt,
preisgegeben,
vogelfrei.

Mitunter fragen Christen heute, ob das Leiden und Sterben
Jesu qualvoller und schrecklicher als anderes Leiden war.
Sie denken dabei an Menschen, die noch härter behandelt
wurden, deren Leib bestialisch zerstückelt wurde;
die Verhörbunker der Gestapo zeugen davon,
es gibt unvorstellbare, ausgeklügelte Methoden, einen
Menschen zu vernichten.

Die Antwort darauf gibt die Bibel selbst:
Im Todesleiden Jesu liefert sich Gott selber aus.
Es ist das einmalige Opfer für alle Zeiten.
Ein Vergleich ist unsinnig und unmöglich.
Aufzurechnen wäre töricht.
Es ist das Geheimnis des Glaubens.

Als sie zu der Stelle kamen, nagelten die Soldaten
Jesus ans Kreuz.
Die ausgestreckten Arme Jesu umfangen die Welt.
Nun soll Frieden werden zwischen Gott und den Menschen.

Nachdem die Soldaten Jesus ans Kreuz genagelt hatten, nahmen sie seine Kleider. *Johannes 19,23*

6 April

Jesus hatte keinen Platz im Leben,
wo er sich in Ruhe hinlegen konnte.
Jetzt nehmen sie ihm auch noch die Kleider.
Arm, wie er in die Welt gekommen ist, verläßt er sie.
Nichts bleibt ihm.

Es war das Recht der Soldaten,
das letzte Eigentum der Hinzurichtenden an sich zu nehmen.
Sozusagen als Zusatzlohn.
Das Exekutionskommando, so wird berichtet, wirft das Los
über das Oberkleid Jesu.
Dieses war ungenäht, wie das Gewand des Hohenpriesters,
also aus einem Stück,
darum stellte es einen gewissen Wert dar.

So scheitert das Leben Jesu:
Einer seiner Jünger verriet ihn für dreißig Silbergroschen,
jetzt verspielen die Soldaten seine Kleidung für die höchste
Anzahl der Augen auf dem Würfel.
Am Ende bleiben nur Jesus und das Kreuz.
Er hat das Gewand dieser Welt endgültig abgelegt.

Auch wir legen eines Tages ab,
was uns in dieser Welt lieb und erstrebenswert erschien.
Auch wir können nichts mitnehmen.
Es wäre gut,
am Ende blieben nur Jesus und das Kreuz.
Denn Gottes Reich kennt keine Kleider.
Gottes Reich will uns wie Kinder haben,
angewiesen auf die Liebe des Vaters,
der nun den Sohn zu sich nimmt.

April **7**

Jesus sah seine Mutter dort stehen
und daneben den Jünger,
den er liebte. *Johannes 19,26*

Geleit zu geben, wagten wenige.
Doch wenige sind viel über den Tod hinaus.

Selbst in der Todesstunde
vergißt Jesus seine Freunde nicht.
Die Mutter steht unter dem Kreuz.
Und Johannes.
Sie begreifen das Ende nicht.
Doch hier ist die Geburtsstunde der Gemeinde,
hier unter dem Kreuz weist sie Jesus zueinander.
Wo zwei oder drei in meinem Namen sind,
da da bin auch ich.

Bedenken wir:
Diese kleine, unbedeutende, verzweifelte Gruppe
ist der Anfang einer weltweiten Kirche.
Später kommen andere hinzu.
der Hauptmann des Hinrichtungskommandos,
die Jünger, die sich wieder einfinden aus der Zerstreuung.
Von diesem Moment an fallen die Unterschiede.
Jetzt wird nicht mehr eingeteilt,
jetzt weist Jesus jeden einem anderen zu,
niemand soll sich allein gelassen fühlen.

Zeige mir, Herr, wem ich mich zuwenden soll.

Mein Gott, mein Gott,
warum hast du mich verlassen?
Psalm 22,2

»Jeder stirbt für sich allein« –
so lautet ein Buchtitel.
Dahinter verbirgt sich die Erkenntnis:
Es gibt keinerlei Anhaltspunkte, wie zu sterben ist;
alle Voraussetzungen eines Vergleiches fehlen.

Trotzdem wird viel darüber nachgedacht,
wie einem Menschen beim Sterben zu helfen sei.
Und eines berichten viele Menschen,
die andere sterben sahen:
Wenn der Todeskampf einsetzt,
die Agonie beginnt,
dann wird die Entfernung spürbar.
Es ist, als tritt der Sterbende in eine für den Lebenden
unerreichbare Welt ein.

Von Jesus wird gesagt, er habe im Todeskampf geschrien.
Einige meinten, er rufe den Propheten Elia.
Aber es waren Worte aus einem Psalm,
Worte, die den gottverlassenen Zustand beklagten,
die wie eine Beschwerde klangen,
wie ein Aufbegehren gegen so viel Ungerechtigkeit,
gegen diese Zumutung.

Herr,
wenn ich einmal soll scheiden,
so scheide nicht von mir;
wenn ich den Tod soll leiden,
so tritt du dann herfür;
wenn mir am allerbängsten wird um das Herze sein,
so reiß mich aus den Ängsten kraft deiner Angst und Pein.

April **9**

Josef kaufte ein Leinentuch,
nahm Jesus vom Kreuz
und wickelte ihn in das Tuch.
Dann legte er ihn in ein Grab.
Markus 15,46

Die Zeit steht still.
Der Raum kennt keine Grenze mehr.
In den Himmeln schweigt der Hymnus der Engel.
Gott ist tot.

So war es:
Jesus wurde begraben.
Ein Stein versiegelte die Grabkammer.
Josef aus Arimathia hatte Pilatus gebeten,
den Leichnam Jesu abnehmen zu dürfen.
Pilatus gab den Hingerichteten frei.
Tot ist tot.
Es wird gesagt, Josef von Arimathia sei ein hochgeachtetes
Ratsmitglied gewesen,
einer, der darauf wartete,
daß Gott seine Herrschaft aufrichtet.
Nun mußte er ihn begraben.
Alle Hoffnung vergebens.

Gott ist tot.
Es schien, als hätten die Spötter recht –
von wegen »Steig herab vom Kreuz und hilf dir selbst!«,
von wegen »Nun zeig, wie du den Tempel in drei Tagen
aufbaust!«
Alles war aus.

So ist es:
Jesu Tod gehört zu unserem Glaubensbekenntnis.
Von seinem Begräbnis wird ohne Scheu berichtet.
Wir glauben nicht an einen unsterblichen Sohn der Götter.
Die Spannung zwischen Karfreitag und Ostern belebt uns.
Bald streifen wir die alten Erfahrungen ab.
Dann wissen wir: Er lebt!

Er ist nicht hier;
Gott hat ihn vom Tod erweckt!
Markus 16,6

Da verließen sie die Grabeshöhle und flohen.
Sie zitterten vor Entsetzen.
Das Grab war leer.
Das muß ängstigen.
Darum erzählten sie niemandem etwas davon.

Also kein Osterjubel.
Kein Viktoria.
Sondern Entsetzen.
War der Tod Jesu schon kaum zu verkraften,
wieviel weniger die Nachricht: Er lebt!
Das grenzt an Wahnsinn.

Andererseits:
Der Bote gibt ruhig und sicher Auskunft.
Nichts Aufgeregtes,
geradezu selbstverständlich der Hinweis:
»Habt keine Angst!
Ihr sucht Jesus aus Nazareth, der ans Kreuz genagelt wurde.
Er ist nicht hier;
Gott hat ihn vom Tod erweckt!«

Hätte ich solche Sicherheit!
Könnte ich so gelassen und selbstverständlich Auskunft geben.
Aber da ist das Zittern noch in mir.
Die alten Erfahrungen hemmen.
Die alten Erfahrungen sagen:
Träume nicht!
Das Leben ist hart und zahlt aus.
Diese dummen, quälenden Erfahrungen.

Es heißt:
»Und nun geht und sagt seinen Jüngern und Petrus: Er geht euch nach Galiläa voraus. Dort werdet ihr ihn sehen, genau wie er es euch gesagt hat.«

April **11** *Ostern*

Als die Nachricht durchsickerte,
nicht, als sei sie vom Buschfunk getrommelt,
auch nicht wie die Schlagzeilen einer Zeitung,
sondern wie ein Feuer, das am Boden entlangspringt
und bald den ganzen Wald in Brand steckt,
einen Sturm entfacht,
so etwa,
da verschlossen sie zunächst noch fester die Türen.

Er lebt!
Diese Nachricht war gar nicht überzeugend,
eher gespenstisch,
sie verwirrte,
machte vorsichtig, unsicher und gar ohnmächtig.
Er lebt!
Das ist wider den gesunden Menschenverstand,
und die Konsequenzen sind nicht überschaubar.

Aber dann,
als er mitten durch ihre verschlossenen Türen trat
und mit seinem Wort vom Frieden
die Riegel vor ihren Herzen beiseite schob,
da glaubten sie.

Das ist die reiche Osterbeut,
der wir teilhaftig werden:
Fried, Freude, Heil, Gerechtigkeit
im Himmel und auf Erden.
nach Georg Weißel

Der versprochene Retter mußte doch erst dies alles erleiden, um zu seiner Herrlichkeit zu gelangen! *Lukas 24,26*

12

April

Viele Menschen beschäftigt die Frage nach dem Sinn des Lebens.
Ihres Lebens.
Und sie lauschen auf die verschiedenen Antworten:
Du bist da, um dich als Mensch zu verwirklichen!
Du bist da, um als Mensch für andere Menschen zu leben!
In der Arbeit findet der Mensch seine Bestimmung!
Einen Sinn gibt es nicht, alles endet im Nichts!
Der Mensch muß sich um Gott bemühen!

Die beiden Männer, die mit Jesus nach Emmaus gehen, fragen auch nach dem Sinn des Lebens.
Ihr Vorbild wurde getötet.
Die großen Ideen waren vorbei.
Da wuchsen keine Bäume mehr in den Himmel.
Was hatte das für einen Sinn gehabt, mit diesem Jesus durch das Land zu ziehen, anderen Leuten Gutes zu tun, wenn am Ende doch nur Undank stand, sogar die Hinrichtung?

Eine besondere Erfahrung besagt:
Man ist danach immer klüger als zuvor.
Im Augenblick verstehen wir oft nicht den Sinn des Ablaufs.
Selbst in unmittelbarer Nähe des Geschehens nicht.
Aber danach,
Wochen, Monate, Jahre später,
da dämmert es,
und wir sagen: Jetzt begreife ich, darum also!

Der Leidensweg Jesu wird von seinen Leuten auch nur »im nachhinein« verstanden.
Da wurden ihre Augen aufgetan,
und sie erkannten, daß es der Herr war.

Dienstbespr. SST.

Vom Gesundsein

Gesunden Leib gib mir,
und daß in solchem Leib
ein unverletzte Seel
und rein Gewissen bleib.
Johann Heermann

Auf dem Weg nach Jerusalem zog Jesus zwischen Samarien und Galiläa hin. Als er in ein Dorf ging, kamen ihm zehn Aussätzige entgegen. Sie blieben in gehörigem Abstand stehen und riefen laut: »Jesus! Herr! Hab Mitleid mit uns!« Jesus sah sie und befahl ihnen: »Geht zu den Priestern und laßt euch untersuchen!«
Unterwegs wurden sie gesund. Einer aus der Gruppe kam zurück, als er es merkte. Laut pries er Gott, warf sich vor Jesus nieder und dankte ihm. Der Mann war ein Samaritaner. Jesus sagte zu ihm: »Zehn habe ich gesund gemacht, wo sind die anderen neun? Warum sind sie nicht auch zurückgekommen, um Gott die Ehre zu erweisen, wie dieser Fremde hier?«
Dann sagte er zu dem Mann: »Steh auf, dein Vertrauen hat dich gerettet.« Lukas 17,11–19

Gesund und frisch sein
ist besser
als alles Gold.
Jesus Sirach 30,15

Gesund stoßen,
Gesund schreiben,
Gesund machen –
dreimal gesund,
und doch jedesmal anders.

»Ihr Puls geht aber langsam«, sagte die Schwester zum Patienten.
»Macht nichts«, antwortete der, »ich habe ja Zeit.«

Wir danken Gott, daß er uns durch Jesus Christus, unseren Herrn, den Sieg schenkt! 1. *Korinther 15,57*

14 April

Bei allen Sportveranstaltungen werden Siege erzielt.
Allerdings schenkt da niemand jemandem etwas.
Der Sieg muß erkämpft,
hart errungen werden,
unter großen Opfern.

Die Medizin versucht, Schritt für Schritt
den Krankheiten beizukommen,
und hat nicht unbeträchtliche Siege zu verzeichnen;
Seuchen, die Völker befielen,
wurden gestoppt und beseitigt.
In unserer Zeit kämpfen die Forscher gegen den Krebs.

Nach menschlicher Erkenntnis
steht jedoch ein Sieger so gut wie für alle Zeiten fest:
der Tod.
Seine Macht ist durch nichts zu brechen,
daran zweifelt wohl keiner.

Nur die Osterbotschaft hebt sich davon ab.
Sie sagt:
Genau umgekehrt ist der Kampf entschieden,
der Tod ist vernichtet, und das Leben hat den Sieg
davongetragen.
Tod, wo ist dein Sieg?
Du hast keine Macht mehr über uns,
du bist nur ein Übergang zum eigentlichen Leben!

Dieser Sieg wird uns geschenkt,
wir brauchen nicht erst noch zum großen Spurt anzutreten,
es muß auch nicht erst noch das entsprechende Medikament
gefunden werden.
Dafür danken wir Gott.

April **15**

Er fragte sie: »Frau, warum weinst du? Wen suchst du?«
Johannes 20,15

Friedhofsstimmung.
Bedrückt, still, ernst, traurig, ohnmächtig.
Manch einer empfindet aber auch ganz anders,
vielleicht ist er erleichtert, befreit, weniger ängstlich.

Friedhofsstimmung.
Ein Trauerzug kehrt vom Grab zurück.
Der Wind bewegt die Zweige der Bäume.
Du siehst dem Frühling kritisch ins Auge.
Tod und Frühling passen nicht zueinander,
wo sich alles dem Leben entgegenstreckt.

Friedhofsstimmung.
Eine Frau sucht das Grab eines Mannes.
Er bedeutet ihr viel,
das Leben.
Sein Tod hat sie verstört gemacht.
Sie fragt: »Wohin ist er gebracht worden?
Ich möchte hingehen und ihn holen.«
Sie weint,
und die Verzweiflung schüttelt sie.

Viele der Geschichten, die uns von dem auferstandenen Jesus erzählt werden, berichten von diesem harten Gegeneinander, dem Zusammenstoß zweier Welten. Und immer fragt Jesus in die Ratlosigkeit und Verzweiflung hinein: Erkennt ihr mich denn nicht? Ich bin es, von dem ihr meint, er sei für immer von euch fortgegangen. Ich lebe, und ich rede euch mit eurem Namen an!

Friedhofsstimmung.
So manches Mal empfinde ich sie in meinen Gedanken.
Alles scheint so hoffnungslos.
Da höre ich die Frage: Wen suchst du?
Worauf wartest du noch?
Mein Name wird gerufen, und ich erkenne:
Es ist der Herr!

Wer das Gebet in irgendeiner Form in unser Leben bringt, der hat uns Ungeheures wiedergegeben. Meister Eckhart

Wenn ihr betet, dann tut es nicht wie die Scheinheiligen. Sie stellen sich gern in den Synagogen und an den Straßenecken zum Beten auf, damit sie von allen gesehen werden. Ich versichere euch: sie haben keinen Lohn mehr dafür zu erwarten. Wenn du beten willst, dann geh in dein Zimmer, schließ die Tür zu und bete zu deinem Vater, der im Verborgenen ist. Dein Vater, der auch das Verborgenste sieht, wird dich dafür belohnen.
Wenn ihr betet, sollt ihr nicht viele Worte machen wie die Heiden. Sie meinen, sie könnten bei Gott etwas erreichen, wenn sie besonders lange beten. Ihr sollt es anders halten. Euer Vater weiß, was ihr braucht, bevor ihr ihn bittet. Matthäus 6,5–8

Beten ist wie ein Warten auf jemanden, der niemals direkt kommt. Immer beten und bitten wir zu einem Gegenüber, das nur im Glauben erfaßt und begriffen sein kann. Beten ist nur Variation des einen großen Themas: Herr, erbarme dich über uns und sei uns gnädig!

Zu dir, Gott, bete ich und
nenne deinen Namen,
aber wie ich dich auch nenne,
Herr oder Vater,
Freund oder Bruder,
ich kann dich damit nicht fassen,
denn du bist größer als ein Name
und kleiner als ein Wort,
du bist stiller als alle Stille der Welt,
wärmer als alle Sonnen zusammen,
tiefer als die Ozeane und
stärker als alle Atome des Kosmos.
Zu dir, Gott, bete ich. –
im Namen Jesu Christi.

Der Gewaltigste ist der,
der seine Hände richtig faltet.
Sören Kierkegaard

April **17**

Während die beiden noch erzählten, stand plötzlich der Herr selbst mitten unter ihnen. Lukas 24,36

Wir reden gerade von einem Menschen,
von seinen Eigenschaften,
von unserem letzten Zusammentreffen mit ihm,
vermuten ihn weit weg –
und plötzlich steht er vor uns,
ist da,
wie aus dem Boden gestampft.
»Gerade haben wir von dir geredet!«
»Unsere Gedanken waren ganz bei dir!«
Wir wundern uns
und staunen über solche Zufälligkeiten.

Freilich,
es wird ein Unterschied sein, wer der andere ist,
der gerade beliebte Leiter, der plötzlich hinter uns steht,
oder ein guter Bekannter,
die Freundin,
ein Studienkollege oder der Sportkamerad.

Die Jünger Jesu erzählten sich gegenseitig,
wie sie den Herrn erkannt hatten:
Er teilte ihnen das Brot, und sie wußten, er ist es.
Und während sie davon erzählen,
steht Jesus plötzlich mitten unter ihnen und grüßt sie.
Sie erschrecken und meinen, einen Geist zu sehen.
Aber er sagt: »Warum seid ihr so erschrocken?
Faßt mich an und überzeugt euch!«

Manchmal erschrecke ich auch so, Herr!
Ich denke: Das kann doch nicht wahr sein.
Und dann bin ich so dankbar,
weil ich dich in meiner Nähe weiß.

Die Wahrsager sehen Betrug
und erzählen unsinnige Träume,
und ihr Trösten ist nichts.
Sacharja 10,2

18 April

Wahrsager sind doch äußerst seltene Vögel geworden.
Wer schon glaubt dem Handlesen
oder der Sicht durch die Glaskugel?
Wer schon glaubt wirklich dem Horoskop
oder den Karten?
Wir sind aufgeklärte Leute,
Aberglaube gedeiht nicht mehr.

Ich bin mir nicht so sicher, ob das stimmt.
Es sind weniger die Jahrmarktgaukler, die beeindrucken,
als mehr die Modeangebote vielleicht,
oder der Wohnkult,
das, was uns andere Leute vormachen,
ihr Lebensstil, ihr Besitz, ihr Erfolg,
und wir träumen unsinnige Träume davon,
wer und was uns frei machen kann
und wohin unsere Reise denn geht,
was mit unserem Geld alles angeschafft werden kann,
wie wir das richtige Lustgefühl zum Leben bekommen.

Halte mich, Herr,
damit ich nicht in den Strudel
von Schein- und Halbwahrheiten gerate.
Gib mir den Durchblick,
Echtes von Unechtem zu unterscheiden.
Bewahre mich davor, übertölpelt zu werden,
damit ich deine Wahrheit erkenne
und ihr allein glaube.

April **19**

Herr, du weißt alles,
du weißt auch, daß ich dich liebe.
Johannes 21,17

Eine Liebeserklärung?
Liebende fragen sich gegenseitig:
Liebst du mich?
Sie tun das,
um sich zu vergewissern,
spielerisch,
ihre tiefe Zuneigung soll sich in Worten ausdrücken,
erklären jedoch können sie diese Liebe kaum,
sie empfinden sie,
spüren und erfahren sich gegenseitig.

Petrus, der Jesus verleugnete,
seinen Herrn also bitter enttäuschte,
wird von ihm gefragt:
»Hast du mich lieb?«
Das heißt:
Vertraust du mir?
Lieferst du dich mir ganz aus?
Zweifelst du nicht mehr an mir?
Jesus stellt Petrus dreimal diese Frage.
So wie Petrus dreimal seinen Herrn verleugnete.
Eine Prüfung?
Petrus antwortet einfach:
Herr, du weißt alles , du weißt auch, daß ich dich liebe.

Ein Vertrauens-Votum!
Nicht leichtfertig abgegeben.
Nicht nur so dahingeplaudert.
Sondern von Herzen kommend.
Sich selbst drangebend.
Wie ich auch gern sprechen möchte.
Wie ich mich auch ausliefern will.
Täglich.
Immer wieder,
Herr.

Die Hoffnung nährt mich, sie nährt ja die halbe Welt,
und ich hab sie mein Lebtag zur Nachbarin gehabt,
was wäre sonst aus mir geworden.
Ludwig van Beethoven

Hoffnung ist wie . . .
spät nach Hause kommen, ohne Schimpfe fürchten zu müssen . . .
hinter einer Gewitterfront Sonnenstrahlen sehen . . .
plötzlich noch Zeit haben . . .
nicht am Morgen schon behaupten, der Tag sei bereits gelaufen . . .

Wer immer hofft, stirbt singend.
Toskanisches Sprichwort

Eine Hoffnung ist mehr wert als zehn trockene Wirklichkeiten.
Franz Grillparzer

Gesegnet aber ist der Mann, der sich auf den Herrn verläßt und dessen Zuversicht der Herr ist. Jeremia 17,7

Hoffe zu leben, doch bereite dich zu sterben.
Östliche Weisheit

Hoffen heißt, an das Abenteuer der Liebe glauben.
Helder Camara

April **21**

Ich will ihnen
einen einzigen Hirten geben,
der sie weiden soll. Hesekiel 34,23

Viele Köche verderben den Brei.
Viele Hirten verwirren die Herde.
Das ist so,
weil jeder seinen eigenen Leitungsstil hat,
weil jeder nach Erfolgserlebnissen sucht und sie braucht,
weil es wichtig ist zu wissen, wer das Sagen hat
und wer nicht,
ob Oberhirte, Hirte oder Hilfshirte.

Das alte Israel hielt öfter Ausschau nach möglichen besseren Göttern, die es zu Wohlstand führen könnten.
Hin- und hergerissen,
fasziniert von den verlockenden Angeboten,
geriet das Volk unter die Führung solcher,
die eher Verwirrung stifteten als Klarheit brachten.
Darum wird diesem Volk gesagt:
Ich will ihm einen einzigen Hirten geben!
Damit das Durcheinander ein Ende findet.

Wir Christen kennen das Beispiel:
Jesus ist der Hirte.
Es ist eines von vielen Bildern, das das Verhältnis des Herrn zu seiner Gemeinde verdeutlichen will.
Und es besagt:
Er will uns leiten, damit uns kein Mangel trifft.
Er will auf uns achtgeben, damit wir uns nicht verirren.
Alle anderen Ansprüche gelten nicht.
Sie bringen uns nur durcheinander.

Auch und gerade für die Leitung der Gemeinde gilt das,
trotz Hierarchie,
trotz Teamarbeit:
Jesus ist der Hirte.

Wer andere kennt, ist klug,
wer sich selber kennt, ist weise.
Wer andere besiegt, hat Kraft,
wer sich selber besiegt, ist stark.
Wer sich durchsetzt, hat Willen,
wer sich genügen läßt, ist reich.
Wer seinen Platz nicht verliert, hat Dauer.
Wer auch im Tode nicht untergeht, der lebt.
Laotse

Die Geschichte des Menschen ist sein Charakter.
Johann Wolfgang von Goethe

Ich habe durch mein ganzes Leben gefunden, daß sich der Charakter eines Menschen aus nichts so sicher erkennen läßt, wenn alle Mittel fehlen, als aus einem Scherz, den er übelnimmt. Georg Christoph Lichtenberg

Jede Gabe ist ein Geschenk Gottes, der Charakter aber ein Produkt der eigenen Seele, weshalb Gaben entzücken, Charaktere aber geliebt werden. Adalbert Stifter

Die Gelegenheiten machen den Menschen nicht erst schwach und gebrechlich, sie zeigen nur, wie schwach und gebrechlich er schon ist. Thomas von Kempen

Das Wort Charakter kommt aus dem Griechischen und hat zwei Bedeutungen:
1. eingeritztes oder eingeprägtes Schriftzeichen;
2. eigentümliche Art, wie Charakter einer Gegend, eines Klimas, einer Krankheit.
Sagen wir von einem Menschen: »Er hat Charakter«, so meinen wir damit: Er hat Grundsätze, eine feste Meinung, er weiß, was er will, und steht dazu.

Das Unglück ist der Prüfstein des Charakters.
Samuel Smiles

April **23**

Dein ist das Reich, und du bist erhöht zum Haupt über alles.
1. Chronik 29,11

Welches Reich ist gemeint?
Das Reich der Toten oder der Lebenden?
Das Reich der Geister und der Träume?
Das Reich der Einbildung oder der Wirklichkeit?

Reich hat mit Herrschaft zu tun,
mit Regierung,
mit Machtausübung.
An der Spitze früherer Reiche stand der König.
Er befand über Rechte und Pflichten seiner Untertanen.
Später übernahmen Parlamente die Regierungsgewalt.

Umfassender heißt es im Dankgebet, das König David spricht:
Aller Ruhm gehört Gott!
Alles, was in den Himmeln und auf Erden besteht,
bleibt Gottes Eigentum.
Er befindet über die Völker.
Der Dank und die Huldigung gehören ihm.
weil er allein stark und groß machen kann.

Das hört sich wie eine Königshymne an.
Wie Fanfarenklänge.
Verstehen wir diese Art?
Sind da nicht auch despotische Töne dazwischen?
Unangenehme Machtdemonstrationen?

Dein ist das Reich,
so beten wir zum Beschluß im Vaterunser.
Das sagt nichts anderes als:
Du, Gott, bist der Herr!
Du hast die Macht über jeden Bereich –
auch über mich.

Im Grunde genommen: Bleibt keinem etwas schuldig.
Nur eine Schuld könnt ihr nie abtragen:
die Liebe, die ihr einander schuldet.
Wer seinen Mitmenschen liebt, fügt ihm kein Unrecht zu.
Den anderen lieben bedeutet also:
das ganze Gesetz Gottes erfüllen.
Macht ernst damit. Römer 13,8.10.11

Der andere ist dicker,
er ist klüger, weitgereister,
der andere hat keinen Titel,
er lacht gern, und seine Witze zünden.
Der andere ißt keine Tomaten
und schwärmt nicht für Schiller.
Einer denkt:
Ich muß alles genau machen!,
während der andere denkt:
Nur nicht kleinlich sein!
Der andere liebt die Mundharmonika,
er trinkt Bier und schläft gern.
Der andere ist anders,
darum ist er der andere.

Das eigentliche Studium der Menschen ist der Mensch.
Charron

Ein Dorfpfarrer klettert aus dem Zug, und als er die Türe öffnet, klemmt er sich einen Finger ein. Ein Mitreisender, der den Pfarrer kennt, sagt zu dem das Gesicht vor Schmerz verziehenden Geistlichen: »He, jetzt möchten Sie bestimmt auch was anderes als Pfarrer sein und so was richtig Kräftiges sagen können!«

April **25**

Gott hat gezeigt,
daß er alle Menschen liebt
und sie retten will.
Titus 2,11

Neigst du auch dazu,
andere Menschen relativ schnell zu beurteilen,
teilst du sie auch in bestimmte Kategorien ein,
schätzt du ihren Wert ab, voreingenommen,
und stempelst sie,
Prädikat »angenehm« oder »unsympathisch«?

Unsere Gefühle für andere sind natürlich unterschiedlich.
Der eine zeigt sie mehr als der andere.
Mir geht es so:
Wenn ich an einem anderen Menschen ein besonderes
Interesse habe,
dann finde ich auch Zeit für ihn,
dann setze ich mich für ihn ein,
bin darauf bedacht, oft mit ihm zusammen zu sein.

Gott hat gezeigt, daß er alle Menschen liebt.
Das ist die Norm für seine Beziehungen.
Gott hat gezeigt, daß er alle Menschen retten will.
Da fallen soziale Schranken,
reich, arm, gebildet, ungebildet, behindert, stark.
Gottes rettende Hände greifen nach jedem,
strecken sich ihm entgegen.

Ich finde, das ist der Grundton der Guten Nachricht,
die Kernaussage:
Die Ausweglosigkeit kann überwunden werden.
Einer nimmt alle an.
Einer zeigt, worauf alle warten:
Rettung und Liebe.

Die Menschen verkommen,
wenn sie kein Feiertagskleid mehr anziehen.
Thomas Carlyle

Geselliges Vergnügen, munteres Gespräch muß einem Festmahl Würze geben. Friedrich Schiller

Fast alle Menschen feiern gern.
Manche nur in der Stimmung »hoch die Tassen«.
Andere gesetzt und mit Protokoll.
Ich denke:
Feiern meint in erster Linie das Erleben einer ins Herz dringenden Geselligkeit.
Da ist das Staunen wieder da,
Überraschungen füllen die Stunden,
spielerisches Gestalten bricht durch,
bis die Stille wieder warten läßt.
Feiern hat nichts mit Aufwand zu tun.
Die Menge verbürgt nicht das Gelingen.
Weder beim Essen noch beim Trinken.
So wird die Feier zum Fest.
Schlimm, wenn so ein Fest im Formalen erstarrt,
wenn es verkrampft.
Jesus hat einmal gesagt:
»Der Sabbat ist für den Menschen da, nicht der Mensch für den Sabbat!«
Das gefällt mir.
So zu feiern hält offen und macht beweglich:
an Feiertagen,
am Feierabend,
mit Blumen und schöner Kleidung,
bei Kerzenschein und Musik,
zum Tanzen und Freuen.

April **27**

Und Gott sah an alles,
was er gemacht hatte, und siehe,
es war sehr gut. 1. Mose 1,31

Unsere Leistungen werden bewertet,
von Kindheit an leben wir mit Zensuren,
Lob und Tadel bestimmen uns.
Das Leben scheint aus kleinen und großen
Diplomarbeiten zu bestehen.
Bestreiten wir sie mit Freude?
Oder empfinden wir nur Druck und Belastung?

Im Schöpfungsbericht der Bibel wird erzählt,
daß Gott seine Leistung selbst bewertete,
er sah das Geschaffene an
und befand es für gut.
Geradezu spielerisch hatte er alles entstehen lassen:
Tag und Nacht,
Sonne, Mond und Sterne,
Fische, Vögel und Großwild –
und den Menschen.
Also keine erzwungene Leistung.
nicht die Erfüllung eines auferlegten Quantums,
sondern freiwilliges Tun
mit Lust und Laune.

Vielleicht sollte ich eigentlich auch so leben,
hin und wieder ansehen, was entstanden ist,
beschaulich sein und den Sinn meiner Arbeit erkennen,
nach den Zusammenhängen fragen,
ich sollte nicht so vieles miesmachen,
die Welt nicht so tierisch ernst sehen,
Vielleicht entdecke ich dann wieder,
finde, was gut ist,
Schönes,
Lustiges
und Leichtes.

Eine Gesellschaft Stachelschweine drängte sich an einem kalten Wintertag recht nahe zusammen, um durch die gegenseitige Wärme sich vor dem Erfrieren zu schützen. Jedoch bald empfanden sie die gegenseitigen Stacheln, welches sie dann wieder voneinander entfernte. Wann nun das Bedürfnis der Erwärmung sie wieder näher zusammenbrachte, wiederholte sich jenes zweite Übel, so daß sie zwischen beiden Leiden hin- und hergeworfen wurden, bis sie eine mäßige Entfernung voneinander herausgefunden hatten, in der sie es am besten aushalten konnten.
Arthur Schopenhauer

Was man zu heftig fühlt, fühlt man nicht allzulang.
Johann Wolfgang von Goethe

Wie fühle ich mich?

Verschlossen	1	2	3	4	5	6	7	kontaktfreudig
friedlich	1	2	3	4	5	6	7	angriffslustig
passiv	1	2	3	4	5	6	7	aktiv
heiter	1	2	3	4	5	6	7	ernst
zurückgezogen	1	2	3	4	5	6	7	gesellig
munter	1	2	3	4	5	6	7	müde

Die Zahlen können die Nähe zu einem Begriff verdeutlichen.

Jede Seele aber, die zu tief fühlt, ist ein Ballon, der in den Himmel steigen möchte, und der die Grenzen der Atmosphäre nicht überschreiten kann. Claude Tillier

Fühlen, das heißt eigentlich zunächst: etwas tastend untersuchen, zum Beispiel den Puls fühlen.
Aber es ist etwas ganz anderes, wenn wir von einem Menschen sagen: »Der fühlt sich aber . . .« Wir meinen damit ein Bewußtsein, das seinen angeblichen Wert ausmacht.
Und noch anders ist es, wenn wir sagen: »Ich fühle mich heute sauwohl!«

April **29**

Jesus sagte zu ihr: »Ich bin es,
der Auferstehung und
Leben bringt.
Wer mir vertraut, wird leben,
auch wenn er stirbt.«
Johannes 11,25

Lazarus, der Bruder von Maria und Marta, war in Bethanien gestorben.
Verzweiflung überkommt die Hinterbliebenen.
Vorwurfsvoll sagt Maria zu Jesus:
»Wenn du bei uns gewesen wärst, hätte mein Bruder nicht sterben müssen.«
Und Jesus sah sie weinen.
Auch die anderen, die mitgekommen waren, weinten.
Eine verständliche Reaktion,
Trauerzeit – Verlustzeit.

Es heißt:
Jesus wurde zornig und sehr erregt.
»Wo liegt er?« fragt er.
Und sie zeigen ihm die Grabstätte.
Der Eingang war mit einem Stein verschlossen.
Jesus befahl, den Stein wegzunehmen.
Marta, die andere Schwester des Verstorbenen, warnt;
immerhin läge der Tote schon seit vier Tagen im Grab.
Jesus antwortet ihr:
»Ich habe dir doch gesagt, daß du die Herrlichkeit Gottes sehen wirst, wenn du nur Vertrauen hast.«
Da nehmen sie den Stein weg.
Jesus blickte zum Himmel und dankt Gott, seinem Vater.
Jesus bedarf keines Beweises, daß Gott zu ihm steht
und ihm jede Bitte erfüllt.
Nur der Leute wegen spricht er es aus,
damit sie glauben, daß Gott ihn gesandt hat.
»Lazarus, komm heraus!«
Und der Tote kam heraus.

Von da an faßten viele Vertrauen zu Jesus.
Die führenden Priester jedoch, die davon hörten, beschlossen,
Jesus zu töten.

Wir liegen vor dir
mit unserm Gebet und vertrauen
nicht auf unsre Gerechtigkeit,
sondern auf deine
große Barmherzigkeit.
Daniel 9,18

Ganz wenige Menschen verzichten darauf, sich zu rechtfertigen, wenn sie ungerecht angegriffen werden. Und bestimmt gehört es zur menschlichen Würde, seine Ehre auch zu verteidigen.

Vor Gott ist solches Rechtfertigen jedoch glatter Unsinn,
Selbstbetrug.
Da geht es nicht um unseren guten Ruf.
Keine sollte da Rechte anmelden.
Die Rechnung ginge äußerst ungünstig für ihn aus.
Es sei denn ...

... wie der Beter Daniel.
Er beruft sich auf Gottes Barmherzigkeit.
Er fordert Gott heraus:
Du, Gott, hast uns Erbarmen zugesagt,
du hast zugesagt, nicht zu vernichten, sondern zu heilen und zu erlösen.
Nun rette und heile mich,
nun also vertraue ich ganz auf dich.

Beten ist solches Ringen mit Gott,
die Herausforderung von Zusagen,
von Verheißungen
und Abmachungen.

Ich meinte erst, Beten sei Reden, ich lernte aber, daß Beten nicht bloß Schweigen ist, sondern Hören. So ist es: Beten heißt nicht, sich selbst reden hören. Beten heißt: still werden und still sein und warten, bis der Betende Gott hört.
Sören Kierkegaard

Mai

Mai **1**

Sie warten auf dich, daß du
ihnen Nahrung gibst zur rechten Zeit.
Psalm 104,27

Danke, Herr, daß ich arbeiten kann –
ich habe meinen Beruf,
meine Arbeitsstelle,
ich bin mit Kollegen zusammen,
wir verstehen uns,
ich kann meine Begabung nutzen
und bin etwas wert.

Danke, Herr, daß ich arbeiten kann –
darum bitte ich dich für die Menschen in anderen Ländern,
die ohne Arbeit sind.
Es müssen überall Verhältnisse geschaffen werden,
in denen jeder Mensch, seinen Fähigkeiten entsprechend
und nach seinen Kräften,
mitarbeiten kann am Gedeihen dieser Welt.
Denn Arbeit, das ist tägliches Brot,
Arbeit ist Anerkennung und Bestätigung.
Wer sie nicht erlebt, der verkümmert.

Natürlich ist unser Wunsch verständlich:
Wir wollen auf der ganzen Erde Gleichheit für alle Menschen,
Chancen für jeden.
Das ist richtig und notwendig.
Aber dafür müssen wir viel tun.
Vielleicht müssen wir auf manches verzichten lernen,
damit andere etwas haben.
Dafür müssen wir uns einsetzen.
Weil jeder ein Recht auf Nahrung hat.
Und die gibt Gott zur rechten Zeit.
Wir Menschen müssen sie nur gerecht verteilen.

Schweig, oder sage etwas, das besser als Schweigen ist.
Pythagoras

Reden lernt der Mensch in zwei bis drei Jahren,
Schweigen oft sein ganzes Leben nicht.
Sprichwort

Es ist besser, im Schweigen zu verharren, als in übler Laune die Wahrheit zu sagen: denn das heißt ein vortreffliches Gericht durch eine schlechte Brühe zu verderben.
Franz von Sales

Einst schickten zu den Spartanern unter Hungersnot Leidende ihre Sprecher, die in vielen Worten um Unterstützung baten. Doch die spartanischen Ältesten schickten sie wieder fort und sagten: »Wir wissen nicht, was ihr wollt; denn den Anfang der Rede haben wir schon längst vergessen und den Schluß nicht verstanden.« Da kamen die Gesandten nach Tagen wieder mit einem leeren Sack, kehrten ihn um und baten kurz: »Der Sack ist leer, tut etwas hinein.« Diesmal bekamen sie etwas, doch wurde ihnen gesagt: »Eure Worte hättet ihr sparen können, denn wir sahen selber, daß der Sack leer war.«

Wenn jemand nie ein verkehrtes Wort redet, dann ist er geradezu vollkommen; dann hat er sich selbst ganz in der Gewalt. Wir legen den Pferden das Zaumzeug ins Maul, damit sie uns gehorchen; so lenken wir ihren ganzen Körper. Oder denkt an ein Schiff: es ist groß und wird von starken Winden getrieben; trotzdem wird es mit einem winzigen Ruder gesteuert, so wie es der Steuermann will. Genauso ist es mit der Zunge: sie ist nur klein und bringt doch gewaltige Dinge fertig.   Jakobus 3,2–5

Mai **3**

Auch ein Sportler,
der an einem Wettkampf teilnimmt,
kann den Preis nur gewinnen,
wenn er sich genau an die Regeln hält.
2. Timotheus 2,5

Wir bewundern die Leistung der Sportler zur Olympiade
und bei anderen Wettkämpfen.
Das ist Hochleistungssport,
mit Steigerungen und Rekorden.
Und der Jubel beim Sieg ist groß.

Doch, welche Anstrengungen stecken dahinter!
Wie viele Trainingsstunden,
wieviel Verzicht.
Und auch:
Welche Kenntnisse sind nötig,
damit solche Leistungen vollbracht werden können!
Denn Medaillen und Pokale
sind keine Geschenkartikel.

Paulus nennt das Beispiel eines Sportlers,
um das Leben des Christen daran zu verdeutlichen:
Es gehören dazu
Kenntnis der Kampfregeln,
Disziplin,
Verzicht,
Mut und Ausdauer.
Die Nachfolge Jesu ist kein Spaziergang.
Wer vorzeitig aufgibt, erreicht nicht das Ziel.
Wer unfair nur seinen Vorteil sucht,
gerät ins Abseits.
Wissen und Können sind nötig.
Aber unbedingt auch die Fähigkeit,
verlieren zu können,
um danach erneut zu üben und zu starten.
Noch sind wir unterwegs,
von Etappe zu Etappe,
von Hürde zu Hürde.

Die Natur liebt es, sich zu verstecken.
Heraklit

Die Natur ist Gottes Buch; doch ohne Gottes Offenbarung mißlingt daran der Leseversuch, den menschliche Erfahrung anstellt. Friedrich Rückert

Wo die Natur aufhört,
fängt der Unsinn an.
Sprichwort

Nichts tut die Natur zwecklos.
Aristoteles

Alles hast du, Herr, geschaffen,
Zeit und Raum und Form und Maß,
sooft ich in die Welt ausgehe,
seh ich das.

Eine offne, schöne Blüte
zeigt mir deiner Ordnung Strenge,
läßt mich staunen, läßt mich atmen
Weite in der Enge.

Alles hast du, Herr, gegeben,
gehe ich auch oft vorbei.
Du erhälst und schenkst das Leben
und gibst frei.

Wenn wir einem Menschen sagen: »Das ist seine Natur«, dann meinen wir: Das ist sein Wesen, seine angeborene Beschaffenheit, es ist entstanden ohne sein Zutun. Darum sind natürliche Menschen einfach ihrem Wesen nach dieser und kein anderer.

Mai **5**

O Herr, mein Gott,
wohl dem Menschen, der sich
auf dich verläßt! Psalm 84,13

Ich bin oft in Gefahr,
ohne mir darüber ständig Gedanken zu machen.
Ich lebe mit dem Risiko,
plötzlich kann die Wende eintreten –
gesundheitlich,
beruflich,
familiär.

Oder lebe ich ziemlich abgesichert?
Zu eingegrenzt?
Zu überzeugt, daß mir nichts passieren wird?

Jeder Mensch braucht ein Stück Sicherheit.
Jeder Mensch braucht Geborgenheit.
Eines der Grundbedürfnisse des Menschen ist Schutz.
Nicht nur das kleine Kind verlangt danach.
Nicht nur der Mensch im Alter.
Auch in der Mitte der Jahre gilt das.
Darum bieten Versicherungen Schutz an.
Für alle Altersstufen.
Es gibt den Arbeitsschutz und den Mutterschutz.
Viele Gesetze sind Schutz-Gesetze.
Jeder Mensch braucht solchen Schutz.

Es ist gut, wenn man sich auf Menschen verlassen kann.
Es ist gut, wenn man sich geborgen weiß,
versorgt und nicht ausgeliefert.
Doch glücklich ist der Mensch,
der in Gott seinen eigentlichen Beschützer anerkennt.
Da ist eine Enttäuschung ganz ausgeschlossen.

Ich möchte das gern für mich sagen:
Ich bin glücklich, weil ich mich auf Gott verlassen kann.

Laßt die Kinder doch zu mir kommen
und hindert sie nicht,
denn gerade für Menschen wie sie
steht Gottes neue Welt offen.
Matthäus 19,14

Erwachsene meinen manchmal:
Ein Kind muß erst zu einem richtigen Menschen
erzogen werden,
und dazu gehören Bildung und körperliches Wachstum.
Als ob ein Kind noch gar kein richtiger Mensch wäre!
Als ob der Mensch
erst von einem bestimmten Alter an Mensch wäre!

Im Gegenteil dazu die Bibel:
Sie spricht auffallend häufig davon,
daß Kinder,
also Unmündige,
der Welt Gottes besonders nahestehen.
Gerade die kindhafte Verhaltensweise spricht dafür:
Das Kind ist auf Hilfe angewiesen,
es sucht Zärtlichkeit und Wärme,
will entdecken,
spielt sich in den Tag hinein,
spinnt sich Geschichten zusammen,
glaubt, vertraut
und ist doch unendlich neugierig,
hungrig nach jeder neuen Information.

Jesus ruft die Kinder zu sich.
Er macht seine Jünger aufmerksam,
ihn ja nicht daran zu hindern.
Denn Kinder stehen der neuen Welt Gottes besonders nahe.
Die neue Welt Gottes will
Kreativität,
Sensibilität,
Phantasie,
Offenheit
und Vertrauen.
All dies haben Kinder.

Mein Sohn sagte, als er aus der Christenlehre kam: »Heute hat sie uns schon wieder dieselbe Geschichte erzählt; immer erzählt sie uns die gleichen Geschichten!«
Einen Moment stutzte ich. Dann antwortete ich ihm: »Die Geschichten in der Bibel sind nun einmal die gleichen Geschichten; aus ihnen lernen wir, wie Jesus mit den Menschen redete und was er für sie tat.«
Mein Sohn sah mich kritisch an. Kurz darauf meinte er, in Mathe gebe es immer was Neues.
Ich habe lange nachgedacht. Mein Sohn hat recht, mußte ich mir eingestehen, die biblischen Geschichten sind immer die gleichen. Da wird vom barmherzigen Samariter erzählt, von Zachäus, von Joseph und seinen bösen Brüdern und von Kain und Abel. Ich war mit der Antwort, die ich meinem Sohn gegeben hatte, plötzlich überhaupt nicht mehr zufrieden. Sie stimmte, und sie stimmte eben auch wiederum nicht.
Eine der stärksten Erfahrungen in unserer Zeit für uns Christen ist, daß die biblischen Erzählungen nur dann Bedeutung für uns haben, wenn sie uns in unserem Leben treffen, wenn wir darin vorkommen. Andererseits, und das meinte wahrscheinlich mein Sohn, betrifft uns so vieles, das außerhalb des biblischen Denkens liegt. Dann wäre es an der Zeit, daß ich ihm nicht nur von Jesus und Zachäus erzählen lasse, sondern endlich auch von Jesus und mir erzähle.

Niemand erzählt bloße Tatsachen; Urteil und Schluß schleichen sich immer ein. *Hans Groß*

Was wir gehört und erfahren haben, was die Väter uns erzählten, wollen wir dem kommenden Geschlecht berichten: die Ruhmestaten des Herrn und seine Stärke.
Psalm 78,3.4

Wer den Sohn Gottes hat,
der hat das Leben. *1. Johannes 5,12*

8 Mai

Läßt sich Gott so in Beschlag nehmen?
Klingt das nicht zu sehr nach Besitzenwollen?
Als ob wir so über Gott verfügen könnten!
Und –
Christen sind nur selten ein Aushängeschild für das Leben.
Sie machen oft einen lebensverneinenden Eindruck,
oder sie beklagen sich, sie würden benachteiligt,
ihr Leben sei weniger erfreulich
als das anderer Menschen.

Aber
Leben und Leben, das ist zweierlei.
Das eine ist uns gegeben, als es uns die Mutter schenkte.
Es mußte großgezogen werden,
behutsam geführt und direkt gesteuert.
Zu diesem Leben gehören Ausbildung und Beruf,
Wohnung und Familie,
Freunde und Freizeit.
Gott will, daß wir aus diesem Leben etwas machen,
es soll gut und schön sein.
Das andere Leben ist uns verborgen,
es umschließt das erste,
wie die Atmosphäre die Erde umschließt
und dadurch die Vegetation ermöglicht.
In ihm verbirgt sich die Antwort auf die Fragen, die wir haben.

Jeder Mensch sucht.
Jeder Mensch möchte gern finden.
Wer den Sohn Gottes hat,
der sagt ja zu solchem Suchen und Finden.
Er weiß aber auch, daß ihm Gottes Liebe gilt,
ohne Vorbehalte.
Da lohnt es sich, bewußt zu leben.

Aber Noah fand Gnade vor dem Herrn.
1. Mose 6,8

Die Bibel erzählt in einem ihrer ersten Kapitel von der
Vernichtung der Welt,
eine unbegreifliche Geschichte,
die Geschichte von einer großen Flut,
die alles hinwegschwemmt und unter sich begräbt.
Hier richtet Gott,
gnadenlos hart greift er durch,
ohne Kompromiß läßt er seine Schöpfung fallen –
bis auf die Ausnahme:
Aber Noah fand Gnade vor dem Herrn.

Also doch keine absolute Vernichtung,
nicht die totale Abrechnung
mit einer aus allen Fugen geratenen Welt,
die machte, was sie wollte.

Wir können uns ein derartiges Gericht heute kaum vorstellen.
Vielleicht denken wir daran, wenn uns die Ausmaße etwa der
Weltkriege in den Sinn kommen,
wo Millionen Menschen versanken.
Oder nach einer Naturkatastrophe,
einem Erdbeben,
einer Sturmflut.

Aber es ist wichtiger, zu wissen oder zu ahnen:
Gott setzt auch im größten Durcheinander
Zeichen der Hoffnung,
immer wieder gibt er der Zukunft Impulse,
nie zieht er den endgültigen Schlußstrich,
sondern meint Umkehr und Rettung.
Das ist Gnade.

Herr, ich danke dir für solche Zeichen der Hoffnung,
und daß du gnädig bist.

Wir Menschen haben Großartiges geleistet. Und – die Entwicklung der Technik schreitet voran, der Sprung von der Postkutsche zum Automobil, von der Luftfahrt zur Raumfahrt, von der erfolgreichen Bekämpfung der Tuberkulose bis zur Herztransplantation ist gelungen. Es scheint, als hätte der Mensch die Welt im Griff.
Aber da lauert Gefahr. Das Stichwort Umweltschutz deutet an, in welche Richtung weiterhin Technik zu entwickeln geboten ist. Die eigentliche Gefahr jedoch ist die Gleichgültigkeit. Viele Menschen nehmen wissenschaftliche Ergebnisse als selbstverständlich hin. Dabei ist doch Sachverstand nötig, die Probleme zu erkennen. Wahrscheinlich müssen wir lernen, uns auch zu bescheiden. Es ist wichtig, daß wir unser Augenmerk mehr auf die Erhaltung und Wiederverwendung als auf immer neue Produkte richten. Wir werden dann die Natur auch wieder in ihrer Wirklichkeit kennen- und liebenlernen: die Schönheit einer Pusteblume oder eines Kieselsteins oder den vollendeten Aufbau eines Ameisenberges. Vielleicht sehen wir staunend in den Blütenkelch einer Tulpe oder betrachten die Einzigartigkeit des Netzes, das die Spinne knüpfte. Dabei wird uns auffallen, daß die meisten Erfindungen, die der Mensch gemacht hat, der Natur abgesehen sind.
Niemand wird behaupten wollen, das hieße das Rad der Technik stillstehen lassen, um in eine weltfremde Beschaulichkeit zu verfallen. Es geht um verantwortliches Handeln, um die Zukunftsmöglichkeiten kommender Generationen.

Der größte Feind des Fortschritts ist nicht der Irrtum, sondern die Trägheit. *Henry Thomas Buckle*

Pfingsten ist das Fest der Kirche, die Geburtsstunde der christlichen Gemeinde. Nicht Menschen haben das bewirkt, sondern Gott gab den Impuls zu dieser Bewegung.
Das griechische Wort für Geist heißt Pneuma, das ist Hauch, Duft, Wehen, Blasen, Luftstrom, Atem, Schnauben oder Anhauchen.
Atmen bedeutet leben. Die Kirche lebt vom Atem Gottes. Ohne ihn würde ihr die Luft ausgehen.
Pfingsten, so sagen wir, ist das Fest der Kirche, das Fest des Heiligen Geistes. Lange Zeit setzten Christen für den Geist Gottes das Symbol der Taube. Sie brachte nach der großen Flut den Ölzweig zu Noah zurück und signalisierte damit neues Leben, den neuen Bund Gottes mit den Menschen.
Nehmen wir diesen Gruß Gottes, dieses Zeichen an seine Kirche auch heute an! Denn die Gemeinde Christi atmet, weil Gottes Geist sie treibt.
Das ist ein Grund, sich zu freuen. Und ein Fest zu feiern.

Theologie einer Siebenjährigen:
»Wohnen tut der liebe Gott im Himmel, aber in der Kirche, da hat er seine Praxis.«

So soll es in den letzten Tagen sein, sagt Gott: Da werde ich allen Menschen meinen Geist geben. Eure Söhne und Töchter werden Botschaften von Gott empfangen, eure jungen Leute werden Visionen haben und eure alten Leute Träume. Allen, die mir dienen, Männern und Frauen, werde ich meinen Geist geben, und sie werden wie Propheten reden.
Apostelgeschichte 2,17.18

Ich lasse euch den Frieden zurück.
Ich gebe euch meinen Frieden.
Johannes 14,27

Frieden ist ein Leitwort unserer Tage.
Der Kampf gegen den Krieg ist ein
Menschheits-Überlebenskampf.
Nur Unverantwortliche,
geradezu Wahnsinnige,
halten noch heute den Krieg für den »Vater aller Dinge«.

Der Kleinkrieg ist auch so ein Unsinn in den Beziehungen,
in unserem Herzen beginnen Haß und böse Absichten,
der Ausbruch zerstört Vertrauen,
er sprengt die Brücken, die zur Versöhnung führen könnten,
der Kleinkrieg vergiftet die Atmosphäre
in der Familie,
im Haus,
im Betrieb.

Darum meint Jesus den Frieden im umfassenden Sinn.
Nicht nur Waffenstillstand,
nicht nur Burgfrieden,
sondern wirkliches Wohlbefinden,
Glück und Ausgeglichenheit,
Heil,
Schalom.

Solchen Frieden hinterläßt er.
Solchen Frieden schenkt er:
Die Hungrigen werden satt,
die Gefangenen frei,
die Armen erhalten endlich ihren Anteil.
Aber auch:
Den Schuldigen wird vergeben,
die Gebundenen erfahren Lösung,
die Sünder werden angenommen.

Solcher Frieden hat schon begonnen.

Damit sie eins werden so wie wir.
Johannes 17,11

Einigkeit macht stark.
Zerstrittenheit schwächt und löst auf.
Eine Familie, die zusammenhält, besteht Schwierigkeiten und Gefahren besser
als eine Familie, die auseinandergelaufen,
die mit sich zerstritten ist.
Ein Betrieb, in dem sich die Kollegen einig sind über die Produktionsweise, erreicht auch das gesteckte Ziel;
anders dort, wo Kompetenzgerangel und Mißgunst herrschen.

Jesus betet für seine Freunde.
Sie sollen eins werden,
wie sich Jesus mit Gott dem Vater eins weiß.
Es ist die ökumenische Bitte,
der sehnliche Wunsch einer weltweiten Kirche,
einander nahe sein.
Denn noch gelten verschiedene Bekenntnisse,
sich gegenseitig ausschließende Konfessionen,
noch wird rechthaberisch gestritten,
noch sprechen wir uns gegenseitig den rechten Glauben ab.
Darum sind wir oft unglaubwürdig.

Jesus betet für uns.
Wir sollen einander gelten lassen,
aufeinander hören und voneinander lernen.
Also nicht Pfarrer gegen »Laie«,
konservativ gegen fortschrittlich,
Charisma gegen politische Diakonie,
Synoden gegen Gemeinden
und alles noch einmal umgekehrt »gegen«,
sondern aufeinander zu,
miteinander,
als Partner, Teilhaber und Helfer.

Er führte mich hinaus ins Weite,
er riß mich heraus;
denn er hatte Lust zu mir.
Psalm 18,20

Das ist doch etwas Herrliches,
jetzt im Frühjahr,
auf den Sommer zu,
hinaus in die Weite der Landschaft zu gehen.
Städter wissen das besonders zu schätzen:
aus der Enge der Häuserreihen
in die Weite der Felder, Wiesen und Wälder.
Da überkommt uns die Lust zu leben,
die Freude an der aufbrechenden Natur macht froh.

Das ist doch etwas Herrliches,
von einem Menschen umgeben zu sein,
der nicht kleinlich, vergrämt und ängstlich reagiert,
sondern mit seinen Gedanken anregt,
weiterführt und reicher macht an Weltsicht
und Weltoffenheit.

Das ist das Herrlichste,
im Glauben zu erfahren, daß Gott mich führt,
daß er mich in die Weite stellt,
Lust hat, mich herauszureißen.
Er führt heraus aus dem kleinlichen Gedanken,
aus dem Sorgenkreis,
und erschließt neue Dimensionen;
es ist ihm eine Freude, in meine Verzagtheit hineinzustoßen
und mich aus meinem Zweifel herauszuholen.

Laß mich die Weite, in die du mich stellst, annehmen, Herr.
Du willst, daß ich neues Land entdecke
und immer wieder weiterziehe,
wie Abraham weitergezogen ist.

»Nur wer die Sehnsucht kennt, weiß, was ich leide!« sagt Goethe in Wilhelm Meisters Lehrjahren.
»Nimm dem Herzen die Sehnsucht, und du nimmst der Erde die Luft!« sagt Edward George Bulwer in seinem Roman »Die letzten Tage von Pompeji«.
Tragen wir weniger Sehnsucht in uns als die Menschen vor hundert Jahren? Sind wir ärmer daran geworden, weil wir realistischer sind? Mancher Schlagertext versucht, die Frage, ob wir noch sehnsüchtig sind, zu beantworten. Manche Enttäuschung, die wir erfahren haben, macht deutlich, was in uns schlummert. Die Wünsche in uns sind ein Stück von uns selbst, von unserem Ich. Mit zunehmendem Alter ändern sie sich, wechseln von den märchenhaften Träumen über zur Abschätzung der realen Möglichkeiten.
»Du hast uns zu dir hin geschaffen, und unser Herz ist unruhig, bis es Ruhe findet in dir!« sagt Aurelius Augustinus, der große Kirchenvater des vierten Jahrhunderts.
Kein Name wird genannt, nur ein Du, ein maßgebliches Gegenüber, nach dem sich der Mensch sehnt.
Das ist die eigentliche Sehnsucht des Menschen, der Grund seiner Unruhe auf der Suche nach Glück, daß er nicht allein bleiben will, sondern die Gemeinschaft braucht.

Aber auch wir, denen Gott doch schon als Anfang
des neuen Lebens –
gleichsam als Anzahlung –
seinen Geist geschenkt hat,
warten sehnsüchtig darauf, daß Gott uns als seine Kinder
bei sich aufnimmt
und uns von der Vergänglichkeit befreit.
Römer 8,23

*Ermuntert einander
mit Psalmen und Lobliedern.
Epheser 5,19*

Ich kann nicht zu jeder Zeit fröhlich sein.
Es gibt auch Zeiten, wo ich traurig bin,
Tage, an denen ich mich schwach fühle,
an denen ich müde bin.
Da sitze ich und singe Klagelieder.

Wir leben mit unseren Stimmungen,
und wir sollten uns glücklich nennen,
wenn sie nicht in Launenhaftigkeit ausarten.
Launenhafte Leute gehen anderen auf die Nerven,
in ihrer Nähe vertrocknen Heiterkeit und Lebensfreude.

Von Zeit zu Zeit ist Aufmunterung nötig.
Von Zeit zu Zeit sollen wir uns gegenseitig erinnern:
Wir haben keinen Grund, den Kopf hängen zu lassen
und Trübsal zu blasen.
Von Zeit zu Zeit sollten wir die verborgenen Schätze
aufdecken.
Christen nehmen dankbar an
und geben vom Reichtum des Glaubens gern ab.

Ich will mir das merken:
Der andere neben mir wartet vielleicht darauf,
daß ich ihn aufmuntere,
ihn an Gottes große Taten erinnere.
Ich will mir das vornehmen:
weniger zu klagen
und mehr zu beten und zu singen.
Ab und zu einmal ein Halleluja –
und der Tag wird erträglicher.
Ermuntere mich dazu, Herr.

Zärtlich rufen wir ein Kind bei seinem Namen.
Es kommt zu uns gelaufen,
sieht uns an und spürt,
daß wir es lieben.
Vielleicht entdeckt es: Ich muß unendlich wertvoll sein,
daß meine Eltern mich so hüten.
Es nimmt die ganze Freundlichkeit in sich auf,
und sein Selbstvertrauen wächst.

So ist es, wenn Gott in der Taufe einen Menschen annimmt,
er sei erst wenige Monate alt oder schon Jahre,
er ist Gottes Kind.

Wir stehen vor einem Kind.
Es kommt uns wie ein Wunder vor.
Augen, Nase, Hände, Füße.
Von Menschen gezeugt und geboren.
Und doch, es ist mehr als ein menschliches Produkt.
Etwas Einmaliges,
ein Mensch, den es nie zuvor gab
und niemals mehr geben wird.

So ist es, wenn Gott in der Taufe den Menschen anschaut:
Du bist mein!
Du sollst mir immer ähnlicher werden.

Als alle sich von Johannes taufen ließen,
kam auch Jesus, um sich taufen zu lassen.
Während er betete, öffnete sich der Himmel.
Der Geist Gottes kam sichtbar auf ihn herab,
anzusehen wie eine Taube.
Eine Stimme sagte vom Himmel her:
»Du bist mein Sohn, über den ich mich von Herzen freue.
Dich habe ich erwählt.«
Lukas 3,21.22

Für eine Serenade hatten wir
zwei Eintrittskarten.
Drei große Meister luden uns
zu Gaste ein.

Rasch reifte der Abend heran,
wir liefen
zum Schloßpark hin
unter schattigen Kastanien.

Gewitter ballte sich und prasselte nieder.
Ringsum nur Flucht,
Beifall, noch nicht geboren,
verstummte.

Mißmutige Worte vermischten sich
mit Regengetrommel.
Anklage
gegen die Gewalten des Himmels.

Stehen Bäume und Sträucher stumm,
halten still
und neigen sich
dankbar nach dem hitzigen Tag.

Wer Dank mit Belohnung verwechseln kann, hat nur die letztere verdient. *August Kotzebue*

Dankbarkeit und Weizen gedeihen nur auf gutem Boden.
Sprichwort

Begegnet uns jemand, der uns Dank schuldig ist, gleich fällt es uns ein. Wie oft können wir jemand begegnen, dem wir Dank schuldig sind, ohne daran zu denken.
Johann Wolfgang von Goethe

Danket dem Herrn;
denn er ist freundlich,
und seine Güte dauert ewig.
Psalm 106,1

Mai **19**

Wer bin ich, Herr,
und was ist mein Haus,
daß du mich bis hierher
gebracht hast? 2. Samuel 7,18

Wer bin ich?
Woher komme ich?
Wohin soll es gehen?
Wer bestimmt mich?
Was empfinde ich?

Das ist meine Familie, aus der ich stamme,
das Elternhaus,
Vater und Mutter,
die Geschwister.
Da ist mein Heimatland,
da sind die Nachbarn,
die Lehrer, die Freunde,
und denen ich aus dem Weg ging,
die ich einfach nicht mochte.

Das ist mein Leben jetzt.
Wer bin ich?
In diesem meinem Beruf,
mit diesen Menschen, mit denen ich zusammenlebe,
mit diesen Bildern und Büchern,
den Liedern und Gesprächen.
Wer bin ich?
Möbel und Geräte umgeben mich,
Straßen und Plätze liegen vor mir.

Immer sind es Abschnitte, die ich erreiche,
Stationen, Marksteine.
Und immer staune ich, wie ich sie fand,
wie ich ankam und wie es weiterging.

Wer bin ich?
Dein bin ich, Herr.

Er ist nahe an Siebzig. Ein rüstiger Rentner. Adrett gekleidet. Die Leute sagen: Er hält auf sich. Nichts von Nachlässigkeit im Alter. Keine Schlamperei.
Vor acht Jahren starb ihm die Frau. Sie hatten fast vierzig Jahre miteinander gelebt. Kinder kamen. Und der Krieg. Alles ist vorbei. Die Kinder sind längst aus dem Haus mit ihren Kindern.
Vor einigen Wochen gab er eine Anzeige auf: »Suche einen Menschen, der mit mir das Altsein teilt, bin alleinstehend, mit ein paar Ersparnissen. Geistig noch sehr rege, liebe ich Theater und vor allem Musik.« Die Antworten kamen. Drei Briefe. Damen über die Fünfzig, Sechzig. Die Wahl der Reihenfolge fiel schwer. Doch er entschloß sich und sagte das erste Treffen zu. Es wurde eine Enttäuschung. Auch die zweite Begegnung brachte nichts.
Heute rafft er sich auf, den dritten Versuch zu machen. Dritter Versuch, das klingt wie dritter Frühling. Manche spotten darüber. Er meint es ernst. Er will es nochmals wagen. Unser Leben dauert siebzig Jahre, und wenn es hoch kommt, so sind es achtzig Jahre. Unser Leben. Sein Leben.
Er ist fast siebzig. Und er sucht einen Menschen. Für eine kurze Strecke nur noch.
Ich wünsche ihm viel Glück.

Erst wägen, dann wagen. *Sprichwort*

Manchmal denkt man, Gott müßte einem in all den Widerständen des Lebens ein sichtbares Zeichen geben, das einem hilft. Aber dies ist eben sein Zeichen: daß er einen durchhalten und es wagen und dulden läßt. Jochen Klepper

Wer wagt, gewinnt. *Sprichwort*

Mai **21**

Ist mein Wort nicht wie ein Feuer,
spricht der Herr,
und wie ein Hammer,
der Felsen zerschmeißt?
Jeremia 23,29

Wir sagen, wenn uns die Aussage eines anderen über uns stark berührt und wir davon betroffen sind, mitunter:
»Das war'n Hammer für mich, ehrlich!«
Das heißt doch, es ging durch meinen Panzer hindurch,
das verletzte meine Elefantenhaut,
es sprengte die Wand, die ich um mich herum aufbaute.

Nur weniges bewegt uns wirklich.
Es sind besondere Stunden, in denen wir zugeben:
»Ich bin am Boden!«
oder
»Ich bin sehr glücklich«

Gottes Wort will so wirken,
Nicht als Dauerspritze,
nicht zur ununterbrochenen Hochstimmung,
sondern auf die Person zu,
ein Du.

Dann allerdings zerschmettert es auch alte Bindungen,
unnütze Einbildungen,
absurde Wünsche,
und hervor leuchten
Trost,
Liebe,
Freude,
Leben.

Es wird keinen Tod mehr geben
und keine Traurigkeit, keine
Klage und keine Quälerei mehr.
Offenbarung 21,4

Eine Welt ohne Tränen –
nur eine Vision?
Ich kann mir das gar nicht vorstellen, mein Gott!
Natürlich, ich protestiere auch gegen den Tod,
ich mag keine Traurigkeiten,
ich sehe, wie sich Menschen quälen,
gegenseitig
und unter Schmerzen.

Eine Welt ohne Tränen –
nur eine Vision!
Denn der Alltag zeichnet realistisch sein Bild,
der Alltag fordert:
Zähne zusammenbeißen
und lernen durchzuhalten.
Da wird einem nichts geschenkt.

Eine Welt ohne Tränen –
Gottes Zusage.
Und alle Sehnsucht bricht erneut auf.
Ich ahne,
ich spüre,
ich strecke meine Hand aus
und beginne mich zu wehren
gegen den Tod,
gegen die Traurigkeit,
gegen Klage und Quälerei
in mir
und um mich herum,
weil ich höre:
Stehe auf, habe guten Mut und gehe feste Schritte.

Fremde Länder – fremde Sitten. Und das Fremdartige lockt. Wir empfinden den Reiz und die Schönheit einer Landschaft besonders, wenn sie mit der Andersartigkeit eines anderen Volkes verbunden sind, mit seiner Mentalität. In fremden Städten und Dörfern achten wir plötzlich auf die Winkel in den Straßen und Gassen, auf Türen und Treppen.
Fremde Länder – fremde Sitten. Es hat zwischen 1933 und 1945 die Meinung vorgeherrscht, nur das »typisch Deutsche« sei das Wertvolle. Fremde Sitten wurden fanatisch zerstört und ausgerottet. Am Ende stand das Chaos. Wenn wir heute als Touristen in fremde Länder reisen, sollten wir daran denken: Hinter den fremdartigen und beschaulichen Türen und Fenstern kann sich eine Tragödie abgespielt haben, kann ein brutaler Eingriff in das Leben unschuldiger Menschen erfolgt sein, weil sie anders gewesen sind, fremdartig. Das Fremde bewußt kennenlernen wollen, die Vorurteile abbauen helfen, nicht nur uns für den Maßstab halten, darauf kommt es an, das sind erste Schritte zur Verständigung.

Der ist nicht fremd, der teilzunehmen weiß.
Johann Wolfgang von Goethe

In der Fremde, armer Fremdling, mußt du meiden,
was der Stadt widerwärtig,
und in Ehren halten, was ihr heilig ist.
Sophokles

Ihr Menschen aus den anderen Völkern seid also nicht länger Fremde und Gäste. Ihr gehört mit zum Volk Gottes und seid in Gottes Hausgemeinschaft aufgenommen. Epheser 2,19

Den Fremden nimm zwei Tage als Gast auf,
am dritten gib ihm eine Hacke.
Irisches Sprichwort

*Und ich will euch ein neues Herz
und einen neuen Geist
in euch geben. Hesekiel 36,26*

Gott sagt:
Ich nehme das versteinerte Herz aus der Brust
und schenke euch ein Herz, das fühlt.
Werden wir da nicht an ein Märchen erinnert?
Ein junger Mann will weiterkommen,
er will reicher und mächtiger werden,
und jedes Mittel ist ihm dabei recht,
selbst dies, daß er sein fühlendes Herz
gegen ein kaltes aus Stein eintauscht.
Die Folge ist grauenhaft:
Das Gefühlsleben des jungen Mannes erkaltet,
er schafft um sich ein hartes Klima ohne Gefühl.
Freilich, im Märchen wird es am Ende gut:
Der steinreich gewordene Holzhändler besinnt sich,
es ist, als sei er von einem guten Geist erfaßt worden.

Ich frage mich:
Habe ich mein Herz irgendwo eingetauscht,
und was habe ich dafür erhalten?
Woran du dein Herz hängst,
das ist dein Schatz, sagt die Bibel.

Ich freue mich:
Gott selbst will mich erneuern
und mir die Veränderung ermöglichen,
ein Herz, das fühlt,
das nicht abgestumpft dahinlebt,
das nicht lieblos andere bedrückt,
das nicht Kälte um sich verbreitet,
so ein Herz will er schenken.

Mai **25**

Wenn ich nur dich habe,
fehlt mir nichts auf der Erde.
Psalm 73,25

So könnten Verliebte zueinander sagen.
Der Liebende hat nicht viele Bedürfnisse,
er jagt den Dingen nicht nach,
sondern ist zufrieden,
wenn er den Geliebten neben sich weiß,
ihn spürt, hört und annehmen kann.
Wenn ich dich habe,
fehlt mir nichts auf der Erde!
Romeo und Julia?
Die beiden glücklichen Unglücklichen,
die jungen Liebesleute, die mit Schikanen, Verboten und Haß leben mußten?
Die Geschichte ging tragisch aus.

Wenn ich dich habe,
fehlt mir nichts auf der Erde!
Der Glaubende ist wie der Liebende,
dankbar, anspruchslos und zufrieden.
Er nimmt Mißlichkeiten hin,
er bangt nicht um Ansehen und Besitz,
sondern lebt konzentriert auf Gott zu.

Stimmt das?
Geben wir uns so dran?
Liefern wir uns in dieser Weise aus?
Ohne Rückversicherung?

Ich möchte so sprechen können,
so gewiß,
so frei,
so überzeugt:
Wenn ich nur dich habe, Gott,
fehlt mir nichts auf der Erde.

Mein Name ist Thomas Forster. Ich bin einer unter vielen im Orchester. Ich habe gelernt, Mozart und Strawinsky zu spielen, Beethoven, Brahms und Bartók, alle die großen Meister. Ich liebe sie. Musik ist mein Beruf. Jeden Tag übe ich. Oft sind noch Proben angesetzt, oft ein Konzert. Und dann sind noch die Stunden, zu denen meine Schüler kommen.
Früher hoffte ich, ein ganz Großer unter den vielen zu werden. Das waren Jugendträume. Ich dachte mir, wie es wohl wäre, wenn mein Name ganz groß an den Litfaßsäulen stünde. Heute weiß ich: Man muß auch verstehen, einer unter vielen zu sein. Wenn der Name meines Orchesters an den Plakattafeln steht, dann bin ich mitgenannt, ich, Thomas Forster. Das macht mich froh.
Mein Name ist Thomas Forster. Ich möchte trotzdem nicht in der Masse aufgehen, sondern für meine Kollegen und Schüler etwas bedeuten. Ein Mensch, der etwas kann und für andere da ist, das möchte ich sein.

Ich kann,
das ist das Maß der mir verlieh'nen Kraft, der Tat,
der Fertigkeit, der Kunst und Wissenschaft.
Friedrich Rückert

Zwischen Können und Tun liegt ein Meer,
und auf seinem Grunde die gescheiterte Willenskraft.
Marie von Ebner-Eschenbach

Ich kann alles ertragen,
weil Christus mir die Kraft dazu gibt.
Philipper 4,13

Mai **27**

Die Menschen hatten damals
noch eine einzige,
allen gemeinsame Sprache.
1. Mose 11,1

Andere Sprachen –
man müßte so viele beherrschen können,
um zu verstehen.
Ich bewundere die Menschen mit großen Sprachkenntnissen.

Aber da gibt es so viele Sprachen.
Und selbst im eigenen Land gibt es Unterschiede,
manche Mundart befremdet.
Eine einheitliche Weltsprache gibt es nicht.
Noch nicht?
Die Menschen träumten schon immer davon.

In der Pfingstgeschichte der Bibel wird uns von dem Ereignis der Sprachverständlichkeit berichtet.
Als der Geist Gottes über Jesu Leute gekommen war,
da plötzlich verstanden alle einander,
die unterschiedlichsten Volksstämme begriffen Wort, Sätze, Zusammenhänge.
Der Geist Gottes hatte die Verwirrung aufgehoben
und Klarheit geschaffen.
Das war anders als in jenen Tagen, da die Menschen einen Turm bauen wollten, der bis in den Himmel ragen sollte, um Gott gleich zu sein.
Während dieses Unternehmen vorangetrieben wurde,
fuhr Gott mit der Verwirrung der Sprachen dazwischen.
Die Bauleute verstanden einander nicht mehr.
Das Werk der Menschen zerfiel.

Es ist die Hoffnung der Christen,
daß wieder eine Zeit kommen wird,
in der die Menschen eine einzige, allen gemeinsame Sprache sprechen werden.
Und manchmal ist schon heute ein wenig davon zu spüren.

Wer ist eher dagewesen – das Ei oder die Henne?
Was für eine Frage! Die Lehre von der Entwicklung der Lebewesen ist doch eindeutig.
Eine ganz andere Frage wäre, warum wir Erwachsenen den Kindern so manche Antwort schuldig bleiben, die zu geben doch nötig wäre. Beispielsweise, wie die Babys entstehen und geboren werden, wie sie im Leib der Mutter heranwachsen und welcher Unterschied zwischen einem Jungen und einem Mädchen besteht.
Viele Jahrhunderte hindurch waren Christen der Meinung, im Leiblichen, im Sexuellen liege in besonderem Maße das Sündhafte. Deshalb wurde nur heimlich getuschelt, vermutet und geargwöhnt. Es fehlte die sachliche Information, die Auskunft mit Verständnis, es fehlte die richtige Einordnung des Leiblichen in die Zusammenhänge des Lebens. Mancher kannte seinen Körper kaum und lebte wie neben ihm her.
Heute sind wir ein Stück weiter. Ob wir die richtige Einordnung schon gefunden haben, wird immer wieder zu prüfen sein.
Wer war eher da – das Ei oder die Henne? Das ist nicht nur eine Frage, die Kinder stellen, sie macht uns Erwachsenen deutlich, daß Gott seine Schöpfung auch mit Geheimnissen umhüllt. »Umhüllen«, das meint so ein Stück richtiger Einordnung des Leiblichen: sich nicht allen preisgeben und doch dem ganz öffnen, dem wir angehören, ja sagen können zu seinem eigenen Körper, sich freuen und zärtlich sein dürfen mit dem Menschen zusammen, den wir, als Frau oder Mann, lieben.

Peter kommt aus der Schule und berichtet: »Mutti, wir sollen einen Aufsatz schreiben: Meine Familie. Nun sag mir mal, wo bin ich hergekommen?« Die Mutter sagt etwas verlegen: »Dich hat – der Klapperstorch gebracht!« – »Und du? Wo bist du hergekommen?« – »Mich hat auch der Klapperstorch gebracht ...« – »Und die Oma?« – »Auch ...«
Peter schreibt in seinem Aufsatz: »Zu meinem Entsetzen stelle ich fest, daß in unserer Familie seit drei Generationen keine normale Geburt mehr stattgefunden hat ...«

Mai **29**

»Und ihr«, wollte Jesus wissen, »für wen haltet ihr mich?« *Markus 8,29*

Für wen ihn seine Gegner hielten,
das war klar:
für den Gehilfen des Teufels,
für einen Gotteslästerer,
für einen Aufwiegler,
für einen Staatsfeind,
für einen Verrückten.

Jesus möchte wissen,
für wen ihn seine nächsten Mitarbeiter halten,
er stellt eine Art Vertrauensfrage.
Freilich,
Jesus braucht keine Rückversicherung,
keine Ergebenheitserklärungen,
er will nur einmal hören,
ob ihn seine Mitarbeiter richtig verstanden haben,
ob da nicht falsche Vorstellungen bestehen,
Erwartungen blind gemacht haben,
vielleicht gegen ihn gerichtet sind.

Die Frage gilt auch mir.
Welchen Rang nimmt Jesus bei mir ein?
Halte ich ihn nur für eine geschichtliche Größe?
Bewundere ich an ihm seine Schlagfertigkeit,
wenn ihm Fallen gestellt wurden?
Bedeutet er mir persönlich etwas,
das heißt: Betrifft er mich wirklich?

Jesus erwartet meine Antwort.

Kommt doch zu mir;
ich will euch die Last abnehmen.
Matthäus 11,28

Alle sagen:
Er ist nicht mehr der alte!
Er ist ganz schön angeschlagen!
Fast schon vom Fenster weg!
Der hat bestimmt ganz schön dicke Sorgen!

Alle sagen:
Ist die aber heruntergekommen!
Sie ist überhaupt nicht wiederzuerkennen!
Da ist nichts mehr von früher!
Und wie gut sah sie doch einmal aus!

Wir können nicht in den Menschen hineinsehen.
Mancher macht einen ausgeglichenen Eindruck.
Ihm scheint nichts zu mangeln.
Anderen sehen wir an, wie sehr sie zu tragen haben.
Was müssen Menschen doch an Lasten schleppen,
sichtbare und unsichtbare,
selbstverschuldete und aufgebürdete,
und oft genug ohne Aussicht auf ein Ende!

Da lädt Jesus ein.
Einer ist da und sagt:
»Kommt zu mir; ich will euch die Last abnehmen.«
Dahinter steckt:
Ich habe Zeit für dich,
ich habe Raum für dich,
hier kannst du ausschlafen,
hier darfst du weinen,
hier sollst du dir alles von der Seele reden!
Ich will dir Gemeinschaft schenken,
die dich nicht enttäuscht.
Komm!

Denn für den Baum gibt's Hoffnung: Wird er abgehauen, kann er sich erneuern,
sein Schößling setzt nicht aus.
Altert in der Erde seine Wurzel, stirbt im Staub sein Stumpf ab, vom Duft des Wassers sproßt er, treibt Gezweig und Pflänzling. Hiob 14,7–9

Ein Baum bedeutet Leben. Er entfaltet sich aus einem kleinen Samen, strebt auf und bringt Früchte. In jedem Frühling kündet er das Erwachen der Natur an.
Ein Baum schenkt Geborgenheit. Er ist die Heimat der Vögel und bietet Schatten bei glühender Hitze, Schutz bei Regen und Wind.
Ein Baum ist das Zeichen von Stärke. Tief in der Erde verwurzelt, trotzt er den Stürmen.
Ein Baum macht mich nachdenklich:
Bin ich auch so fest verwurzelt? Strebe ich nach oben, nach Entfaltung? Schaffe ich solche Geborgenheit für andere? Welche Früchte bringe ich?

Einen alten Baum versetzt man nicht.
Sprichwort

Mir ist zum Bäumeausreißen zumute.
Redewendung

Und Gott der Herr pflanzte einen Garten in Eden gegen Osten hin und setzte den Menschen hinein, den er gemacht hatte.
Und Gott der Herr ließ aufwachsen aus der Erde allerlei Bäume, verlockend anzusehen und gut zu essen, und den Baum des Lebens mitten im Garten und den Baum der Erkenntnis des Guten und Bösen. 1. Mose 2,8.9

Juni

Herr, wie sind deine Werke so groß und viel! Psalm 104,24

Mit den Augen eines Kindes will ich sehen –
die Blume, die ihren Blütenkelch öffnet,
den Grashalm, an dem der Käfer klettert,
strömendes Wasser, das plätschert und rauscht,
gurgelt und seufzt.
Für Kinder wohnen noch immer
Zwerge unter dem Wurzelwerk am Ufer.
Und die Sterne,
und die Steine,
die flachen, kleinen, runden und großen Steine –
die Welt fern und die Welt greifbar nahe.

Kinder sehen anders als Erwachsene.
Kinder greifen nach dem Naheliegenden,
sie interessieren sich für die Dinge vor den Füßen,
für den krummen Ast
das Kleeblatt,
den Wassertropfen.

Mit den Augen eines Kindes will ich sehen –
Hände,
Münder,
Schritte
und das Schlafen des anderen.
Jeder Mensch ist anders,
von Kopf bis Fuß anders,
in den Bewegungen,
in der Art, wie er spricht,
in der Weise, wie er lacht.
Mit den Augen eines Kindes will ich sehen –
Häuser und Straßen,
Dörfer und Städte,
Berge und Flüsse,
alles, was lebt auf dieser Erde,
denn groß und viel sind deine Werke, Herr.

Nur Reisen ist Leben,
wie umgekehrt Leben Reisen ist.
Jean Paul

Wer weit zu reisen gedenkt,
der muß sein Reittier schonen.
Jean Racine

Wenn jemand eine Reise tut, dann kann er was erzählen.
Sprichwort

Es ist gut, daß Sie sich Ihr kleines Zimmer durch Reisebeschreibungen recht groß machen. Mir ist es immer ein unaussprechliches Vergnügen, mich im möglichst kleinsten körperlichen Raume im Geiste auf der großen Erde herumzutummeln. Friedrich Schiller

Ein zerstreuter Professor wurde wenige Tage vor seiner angesetzten Hochzeit plötzlich auf eine Vortragsreise geschickt. Völlig aufgewühlt schickte er seiner Braut ein Telegramm: »Nicht heiraten, ehe ich da bin!«

Mit dir, Herr, will ich jetzt die Reise beginnen,
du kennst die Straßen und Wege meiner Fahrt,
du weißt auch, wie unvernünftig die Leute oft fahren.
Laß mich höflich sein
und nicht in die Versuchung geraten zu rasen.
Ich möchte gesund ans Ziel kommen
und wieder zurückkehren.
Sei mit mir, Herr, auf meiner Reise.

Juni **3**

Meinen Bogen habe ich in die Wolken gesetzt; der soll das Zeichen sein des Bundes zwischen mir und der Erde.
1. Mose 9,13

Ein Regenbogen wölbt sich über das Land.
Er markiert einen merkwürdigen Übergang:
Noch gibt es Regen,
und doch muß die Sonne bereits durchgebrochen sein.
Nur für kurze Zeit bleibt dieses Erlebnis,
zwei Elemente dicht beieinander,
faszinierend,
unendlich schön,
als spanne sich ein Band umfassend über den Erdball.

Gott hat diesen Bogen in den Himmel gesetzt
als ein Zeichen des Bundes zwischen ihm und der Menschheit.
Gott hat mit diesem Bogen ein Versprechen verbunden:
Solange die Erde steht, soll nicht aufhören Saat und Ernte,
Frost und Hitze,
Sommer und Winter,
Tag und Nacht.
Es soll weitergehen.
Der Regenbogen ist Sinnbild für Weiterlebendürfen,
ein Symbol dafür, daß eine Brücke geschlagen ist
nach der Trennung und Feindschaft.

Herr, ich danke dir, daß du mich umgibst
und deine Arme über mir ausbreitest,
wie der Regenbogen seine Farbbahnen spannt.
Laß mich das Vertrauen nicht verlieren,
den Halt
und die Geborgenheit.
Denn es ist schön,
von dir angenommen zu sein.
Immer, wenn ich einen Regenbogen sehe,
will ich daran denken.

Wer sich auf mich verläßt,
wird keinen Durst mehr haben.
Johannes 6,35

Das Wasser, Herr, will ich loben,
das Wasser,
das Durst löscht und Leben schafft.
Wo kein Wasser fließt,
da wächst nur Sand,
und der Sand wandert und wandert.
Mit seinem Verbündeten, dem Wind,
schafft er die Wüsten,
die leeren Gegenden,
wo die Hitze glüht
und alles vertrocknet.

Herr, ich bin oft wie solch eine Wüste,
da bin ich eingedeckt von den Sandbergen des Zweifels
und der Ungläubigkeit,
der Selbstüberschätzung und der Angst vor mir selbst.

Das Wasser, Herr, will ich loben,
das Wasser,
das die Flüsse hinabzieht,
das in die Wiesen und Äcker dringt,
das Regenwasser, das vom Himmel fällt,
das nieselt, gießt, schüttet und platscht.
Das Wasser der Bäche und Flüsse,
von dem die Bäume leben und die Weiden.

Herr, ich bin oft wie ein Stückchen vertrockneter Erde,
nichts lebt mehr in mir,
und ich sehne mich nach Wasser, das Leben schafft.
Du bist die Quelle.
Ich verlasse mich auf dich.

Vom Ausruhen

Die Legende erzählt:
Jemand fand den Apostel Johannes, wie er ein zahmes Rebhuhn auf dem Schoß hatte und damit spielte. Als er ihn wegen dieser sorglosen Spielerei verwundert ansah, da entgegnete Johannes dem Mann:
»Was hast du auf deinem Rücken hängen?«
»Meinen Bogen.«
»Warum hast du ihn nicht gespannt?«
»Weil er sonst seine Spannkraft verlieren würde.«
»Nun«, sagte der Apostel, »so kann auch ich nicht immer meinen Geist mit Lehren und Forschen angespannt halten, sonst würde er bald erlahmen.«

Nur die Ruhe in der Bewegung hält die Welt und macht den Mann. Ruhe zieht Leben an, Unruhe verscheucht es.
Gottfried Keller
Der schönste Beruf, den ich mir denken kann, ist der des Wolkenansehers: ausgestreckt in der Hängematte mit dem Blick zum Himmel. *Ramón Gómez de la Serna*

Dann hörte ich eine Stimme vom Himmel, die sagte: »Schreib auf: Die Toten, die von jetzt an im Dienst des Herrn sterben, dürfen sich freuen!« »So ist es«, antwortete der Geist Gottes, »sie werden den Lohn für ihren Dienst erhalten und sich von ihrer Mühe ausruhen!« Offenbarung 14,13

Die Apostel kehrten zu Jesus zurück und berichteten ihm, was sie in seinem Auftrag getan und verkündet hatten. Jesus sagte zu ihnen: »Kommt, wir suchen uns einen ruhigen Platz, wo wir allein sind und ihr euch ausruhen könnt.« Markus 6,30.31

In der Ruhe liegt die Kraft! *Sprichwort*

Wer in kleinen Dingen
zuverlässig ist,
wird es auch in großen sein.
Lukas 16,10

6 Juni

Eine offenkundig einleuchtende Erfahrung in den zwischenmenschlichen Beziehungen:
Zuverlässigkeit im Kleinen
läßt auf Zuverlässigkeit im Großen schließen.

Zuverlässigkeit gleich Pünktlichkeit?
Zuverlässig gleich genau sein?
Oder gar penibel?
Zuverlässigkeit gleich Glaubwürdigkeit?

Der Hintergrund ist vielgestaltig,
angefangen bei der Ausleihe eines Buches
und der eigentlich selbstverständlichen Rückgabe
bis zur vereinbarten Treffzeit,
bei der Redensart: »Ich besuch dich mal!«
bis zur anderen: »Ich werde an dich denken!«
Was ist daran wahr?

Zuverlässigkeit im Kleinen,
das kann aber auch heißen:
Zum Verlassenen stehen,
den Schwierigen nicht aufgeben,
an den Einsamen denken.
Denn für solche Menschen bedeutet es alles,
wenn sie sich sagen können:
Auf den kann ich mich wirklich verlassen!

Berg – das ist eine Erhebung über die Ebene hinaus und damit ein Standort, von dem aus man auf die Niederungen herabschauen kann. So ein Ausblick von der Höhe entschädigt für alle Mühen des Aufstiegs. Denn –
Berg – das heißt Aufstieg und Abstieg. Je nach Höhe und Beschaffenheit macht einen Berg zu ersteigen Mühe. Und manchmal ist der Abstieg sogar anstrengender als der Aufstieg.
Berg – das heißt, den Wolken näher kommen. Viele Völker haben ihren »heiligen Berg«, sie glauben, dort Gott nahe sein zu können. Der Berg ist das Symbol für die Begegnung zwischen Himmel und Erde. In seiner Festigkeit und Beständigkeit ist er auch ein Symbol für Gottes Gerechtigkeit.

Redewendungen:
Über den Berg sein – etwas überstanden haben.
Mit etwas hinter dem Berg halten – etwas verheimlichen.
Hinter den Bergen wohnen auch Leute – die Welt ist dort noch nicht zu Ende.

Ich hebe meine Augen auf zu den Bergen, von welchen mir Hilfe kommt. Psalm 121,1

Zuletzt führte der Teufel Jesus auf einen sehr hohen Berg, zeigte ihm alle Reiche der Welt in ihrer Größe und Schönheit und sagte: »Dies alles will ich dir geben, wenn du dich vor mir niederwirfst und mich anbetest.« Aber Jesus antwortete: »Weg mit dir, Satan!« Matthäus 4,8–10

Auf dem Kaminsims meiner Großmutter stand unter anderem eine kleine Flasche, deren Inneres fast ganz von einem Apfel ausgefüllt war. Die Flasche hatte aber einen ganz engen Hals – wie mochte nur der große, runde Apfel in sie hineingekommen sein? Oftmals staunte ich das Rätsel an, ohne seine Lösung finden zu können. Da ging ich eines Tages zufällig durch den Garten der Großmutter und bemerkte eben eine solche Flasche, an einem Zweig des Apfelbaumes angebunden, und zwar so, daß der kleine grüne Apfel, der an diesem Zweig hing, in das Innere der Flasche hineingesenkt war. Jetzt war mir die Sache klar – der Apfel muß von klein an in die Flasche hineinwachsen. So müssen wir die Wahrheiten des Evangeliums in die Herzen unserer Kinder hineinsenken, daß sie darin erstarken und sich ausbreiten. Spurgeon

Man frage den Adler: Warum erziehst du deine Jungen so hoch in der Luft?
Der Adler wird antworten: Würden sie sich, erwachsen, so nahe zur Sonne wagen, wenn ich sie tief an der Erde erzöge? Gotthold Ephraim Lessing

Wer nicht klug ist, der läßt sich nicht erziehen.
Jesus Sirach 21,14

Kein Mensch soll sich einem Kinde mit einem anderen als einem freundlichen Gesicht nähern. Johann Michael Sailer

Ein Junge klagte seiner Mutter: »Der Vater hat mir eine Ohrfeige gegeben!« Der Vater aber kam dazu und sagte: »Lügst du wieder? Willst du noch eine?« Johann Peter Hebel

Ich fürchte, unsere allzu sorgfältige Erziehung liefert uns Zwergobst. Georg Christoph Lichtenberg

Juni **9**

Wenn jemand von dir verlangt,
daß du mit ihm eine Meile gehst,
so begleite ihn zwei Meilen.
Matthäus 5,41

Gestern sagte meine Frau zu mir:
»Könntest du mich vielleicht gleich mitnehmen,
du fährst doch mit dem Auto dort direkt vorbei?«
Ich antwortete:
»Wenn es sein muß, ja!«
Ich antwortete nicht:
»Aber ja, gern, selbstverständlich!«
Eigentlich müßte ich meiner Frau doch so antworten:
»Gern, selbstverständlich!« –
und nicht: »Wenn es sein muß, ja!«
Ist das nur Gedankenlosigkeit gewesen?

Ich ärgere mich darüber,
daß ich manchmal so mürrisch bin
und so wenig freundlich reagiere.
Freundliche Menschen sind doch angenehmer
als die Knurrer.
Freundliche Menschen sind meistens auch großzügiger
als die verbissenen.
Denn
über die Bitte hinaus
dem anderen einen Wunsch zu erfüllen,
sozusagen über-zuerfüllen,
das ist nicht nur spendabel,
das kostet auch etwas.
Liebe zum Beispiel.
Und Zeit.

Die Liebe geht die Umwege mit
und hängt die Viertelstunde dran.

Wenn wir sagen:
Gib uns unser tägliches Brot!,
dann meinen wir mehr als Brot,
dann meinen wir unsere Existenz,
ein Dach über dem Kopf,
die Wohnungseinrichtung dazu,
die Berufsausbildung,
den nötigen Verdienst,
die Bekleidung,
einen schönen Urlaubsplatz,
ein Fahrzeug
und die vielen Vorteile der Technik.

Wenn wir bitten:
Gib uns unser tägliches Brot!,
dann denken wir kaum an die anderen,
an die, denen ein Stückchen Brot alles bedeutet,
nämlich die Rettung vor dem Hungertod,
nämlich das Leben.
Es gibt Millionen Menschen,
die leben vom Brot allein,
die brauchen den Reis,
denen ist nicht geholfen mit geistvollen Sprüchen,
die wollen erst einmal essen können.

Wenn wir sagen:
Gib uns unser tägliches Brot!,
dann sollten wir nicht vergessen,
daß diese Bitte für den heutigen Tag reicht.
Sie schließt Habgier aus,
sie kennt nicht den Gewinn für sich allein,
sie schließt immer den anderen mit ein.

Juni **11** *Von den Tieren*

Der untrüglichste Gradmesser für die Herzensbildung eines Volkes und eines Menschen ist, wie sie die Tiere betrachten und behandeln. Jean Paul

Und ich will zur selben Zeit für sie einen Bund schließen, sagt der Herr, mit den Tieren auf dem Feld, mit den Vögeln unter dem Himmel und mit den Tieren, die auf der Erde kriechen, und will Bogen, Schwert und Krieg im Land zerbrechen und will sie sicher leben lassen. Hosea 2,20

Denn es geht dem Menschen wie dem Vieh: wie dies stirbt, so stirbt auch er, und sie haben alle einen Odem, und der Mensch hat nichts voraus vor dem Vieh; denn es ist alles eitel.
Prediger Salomo 3,19

Der kleine Tierquäler erwächst zu einem harten, grausamen Mann. Jean Paul

Manche Hähne glauben, daß die Sonne ihretwegen aufgeht.
Theodor Fontane

Zwei Glühwürmchen trafen sich. Sagte das eine:
»Ich muß zum Augenarzt, ich sehe nicht mehr gut.«
»Woran hast du das gemerkt?« fragte das andere Glühwürmchen.
Darauf das erste: »Gestern habe ich einem glühenden Zigarettenstummel den Hof gemacht!«

Gib dich nicht der Sorge hin.
Jesus Sirach 30,22

12 Juni

Gib dich nicht der Sorge hin,
und falle nicht durch Grübeln.
Denn wer sich freut,
dessen Tage verlängern sich,
weil ein fröhlicher Mensch
Ärger von sich forthält.

Die vielen Sorgen töten den Mut,
und bekümmerte Menschen bedrücken auch andere.
Es gibt Menschen, die zersorgen sich,
und jeder spürt,
wie sie altern.
Ein heiterer Sinn erfrischt,
und Humor entwaffnet die Giftigen.

Gib dich nicht der Sorge hin,
weil das nichts bringt
außer Falten.
Das Jagen und Fragen:
»Was werden wir essen?« und
»Wie wird es weitergehen?«
fressen die Nervenkräfte
und machen Gesichter wie Habichte.

Gib dich der Güte Gottes hin,
sie wird dich versorgen.

Widerwärtigkeiten sind Pillen, die man schlucken muß,
nicht kauen. *Georg Christoph Lichtenberg*

Vergeben ist mehr als Vergessen. Redewendung

Wenn du vergibst, so ist der Mensch, der in dein Herz Wunden macht, der Seewurm, der die Muschelschale zerlöchert, die Öffnungen mit Perlen verschließt. Jean Paul

Da trat Petrus zu Jesus und fragte ihn: »Herr, wenn mein Bruder an mir schuldig wird, wie oft muß ich ihm verzeihen? Siebenmahl?
»Nein, nicht siebenmal«, antwortete Jesus, »sondern siebzigmal siebenmal!« Und er fuhr fort: »Wenn Gott seine Herrschaft aufrichtet, handelt er wie ein König, der mit den Verwaltern seiner Güter abrechnen wollte. Gleich zu Beginn brachte man ihm einen Mann, der ihm einen Millionenbetrag schuldete. Da er nicht zahlen konnte, befahl der Herr, seinen ganzen Besitz zu versteigern und ihn selbst mit Frau und Kindern in die Sklaverei zu verkaufen. Aber der Schuldner fiel auf die Knie und bat: ‚Hab doch Geduld mit mir! Ich will dir ja alles zurückzahlen.' Da bekam der Herr Mitleid; er gab ihn frei, und auch die Schuld erließ er ihm.
Kaum draußen, traf dieser Mann auf einen Kollegen, der ihm einen geringen Betrag schuldete. Den packte er an der Kehle, würgte ihn und sagte: ‚Gib mir zurück, was du mir schuldest!' Der Schuldner fiel auf die Knie und bettelte: ‚Hab Geduld mit mir! Ich will dir ja alles zurückzahlen.' Aber darauf wollte sein Gläubiger nicht eingehen, sondern ließ ihn sofort ins Gefängnis werfen, bis er alles bezahlt hätte.
Als das die anderen sahen, waren sie empört, liefen zu ihrem Herrn und erzählten ihm, was geschehen war. Er ließ den Mann kommen und sagte: ‚Was bist du für ein böser Mensch! Ich habe dir deine ganze Schuld erlassen, weil du mich darum gebeten hast. Hättest du nicht auch Erbarmen mit deinem Mitmenschen haben können, so wie ich es mit dir gehabt habe?' Dann übergab er ihn voller Zorn den Folterknechten zur Bestrafung, bis die ganze Schuld zurückgezahlt war.
So wird euch mein Vater im Himmel auch behandeln, wenn ihr eurem Bruder nicht von Herzen verzeiht.«
Matthäus 18,21–35

Sie gingen fröhlich heim
und hatten guten Mut
über all das Gute, das der Herr ...
an seinem Volk getan hatte.
1. Könige 8,66

Fröhlich nach Hause kommen –
es müßte eigentlich jedem so ergehen,
denn zu Hause sein dürfen
macht glücklich und geborgen.

Überall?
Sieht es wirklich so freundlich aus?
Ist für manchen das Zuhause nicht eher eine Belastung?
Viele Menschen fühlen sich beengt,
deshalb versuchen sie auszubrechen,
in die Kneipe,
zu Freunden,
in das Angebot der Kinovorstellungen,
sie treten sozusagen die Flucht nach vorn an,
damit ihnen »die Decke nicht auf den Kopf fällt«.
Dabei scheint es gar nicht so, als ginge es vorwärts.

Vielleicht ist es eine Hilfe, wenn ich dir sage:
Erinnere dich öfter einmal der guten Zeiten,
denke über das vergangene Leben nach,
vielleicht wirst du dankbar
und freust dich über einen gelungenen Tag,
über deine Lieblingsbücher,
über die Schallplatten und Tonbänder,
über dein Hobby.
Gewiß, nicht jeder Tag bringt dir Hochstimmung.
Aber dann ist das Halleluja eben etwas leiser.

Ein frohes Gemüt kann Schnee in Feuer verwandeln.
Spanisches Sprichwort

Juni **15**

*Gott hat Jesus Christus
über alles erhöht und hat ihm
den höchsten Ehrennamen
verliehen, den es gibt.
Philipper 2,9*

Ehrenbürger einer Stadt zu werden,
hat nicht jeder die Ehre;
den Ehrendoktor verliehen zu bekommen
passiert auch nicht ohne weiteres jedem.
Und nur noch wenige klassische Ehrentitel werden vergeben,
weil die Königshäuser kaum noch Hofstaat haben.
Trotzdem entstehen neue Ehrentitel,
für Staatsmänner und Brigaden,
für Preisträger und Veteranen.
Ehre, wem Ehre gebührt!

Gott hat Jesus den höchsten Ehrennamen gegeben,
den es gibt.
Einen Super-Namen?
Einen Namen ohne Steigerungsmöglichkeit –
gut, besser, am besten?
In der Bibel werden viele Namen und Titel für Jesus
genannt:
Meister, Herr, Lehrer, Arzt, Hirte,
Bruder, Sohn Gottes, Messias, Freund, Heiland –
um nur einige zu nennen.
Alle diese Bezeichnungen meinen:
Dieser Jesus von Nazareth steht auf der Seite Gottes.
Aber welcher ist der höchste Ehrenname?

Ich weiß keinen solchen Namen,
ich weiß nur, daß der Tag kommen wird, da ich ihn höre.
Da werden alle vor Jesus niederknien
und bekennen:
Er ist der, der über allem steht,
mit Gott einig,
er ist das ewige, unvergängliche Leben.
Und ich möchte dann dabeisein.

Auch das kleinste Licht hat sein Atmosphärchen.
Marie von Ebner-Eschenbach

Die Mücke ist nie so klein, daß sie nicht dem Pferde zur Beschwerde ist. Norwegisches Sprichwort

Kleiner Stein kann auch verwunden.
Türkisches Sprichwort

Der Kleine kann sich leicht verstecken,
der Große ist nur schwer zu decken.
Johann Fischart

In dem Kleinsten der Schöpfung zeigt sich
des Schöpfers Huld und Macht am größten.
Johann Gottfried Herder

Das kleine Pfefferkorn sieh für gering nicht an;
versuch es nur und sieh, wie scharf es beißen kann.
Friedrich Rückert

Besser klein angefangen und groß aufgehört, als umgekehrt.
Redewendung

Der kleine Junge meldet sich, als das Telefon im Hause klingelt.
»Ist dein Vater zu Hause oder deine Mutter?« fragt der Anrufer.
Das Kind verneint.
»Ist denn sonst jemand da, den ich sprechen könnte?«
»Ja, meine Schwester«, piepst der Kleine.
Dann ist eine Weile Stille.
»Ich kann sie aber nicht aus dem Gitterbettchen heben.«

Juni **17**

Nehmt das Wort,
das Gott euch ins Herz gepflanzt
hat, demütig auf. *Jakobus 1,21*

Demut – was ist das?
Manche meinen, es sei der Mut zum Dienen,
der Mut, sich nicht bedienen zu lassen,
sondern seine Kraft und Zeit und sein Geld
für andere einzusetzen,
ohne danach zu fragen,
was für einen selbst dabei herausspringt.

Aber ist dann Demut nicht eher Dummheit?

Andere sagen:
Demut ist eine überholte Verhaltensweise,
sie bedeutet Unterwürfigkeit,
sie atmet den Geist der Untertanen,
derer, die buckeln müssen,
um bestehen zu können.
Sie meinen:
Demut kratzt sich ein
und macht den Menschen zutiefst abhängig.

Ich denke mir:
Demut kann es sich leisten, gelassen zu sein.
Demut ergibt sich aus Gottes Zusagen,
sie nimmt sie nicht überheblich in Anspruch,
sie hebt Gott über alles.
Ich denke mir:
Demut läßt sich etwas sagen,
auch Unliebsames,
auch Unbequemes,
sie läßt sich Gottes Wort zu Herzen gehen.
Der Talmud sagt:
Wie das Wasser die Höhe meidet und in die Tiefe fließt,
so bleibt auch die Weisheit nur bei den Demütigen.

Du aber bleibst, wie du bist,
und deine Jahre nehmen
kein Ende.   Psalm 102,28

Was bleibt schon ewig?
Was hat unvergänglichen Wert?
Große Völker sind ausgelöscht worden,
wie vom Erdboden verschwunden, die einen Namen hatten.
Mit ihnen hörte ihre Kultur auf,
ihre Bauwerke zerfielen,
ihre Sprache versank, löste sich auf.
Auch die erfolgreichsten Tage im Leben eines Menschen sind gezählt,
spätestens der Tod zieht einen Schlußstrich.
Und –
für endgültig erklärte Wahrheiten
heben sich über Nacht auf,
widerlegen sich selbst, werden ad absurdum geführt,
Dogmen außer Kraft gesetzt.
Das Leben ist in Bewegung,
nichts gilt ewig.

Das ist kein Grund für Pessimismus,
höchstens ein Grund, um nachdenklich zu werden.
Gibt es wirklich nichts ewig Gültiges?

Die frommen Männer früherer Zeiten dachten auch darüber nach.
Und sie stellten fest:
Wenn alles vergeht, Gott bleibt.
Seine Jahre sind nicht gezählt.
Er feiert keine Geburtstage mit Wehmut.
Sein Leben ist nicht eingeteilt in »gerade noch«
oder »bald nicht mehr«.
Die frommen Männer früherer Zeiten wurden darüber froh.
Vielleicht, weil sie dadurch einen Halt fanden
und besser damit fertig wurden,
selbst einmal ein Ende anzunehmen.

Sie wußten noch nichts von der Auferstehung Jesu.

Kunstwerke sind von einer unendlichen Einsamkeit und mit nichts so wenig erreichbar als mit Kritik.
Nur Liebe kann sie erfassen und halten und kann gerecht sein gegen sie. Rainer Maria Rilke

Kunst ist eine Sache allertiefster Menschlichkeit, eine Probe auf den Feingehalt von Geist und Seele.
Ernst Barlach

Ein Kunstfreund besuchte den berühmten Bildhauer Michelangelo in Rom, der letzte Hand an eine Statue legte. Nach einigen Tagen kam er wieder, fand aber die Arbeit nicht fortgeschritten.
»Du hast, scheint mir, seit meinem letzten Hiersein nichts an der Statue geändert«, meinte er.
»Doch«, entgegnete der Künstler, »hier habe ich einen Zug verfeinert, da einen Muskel herausgehoben, dort eine leichte Unebenheit beseitigt.«
»Aber das sind doch alles nur Kleinigkeiten«, sagte der Gast.
»Kleinigkeiten stellen endlich die Vollkommenheit her, und die Vollkommenheit ist keine Kleinigkeit«, antwortete Michelangelo.

Wenn der Kunst kein Tempel mehr offensteht, dann flüchtet sie in die Werkstatt.
Marie von Ebner-Eschenbach

Wenn wir über dem Kunstwerk den Künstler vergessen können, damit ist dieser am feinsten gelobt.
Gotthold Ephraim Lessing

Eigentümlichkeit des Ausdrucks ist Anfang und Ende aller Kunst. Johann Wolfgang von Goethe

Laßt einander also gelten
und nehmt euch gegenseitig an.
Römer 15,7

Ich will dich anerkennen,
wie du bist,
du, mein Nächster,
meine Frau, mein Mann,
mein Kind, mein Kollege,
mein Hausnachbar.
Ich will dich anerkennen
ohne Vorbehalte,
ohne Bedingungen,
ohne Anrechte.

Ich will dich gelten lassen,
nicht nur, weil ich dich mag,
nicht nur, weil du mir viel bedeutest,
nicht nur, weil du sympathisch bist,
sondern weil du so bist, wie du bist,
in deiner Art,
mit deinen Fehlern
und den kleinen Schwächen,
die ich so gern mit dir zusammen überwinden will.

Sich gegenseitig anerkennen heißt:
einander annehmen.
Annehmen ist mehr als hinnehmen.
Den anderen gelten lassen,
das heißt ihn respektieren,
nicht dauernd an ihm herumkritisieren,
ihn nicht ständig »beschießen«,
nicht an ihm herumnörgeln,
eigentlich: ihn nicht nach eigenem Bild haben wollen.
Die Liebe handelt so.

Die Seele nährt sich von dem, an dem sie sich freut.
Aurelius Augustinus

Juni **21**

Ich habe mein Herz vor dem Herrn ausgeschüttet. *1. Samuel 1,15*

»Weinen Sie nur«,
sagte der Seelsorger zu dem Ratsuchenden,
»weinen Sie, das macht alles ein wenig leichter!«

Stimmt das?
Und ob!
Genauso, wenn jemand endlich einmal alles sagen kann,
das heißt,
wenn er sein Herz ausschütten darf,
sich alles von der Seele redet.
Das ist notwendig,
so notwendig wie das Atmen.
Wir brauchen solche Zeiten,
auch und gerade vor Gott.
Da stehe ich
und darf klagen, seufzen und abladen,
da muß ich nicht der mutige Glaubensheld sein,
der tapfere Durchhalter.
Ich darf verzagt sein,
müde,
vielleicht sogar fordernd,
ich darf sagen, was mich kränkt,
wie sehr ich mich verletzt fühle,
daß ich kaum einen Ausweg sehe.

Gott will zuhören,
und nichts ist ihm fremd.
»Rede nur«, sagt Gott,
»mir darfst du alles sagen!«

Das Wort »Herr, hilf mir!«, aus voller Seele gesprochen, hilft stets. *Carl Hilty*

Was du ererbt von deinen Vätern hast,
erwirb es, um es zu besitzen.
Johann Wolfgang von Goethe

Sie ist wieder da – Großmutters Petroleumlampe!
Und mit ihr kamen Schaukelstühle, Standuhren, Kommoden und Küchenschränke wieder zu Ansehen. Geschichte ist also nicht nur Vergangenheit, sondern Leben, Geschehen, Gegenwart. So leben wir bei allem Fortschritt immer ein ganzes Stück von dem, was gewesen ist.
Das gilt auch für die Kirche und ihre Zukunft. Die Gemeinde Jesu schämt sich nicht der Erfahrungen, die Christen vor Jahrhunderten an ihrem Glauben machten. Im Gegenteil, sie lernt, daraus den Weg zu finden, den sie in der jeweiligen Situation gehen muß. Nicht im starren Bewahren der Schätze vergangener Zeiten, sondern im beweglichen Umgang mit ihnen liegt der Schlüssel zur Tradition.

Ihr wißt doch, was für ein eifriger Anhänger der jüdischen Religion ich früher gewesen bin.
Bis zum äußersten verfolgte ich die Gemeinde Gottes und tat alles, um sie zu vernichten. Ich befolgte die Vorschriften des Gesetzes peinlich genau und übertraf darin viele meiner Altersgenossen. Fanatischer als alle setzte ich mich für die überlieferten Lehren ein.
Aber dann hat Gott mir seinen auferstandenen Sohn gezeigt, damit ich ihn überall unter den Völkern bekanntmache.
Galater 1,13–15

Juni **23**

Ich will deinen Namen
bekanntmachen meinen Brüdern.
Psalm 22,23

Wir stellen uns gegenseitig vor und machen einander auf
diese Weise bekannt.
Wer die Regeln des Anstands beherrscht, der wird die feinen
Unterschiede dabei kennen –
wer wem vorgestellt wird,
zuletzt, zuerst, ob Mann oder Frau, jung oder alt.
Oft geht es mir so, daß ich nur flüchtig auf den Namen höre,
ich habe ihn auch bald wieder vergessen,
und dann erschrecke ich darüber, weil ich ihn nicht mehr weiß,
wo ich ihn plötzlich wissen sollte, wissen müßte!
Peinlich!
Oder wurde mir der Name nur undeutlich genannt,
sozusagen »hingenuschelt«?

Wie auch immer,
es hat wenig mit Anstandsregeln zu tun, wenn Gottes Name
bekanntgemacht werden soll; wenn von ihm gesprochen wird,
gelten andere Regeln,
zum Beispiel die, sich seiner nicht zu schämen,
zum Beispiel die, überzeugend zu erklären,
zum Beispiel die, zur rechten Zeit zu reden
und zur rechten Zeit zu schweigen.

Manchmal liegt solche Bekanntmachung dicht vor uns,
also gar nicht weit weg,
sondern mitten in der Familie,
unter den engsten Freunden,
in den vier Wänden.
Da gehört schon Wollen dazu, weil es oft gar nicht so leicht ist.

Vielleicht,
daß das gelebte Leben mehr wirkt
als tausend Worte?

Johannes antwortete:
»Sein Einfluß muß zunehmen,
meiner muß abnehmen.«
Johannes 3,30

Einfluß haben bedeutet:
Macht haben,
Entscheidungen treffen,
bestimmen dürfen.

Mir kommt das nicht immer geheuer vor,
ich vermute dahinter auch Mißbrauch.
Vielleicht, weil manchmal von »einflußreichen Leuten«
geredet wird, die sich mit allen Mitteln durchsetzen.

Johannes denkt nicht so,
er will, daß sich Jesus durchsetzt.
An seine eigene Begabung und sein Können denkt er nicht,
er verspricht sich mehr davon,
wenn Jesus Einfluß gewinnt.

Manchmal wäre es gut,
ich würde auch weniger an meinen Einfluß denken,
an mein Ansehen
und an meine Qualitäten.
Es ist zwar ganz schön,
wenn die Leute wissen, was ich kann und wer ich bin,
aber es ist vor Gott nicht so wichtig,
weil ja die Sache Jesu vorankommen muß.
Und wenn sie vorankommt,
wo Jesus Einfluß gewinnt,
werden die Gesichter der Menschen freundlicher zu allen.

Juni **25**

Jesus streckte sofort seine Hand aus, faßte Petrus und sagte: »Du hast zu wenig Vertrauen!«
Matthäus 14,31

Einer droht zu versinken,
abzusacken,
abzurutschen,
auf die schlechte Bahn zu geraten –
wir stehen dabei,
sehen zu,
zucken vielleicht mit den Schultern.
»Selber schuld! Seine Sache!«
Und wenn der andere wirklich kein Glück hatte?
Wenn ihm keine Chance geboten wurde?
Wenn er ein Versager war,
einer, der sich strecken konnte, wie er wollte,
einer, der doch nie auf die Beine kam?

Herr, ich danke dir,
daß deine Hilfe nicht auf sich warten läßt.
Du bringst nicht erst groß Vorbehalte ein,
du blockierst nicht mit Vorsichtsmaßnahmen,
bei dir ist kein langes Bedenken,
sondern du reichst sofort deine Hand
und ziehst aus dem Abgrund heraus,
aus dem tiefen Wasser.
Laß mich deine Hand fassen, wie Petrus tat,
laß mich annehmen und zupacken,
denn deine Hilfe braucht nur Vertrauen.
Und,
wenn es nötig sein sollte,
laß mich anderen die Hand reichen,
ihnen sofort helfen,
einspringen, wo Not ist,
und nicht erst lange zögern und fragen.

O Brüder, unsere Sonne ist aufgegangen!
Welche Sonne ist aufgegangen?
Wir kennen ihren Namen!
Es ist unser Erlöser: Jesus Christus.
Er ist auferstanden.
Durch die Sonne wird die ganze Welt erleuchtet.
(aus Afrika)

Es leuchtet die Sonne über Bös' und Gute, und dem Verbrecher glänzen wie dem Besten der Mond und die Sterne. Johann Wolfgang von Goethe

Die Sonne bringt es an den Tag. Sprichwort

Einem Sonnenblick zuliebe kommt mehr Gras hervor als zehn Hagelwetter. Bauernregel

Nichts Schöneres unter der Sonne, als unter der Sonne zu sein. Ingeborg Bachmann

Die Sonn' erregt das All,
macht alle Sterne tanzen;
wirst du nicht auch bewegt,
gehörst du nicht zum Ganzen.
Angelus Silesius

Sonne der Gerechtigkeit,
gehe auf zu unsrer Zeit;
brich in deiner Kirche an,
daß die Welt es sehen kann.
Erbarm dich, Herr.
Christian David

Es ist den Augen lieblich, die Sonne zu sehen.
Prediger Salomo 11,7

Juni **27**

Herr, sei unser Arm alle Morgen,
dazu unser Heil zur Zeit
der Trübsal! *Jesaja 33,2*

Starke Arme sind ein Symbol für Kraft.
Starke Arme tragen,
halten,
fangen auf,
packen zu.
Starke Arme imponieren.

Aber es müssen nicht starke Arme sein,
die jemanden in die Arme nehmen,
ihn umarmen.
Dazu bedarf es nicht unbedingt der Kraft,
dazu bedarf es der Liebe und Freundschaft,
der Zuneigung und Zärtlichkeit –
als Willkommensgruß
oder als Abschiedsgeste,
als Hinweis:
Dich will ich nahe bei mir haben.

So können wir auch bitten:
Herr, sei unser Arm alle Morgen,
umfange mich,
führe mich,
trage mich durch diesen Tag.
Und wenn der Abend kommt
und ich traurig bin,
so hilf mir, damit ich den Mut nicht verliere.
Und wo es sein soll, mache mich bereit zu tragen,
damit andere nicht unter ihrer Last zusammenbrechen.

Die Menschen, denen wir eine Stütze sind,
die geben uns Halt. *Marie von Ebner-Eschenbach*

Ist das eine faustdicke Drohung?
Im Zusammenhang gelesen heißt es:
»Meine Brüder, habt Geduld, bis der Herr kommt!
Seht, wie der Bauer darauf wartet,
daß sein Land kostbares Getreide hervorbringt.
Er wartet geduldig, bis im Herbst und Frühjahr der Regen fällt.
Auch ihr müßt Geduld haben!
Faßt Mut.
Ihr sollt nicht übereinander klagen,
Brüder;
sonst muß Gott euch verurteilen.
Der Richter steht schon vor der Tür.«

Keine Drohung,
eher eine freundliche Erinnerung,
eher eine herzliche Ermahnung.

Ein indianisches Gebet sagt:
»Großer Geist, hilf mir,
daß ich niemanden richte,
ehe ich einen halben Monat lang
in seinen Mokassins gegangen bin!«

Ich will antworten:
Ja, mein Gott,
so bange ist mir vor deinem Gericht nicht,
wenn du mir beistehst,
heute und morgen,
daß ich nicht andere verurteile,
wo ich doch nicht weiß,
was du in sie gepflanzt hast.
Gib mir die Geduld, die ein Bauer haben muß bis zur Ernte.
Und die Ausdauer eines Indianers.
Vor allem gib mir die Bruderliebe.

Juni **29** *Vom Klagen*

Klag dem Nachbarn dein Leid,
wird es noch mal so breit.

Klag's dem Stein;
behalt's allein.

Klagen füllt nicht den Magen.
Sprichworte

Ein Tor, der klaget stets andre an.
Sich selbst anklaget
ein halb schon weiser Mann.
Nicht sich, nicht andre klaget
der Weise an.
Johann Gottfried Herder

Es gibt Menschen, die haben ständig zu klagen,
sie jammern über das Elend in der Welt
und über ihr eigenes Los.
Sie fühlen sich ständig benachteiligt und angegriffen,
und immer sind die anderen daran schuld.
Solche Menschen gehen einem auf die Nerven.
Aber es gibt auch Menschen, deren Klage ist tiefe Trauer.
Sie haben einen für sie wertvollen Menschen verloren,
sie bereuen einen Fehler,
sie leiden an einer unheilbaren Krankheit.
Wo solche Klage ist, da ist Trost nötig,
vielleicht ein Mitleiden,
ein Wort von der Kraft, die Gott gibt, um nicht zu verzweifeln,
vielleicht nur die Hand, die sich behutsam auf die andere legt,
die weitergibt: Ich bin da, neben dir.
Wie Gott selbst neben uns steht,
unser Klagen hört
und es verwandeln will
in ein Loblied.

Gib dein Bestes im Glaubenskampf.
1. Timotheus 6,12

Gib dein Bestes!
Reden nicht Eltern so zu den Kindern –
und meinen die Schulpflichten,
die Prüfungen,
das Vorwärtskommen,
die Vorbereitung auf das Leben?

Gib dein Bestes!
Das heißt, strenge dich an,
hole aus dir alles heraus,
zeig, was du kannst,
wenn es geht, gib das Letzte.

Kann ich denn das,
wenn es um den Glauben geht?
Wird Glaube da nicht zu einer Leistung?
Die Bibel zeichnet unterschiedliche Bilder
und nennt Beispiele, um christliches Leben aufzuzeigen, etwa:
Der Christ ist wie ein Wettkämpfer,
oder er ist wie der Soldat, der verteidigt,
oder wie ein Brief, den alle lesen können.
So also wird der Christ im Glaubenskampf gesehen,
in dem es Gefahren zu überstehen gibt,
in dem er angeschlagen wird,
verwundet, versucht, gelockt, gereizt –
alles zu wagen und doch nicht vom eingeschlagenen Weg zu weichen.
Konkrete Bilder, randvoll mit Leben gefüllt,
denn die Abkehr vom Glauben
ist die eigentliche Versuchung für den Christen.

Heilige sind Menschen, durch die es den anderen leichter wird, an Gott zu glauben. Nathan Söderblom

Juli

Juli **1**

Sage den Menschen Gottes Botschaft,
gleichgültig, ob es ihnen paßt oder nicht.
2. Timotheus 4,2

Ich mag die Menschen nicht,
die gleich mit der Tür ins Haus fallen,
die andere überrumpeln.
Sie stehen plötzlich mitten im Zimmer,
mischen sich in Gespräche ein,
schieben andere beiseite, als gäbe es nur sie.
Wie der Elefant im Porzellanladen!

So werden wir doch nicht etwa die Botschaft von Gott
»an den Mann bringen« wollen!
Das wäre ja zu aufdringlich.
Solcher Eifer richtet vielleicht sogar Schaden an.
Da wird das Evangelium zu einem Ärgernis.
So nicht.

Aber auch nicht in besorgter Ängstlichkeit.
Mit einer Rücksichtnahme,
die unsere Stimme zum Stimmchen werden läßt,
als müsse Gottes Botschaft gelispelt sein,
geflüstert,
gemurmelt.
Auch nicht
wie ein Reden um den heißen Brei herum,
so daß niemand weiß, was Fakt ist,
auch nicht mit umständlicher Entschuldigung dafür,
den Mund überhaupt aufgemacht zu haben,
sondern
klar, freundlich und wahrhaftig.
Die Zögerer verändern nie etwas,
und Zauderer halten nur auf.
Die Taktlosen poltern meistens drauflos,
und Marktschreier wollen wir auch nicht sein.
Doch mancher staubt Papierblumen ab,
wo er Rosen züchten könnte.

Der Menschensohn ist gekommen,
um die Verlorenen
zu suchen und zu retten.
Lukas 19,10

Wie oft habe ich das schon gehört und gelesen:
Gott will die Menschen retten,
er sucht den Sünder,
er meint die Menschen, die Strandgut geworden sind,
die aus der Bahn geworfen wurden.
Aber was geschieht wirklich für sie?
Ich meine: Wie reagieren wir Christen?
Wie werden solche Menschen in unsere Gemeinschaft
integriert?

Wie oft habe ich das schon gehört und gelesen:
Die Kirche setzt sich für solche ein,
die gefährdet sind,
für die, die trinken
und immer wieder rückfällig werden,
für die, die einfach nicht auf die Beine kommen;
aber ich kenne nur verschwindend wenige Christen,
die im Einsatz wirklich durchhalten.
Die meisten geben irgendwann auf,
weil doch nichts zu machen wäre,
weil die Sache nicht effektiv genug sei,
und überhaupt,
weil wichtigere Aufgaben anstünden.

Zu retten versuchen,
Verlorenes wiederzufinden,
das kann keiner mit halbem Herzen tun,
das fordert die ganze Kraft und Zeit.

Jesus wurde für solchen Einsatz hingerichtet.

Aber – ein Schlagbaum vor dem Tor der Erwartung.
Ludwig Bechstein

Es ist kein Mensch ohne ein Aber. Sprichwort

Sie ist ganz hübsch –
aber sie hat eine scheußliche Aussprache!
Ich habe alles ertragen –
aber fragt nicht, unter welchen Umständen!
Er machte einen großen Fehler –
aber ich habe ihm verziehen.
Sie hatten sich für immer Liebe versprochen –
aber nun lag sie auf Eis.
Wir gaben ihm unser Wort –
aber nun muß er auch Wort halten!
Sie gedachten es böse zu machen –
aber Gott machte alles gut.

Der Nachsatz mit »aber« leitet gewöhnlich eine Beschränkung des Vordersatzes ein.

Nicht in jeder Wolke steckt ein Blitz,
aber steckt er drin,
so schlägt er vielleicht nicht bei uns ein,
aber wenn bei uns,
so sengt er vielleicht nur, tötet aber niemanden.
aus Usbekistan

Brüder, wir bitten euch:
Ehrt alle, die sich für euch abmühen.
1. Thessalonicher 5,12

Ist das nicht selbstverständlich,
den zu achten und zu ehren,
der sich abmüht, damit es mir gut geht?

Zum Beispiel die Eltern.
Von meiner Geburt an sorgten sie für mich,
über Jahre investierten sie Kraft, Zeit und Liebe.
Sie erfüllten Wünsche und Träume,
sie wollten das Beste.

Zum Beispiel der Ehepartner.
Gemeinsam haben wir den Weg begonnen.
Durch dick und dünn wollten wir miteinander gehen.
Dann kamen die Kinder mit den Sorgen.
Auch Krisen blieben nicht aus.
Interessen prallten hart aufeinander.
Und doch mühte sich jeder für den anderen ab.

Zum Beispiel die Pädagogen und Ausbilder.
Zum Beispiel die Polizisten, Schichtarbeiter,
und die Nachtdienst haben
in den Kliniken und bei den Verkehrsbetrieben.
Wie viele mühen sich für uns ab!

Auch die Väter und Mütter im Glauben,
die Menschen, die die Gute Nachricht bringen,
die sich abmühen, damit sie verständlich wird,
die Katecheten zum Beispiel,
die Kindergottesdiensthelfer und Gemeindeschwestern,
die Fürsorger, und die den Besuchsdienst übernommen haben.

Manchmal genügt ein Dankeschön,
manchmal eine kleine Aufmerksamkeit.
Große Geschenke erwarten sie ohnedies nicht.
Wir sind mit Lob oft zu sparsam.

Juli **5**

Die Welt wird euch hart zusetzen.
Aber verliert nicht den Mut.
Ich habe die Welt schon besiegt!
Johannes 16,33

Wer setzt wem zu?
Oder richtiger: Wer wem eigentlich nicht?
Oder bilden Christen eine Ausnahme?
Kaum.
Uns reitet öfter mal so ein Teufelchen.
Dann setzen wir einem anderen zu,
wir bedrängen ihn und machen ihn fertig.
Ich kenne solche Härte.

Jesus sagt:
Christen sollen sich nicht wundern,
wenn ihnen zugesetzt wird,
sie sollen erst recht nicht mutlos darüber werden,
es kann nicht anders sein.
Denn der Versuch, versöhnt leben zu wollen,
stößt auf manchen Widerspruch:
Soll sich der andere erst ändern,
bevor bei mir etwas geschieht!

Jesus sagt aber auch:
Christen sollen nicht anderen Menschen zusetzen,
weil er ihre Herzen von der Gefühllosigkeit befreit hat.
Christen sollen mit Liebe verändern,
davon können sie nicht genug zusetzen,
und dabei sollten sie nie den Mut verlieren.

Herr,
laß mir nicht bange sein,
weil du die Welt schon besiegt hast,
auch meine kleine Welt,
mein Ich.
Ich vertraue dir.

Was ist das für eine Anmaßung!
Größenwahn?
Hybris?
Auf so ein Versprechen gehen Menschen ein,
das glauben sie wirklich.
Aber geht das denn –
wie Gott zu sein?
Über alle Himmel?
Als Schöpfer und Gestalter?
In absoluter Freiheit?

Die Bibel erzählt jedenfalls, die ersten Menschen seien der bösen Verlockung gefolgt und hätten dann eigentlich nichts anderes entdeckt als ihre Nacktheit. Andere Menschheitsgeschichten meinen, dadurch sei der Mensch von den Göttern wirklich frei geworden, er mußte Mut zu dieser Zumutung aufbringen, er mußte wie Gott sein wollen. Auf sich selbst gestellt zu sein, das befähigte ihn zum Fortschritt.

Das Gegenteil von Anmaßung ist Bescheidenheit.
Der bescheidene Mensch hat zwar weniger Erfolg,
vielleicht ist er auch nicht sehr beliebt,
aber er handelt meistens besonnen,
er prüft und wägt ab.

Ich denke,
ich brauche so eine Portion Bescheidenheit,
damit ich mich nicht selbst überschätze,
damit ich nicht nach den Sternen greife,
wo ich Steine sammeln sollte.

Sich selbst besiegen – das ist das beste Mittel,
um nicht besiegt zu werden.
Sich selbst bezähmen – das beste Mittel,
um keinen Herrn über sich zu haben.
Orientalische Weisheit

Juli **7**

Ich hoffe, dich bald zu sehen,
und dann werden wir uns persönlich
über alles aussprechen. 3. Johannes 14

Briefe bauen Brücken.
Briefe verbinden Menschen über weite Entfernungen hin,
Briefe übermitteln Nachrichten, drücken Wünsche aus,
vermitteln Hoffnungen und Sehnsüchte.
Briefe bringen Tränen
oder Freudensprünge,
stellen richtig und behaupten.
Briefe können unendlich mißverständlich sein,
zwischen den Zeilen zuviel Raum lassen,
falsche Deutungen erlauben,
Briefe können auch Schaden anrichten
und zum Feind des Menschen werden.

Nichts gegen Ferienpostkarten,
nichts gegen Urlaubsgrüße,
obwohl sie oft so nichtssagend sind,
mehr eine leidige Pflichterfüllung,
Nachweis für das »Erholungssoll«:
Wetter gut, Essen schmeckt, Quartier bestens!
Aber es ist eben etwas anderes,
wenn von den Urlaubstagen erzählt wird,
wenn die kleinen Episoden an Leben gewinnen.
Und erst recht, wenn es um persönliche Beziehungen geht.
Da tut es gut, Auge in Auge zu sitzen.
Ein Gespräch räumt schneller Mißverständnisse aus.
Ein Gespräch schafft eher Atmosphäre.

Alles zur rechten Zeit –
jetzt fahren wir erst einmal in die Ferien.
Da gibt es bestimmt auch genug auszusprechen.
Persönliches.
Aufgestautes.
Vergessenes.

Sieh her: ich habe dich eingezeichnet in meine Hände, deine Namen habe ich immer vor Augen. Jesaja 49,16

Nichts gibt mehr Ausdruck und Leben
als die Bewegung der Hände;
im Affekte besonders ist das sprechendste Gesicht ohne sie unbedeutend. Gotthold Ephraim Lessing

Sprichwörtliche Redensarten:
Mit Händen und Füßen sich wehren –
etwas vollständig ablehnen.
Alle Hände voll zu tun haben –
sehr beschäftigt sein.
Mit leeren Händen dastehen –
nichts vorweisen können.
Jemandem in die Hände fallen –
gefunden, entdeckt, gefangen werden.
Seine Hände in Unschuld waschen –
behaupten, an einem Unrecht nicht beteiligt zu sein.
Die Hände in den Schoß legen –
nichts tun.

Versuche, deine Hände neu zu entdecken: Balle sie zur Faust und öffne sie dann langsam wieder; was empfindest du? Lege die Hände flach auf den Tisch und beginne dann langsam, die Finger spielen zu lassen, sie heben sich einzeln hoch; was fühlst du? Überlege: Was können Hände alles tun? Drücken, schlagen, segnen, auf die Schulter klopfen, aufheben, tragen, streicheln ...

Gottes Hände halten die ganze Welt –
Gottes Hände tragen das Sternenzelt.
Gottes Hände führen das kleinste Kind,
Gottes Hände über dem Schicksal sind.
Gottes Hände sind meine Zuversicht –
durch alles Dunkel führen sie doch zum Licht.
Im Frieden geborgen, vom Kampf umtost –
in deinen Händen, Herr, bin ich getrost.
Hugo Specht

Juli **9**

Gott wird mit mir sein
und mich behüten auf dem Wege,
den ich reise. 1. Mose 28,20

Die Reisezeit bricht an.
Züge rollen in alle Himmelsrichtungen.
Auf den Autobahnen schieben sich die Wagen voran.
Und überall werden Koffer gepackt,
Quartiere aufgesucht,
Zimmertüren gedrückt,
neue Bekanntschaften geschlossen.
Der Hunger nach Entspannung ist groß,
nach neuen Erlebnissen,
nach einer anderen Gegend,
die Zeit des großen Tapetenwechsels ist gekommen.

Eine alte russische Sitte bestimmt,
daß der Abreisende für ein paar Minuten
mit den Zurückbleibenden im Zimmer verharrt,
schweigend dasitzt,
als könnte es bedeuten, das letzte Mal so zu sitzen.
Erst dann empfängt er den Segen und die Umarmung.

Sollten wir nicht auch einmal kurz so innehalten,
bedenken, wohin die Reise geht,
und uns dann dem anbefehlen,
der unsere Reise kennt?

Gott, du läßt Morgen und Abend werden,
du gibst zu essen und zu trinken,
ich danke dir dafür.
Nun darf ich diese Reise antreten,
behüte mich auf diesem Wege.
Behüte alle die vielen Menschen,
die unterwegs sind.
In deine Hände lege ich Anfang und Ende,
Start und Ziel,
Hinfahrt und Rückfahrt –
und all die Stunden dazwischen.

Lebt nicht wie Unwissende,
sondern wie Menschen, die wissen,
worauf es ankommt. *Epheser 5,15*

Der ärgste Feind der Menschen,
das ist die Dummheit.
Und dumm ist jeder Mensch,
der weiß, worauf es ankommt,
der weiß, was machbar ist,
und der trotzdem draufloswirtschaftet,
einfach draufloswirtschaftet.

Natürlich ist der Durchblick nötig.
Natürlich möchte Wissen vorhanden sein,
und Kenntnisse fallen nicht einfach vom Himmel.
Wir brauchen die Information.
Information ist die Waffe gegen die Dummheit.

Gewiß, es gibt auch Fehlinformationen.
Es gibt auch peinliches Halbwissen
und vorgetäuschte Kenntnisse, die sich aufblähen.
Dann lauert schon wieder Dummheit.

Die Information, die die Bibel gibt, heißt:
Ein Mensch, der Gottes Willen kennt,
der weiß, wie nahe ihm Gott ist.
Wer trotzdem dagegen lebt,
kann nicht behaupten, er sei unwissend,
er wird es erleben, daß er sich selbst zerstört.

Verstehe,
Gott will dich nicht zerstören,
er greift dich nicht an, um dich zu vernichten.
Er will, daß du vernünftig lebst,
eben nicht draufloswirtschaftest,
sondern mit Bedacht handelst,
weil du weißt, worauf es ankommt.

Juli **11**

Du krönst das Jahr mit deinem Gut.
Psalm 65,12

Der Sommer ist da.
Wochenlang habe ich darauf gewartet,
die heißen Tage ersehnt,
von den warmen Abenden geträumt.

Der Sommer ist da.
Barfüßig schlendere ich in den Morgen hinein
und pfeife das Lied vor mich hin,
das »danke« sagt.

Der Sommer ist da.
Ich weiß, Regen muß auch sein,
damit die Rüben und Kartoffeln wachsen
und der Staub von den Blättern gewaschen wird.
Und doch wünsche ich mir viel Sonne,
ganz viel warme Sonne.
Denn der Juli soll wie eine Krone leuchten,
golden.
Also möglichst viele Stückchen sonniger Goldigkeit,
ich bitte darum,
ich, Gottes Schöpfungskrone,
ein Mensch.

Der Sommer ist da.
Herr, ich will ihn aus deiner Hand nehmen,
ich will mich freuen
und neu sehen lernen,
wie du die Erde segnest
mit Farben und Früchten
auf Bergen und Wiesen
bis hin zum See.

Der Sommer ist da.
Und ich freue mich.
Amen.

Nehmt nichts mit auf den Weg
außer einem Wanderstock.
Markus 6,8

Eine seltsame Anweisung.
Doch nicht etwa vom Verein für Touristik.
Doch nicht etwa für Urlaubstage,
als exklusiver Tip.
Freilich, zuviel Gepäck in den Ferien bedrückt nur.
Wir brauchen oft weniger, als wir eingepackt haben
und dann auspacken.

Keine seltsame Anweisung!
Jesus schickt seine Jünger los,
ins Land hinein, auf Straßen und Feldwege,
in Dörfer und Städte.
Es galt die Devise:
Sowenig wie möglich Ballast mitnehmen,
sowenig wie möglich absichern.
Kein Geld,
kein Brot,
keine Tasche.
Nur vorwärts wandern, die Sandalen festgeschnallt.

Womöglich doch eine seltsame Anweisung?
Wir leben doch nicht im Orient.
Und auch nicht mehr in der Antike.
Wir brauchen die technischen Hilfsmittel unserer Zeit.

Ich denke:
doch eine kluge Anweisung.
Jesus meint:
Buckelt euch nicht mit Kram ab, der nur behindert.
Lebt von Aufgabe zu Aufgabe,
und hamstert nicht Vorräte,
ihr könnt sie doch nicht mitschleppen,
oder ihr bleibt eben hängen.

Herr, zeige mir, was mich belastet, damit ich es abwerfe.

Juli **13**

Gott der Herr machte Erde und Himmel und legte in Eden einen Garten an. 1. Mose 2,4.8

Das Paradies!
Traum aller Menschen.
Genannt und verkannt als Schlaraffenland –
ein Garten.

Immer, wenn ich Sonnenblumen sehe, denke ich,
so muß das Paradies sein.
Immer, wenn ich die Menschen im Sommer sehe,
spüre ich,
Gott hat sie schön gemacht,
jeden anders,
je nach Alter und Art.
Und ich freue mich in den schattigen Parkanlagen,
wenn ich die Mütter mit den Kinderwagen sehe,
ich sitze am Fluß
und nehme den Wind auf, der den Abend kühlt.
So schön will Gott seine Erde haben,
so rein die Luft,
so warm den Wind,
so still das Wasser.

Das Paradies!
Verloren oder nur verdeckt?
Für mich wird immer wieder so ein Zipfel sichtbar,
so eine Landzunge,
ein Streifen am Horizont,
der schwere Mittag,
Nebel und Tau am Morgen.
Und wo Dunkelheit herrscht,
wo mir Gottes Schöpferhand verborgen zu sein scheint,
da hoffe ich,
daß ein neuer Himmel und eine neue Erde sein werden –
in Zukunft,
bald, Herr.

Was weiß der Frosch im Brunnen vom Ozean?
Ungarisches Sprichwort

Wir standen mit unseren Kindern an der Mole nahe dem Leuchtturm. Eine halbe Stunde schon hatten wir gewartet, um endlich eines der großen Schiffe einlaufen zu sehen, einen Tanker, ein Frachtschiff oder eines der riesigen für Passagiere. An den kleinen Dampfern der Hafenrundfahrt war nicht viel Neues zu entdecken. Da endlich, draußen am Horizont, tauchte der weiße Streifen auf, deutlich abgehoben von Wasser und Himmel, ein Strich erst, der bald größer und größer wurde und näher rückte. »Hurra!« schrien die Kinder, »da kommt einer!«
Schiffe und Häfen, Sehnsucht und Erfüllung, immer Unterwegssein. Für ein paar Tage nehmen die Seeleute Urlaub, bis die große Fahrt erneut beginnt, die Reise zu fernen Zielen.
Während unsere Kinder zu einem Tanker hinüberwinkten, dachte ich an das Lied, das wir manchmal im Gottesdienst gesungen haben: Ein Schiff, das sich Gemeinde nennt, fährt durch das Meer der Zeit ... Und leise summte ich die Melodie vor mich hin.

Thomas sagte zu ihm: »Wir wissen nicht einmal, wohin du gehst! Wie sollen wir dann den Weg dorthin kennen?«
Jesus antwortete: »Der Weg bin ich, und das Ziel bin ich auch, denn in mir habt ihr die Wahrheit und das Leben.«
Johannes 14,5.6

Alles ist nur Übergang, merke wohl die ernsten Worte,
Von der Stunde, von dem Orte, treibt dich ein gepflanzter Drang.
Tod ist Leben, Sterben Pforte. Alles ist nur Übergang.
Inschrift auf einer Brücke

Was ein Mensch in der Welt auch tut,
und sei es noch so groß und weitwirkend –
hat er nicht seine Pflicht gegen seine Eltern erfüllt,
so ist alles andere hinfällig.
Berthold Auerbach

Ihr Kinder, gehorcht euren Eltern! So will es Gott. »Du sollst Vater und Mutter ehren« ist das erste Gebot, dem ein Versprechen hinzugefügt ist: »dann wird es dir gut gehen, und du wirst lange leben auf dieser Erde.«
Ihr Eltern, behandelt eure Kinder nicht so, daß sie widerspenstig werden! Vielmehr sollt ihr sie in christlicher Ordnung erziehen und zum Guten anhalten. Epheser 6,1–4

Denn die Ehre gebührt allein Gott.
Nur teilt er die Ehre Vater und Mutter mit; darum auch keine größere Herrschaft auf Erden ist denn der Eltern Herrschaft.
Martin Luther

Eltern – eigentlich die Älteren.

Eines der kostbarsten Erbstücke, das Eltern den Kindern hinterlassen können, ist die Erinnerung an ein friedfertiges Eheleben. Otto von Leixner

Ein Buchhändler hat eine Menge verbilligter Bücher auf den Ladentisch gelegt, unter ihnen auch eines mit dem Titel: »Was sind wir unseren Eltern schuldig?«
Darunter war ein Zettel befestigt: »Früher 3,20 M; jetzt nur noch 1,40 M.«

Bisher habt ihr nichts gebeten
in meinem Namen.
Bittet, so werdet ihr nehmen,
daß eure Freude vollkommen sei.
Johannes 16,24

»Sie entschuldigen, aber ich habe eine ganz große Bitte ...«
»Ich weiß, es ist vielleicht zuviel verlangt, wenn ich Sie darum bitte ...«
»Halten Sie mich nicht für unverschämt, aber ich möchte Sie bitten ...«
Wir kennen solche Redewendungen,
Bitten,
die schon die Unmöglichkeit der Erfüllung einschließen.

Jesus fordert seine Freunde dazu auf,
er provoziert sie geradezu:
Bisher habt ihr nichts in meinem Namen gebeten,
bisher habt ihr nur halbe Sachen verlangt,
Kleinkram,
Tand,
Durchschnittliches –
nun wagt doch endlich Großes,
probiert mal den ganzen Einsatz,
damit ihr endlich Freude und Erfüllung findet.

Warum werfen wir nicht das ganze Bündel von Lasten
Gott vor die Füße,
warum wagen wir nicht,
von ihm alles zu verlangen?
Setzen wir dadurch nicht seine Macht herab?
Trauen wir ihm nur Kleinigkeiten zu?

Vertrauen beginnt vor dem Beweis.
Vertrauen steht vor der letzten Klärung.
Solches Vertrauen versetzt Berge
und macht das Unmögliche möglich.

In Jesu Namen bitte ich
um solches Vertrauen,
um solchen Glauben.

Dienstbespr. SST.

Juli **17**

Eure Freundlichkeit laßt alle Menschen spüren! Der Herr ist nahe! *Philipper 4,5*

Die Freundlichkeit ist leicht wie eine Flocke,
sie ist nicht einfach nur nett,
sondern wie die Sonne am Morgen
oder wie der sanfte Abendwind.
Die Freundlichkeit knurrt niemanden an,
sie schimpft nicht drauflos,
sie regt sich nicht bei jeder Kleinigkeit auf
und will nicht den eigenen Kopf durchsetzen,
sie versachlicht aber auch nicht nur alles,
und sie neigt nicht zu Überspanntheiten.
Die Freundlichkeit nimmt den anderen an,
sie teilt aus
und gibt weiter,
sie entkrampft,
sie entgiftet,
sie macht keine Unterschiede
und zieht niemanden vor.
Die Freundlichkeit ist die kleine Schwester der Liebe,
sie geht mit ihr über die Erde
und streichelt und stützt.
Sie macht alles erträglicher,
weil sie ein gutes Wort bereithält,
einen heiteren Blick schenkt,
den Humor in ihren Taschen trägt
und die Hand reicht, wo Unfriede aufkommen will.
Die Freundlichkeit gedeiht überall,
wo Menschen fest daran glauben,
daß der Herr nahe ist.
Die Nähe Gottes sagt seine Freundschaft an.
Das macht froh,
großmütig
und frei von sich selbst.

Ich will freundlich sein, Herr.
Hilf mir dabei.

Genieße still zufrieden
den sonnig heitern Tag;
du weißt nicht, ob hinieden
ein gleicher kommen mag.
Julius Sturm

Proben gibt's zwei, darinnen sich der Mann bewähren muß:
Bei der Arbeit recht Beginnen, beim Genießen rechter Schluß.
Emanuel Geibel

Nicht der ist arm, der wenig besitzt,
sondern wer nach mehr verlangt.
Lucius Annaeus Seneca

Etwas genießen, das heißt etwas in Gebrauch nehmen,
etwas benutzen,
aber auch von etwas einen Vorteil haben,
zum Beispiel eine besondere Gunst genießen,
also die Zuneigung eines anderen Menschen.
Solche zu benutzen um des eigenen Vorteils willen,
das kann mitunter ungenießbar werden.

Der Rose süßer Duft genügt,
man braucht sie nicht zu brechen;
und wer sich mit dem Duft begnügt,
den wird ihr Dorn nicht stechen.
Friedrich Bodenstedt

Juli **19**

Wie gar nichts sind alle Menschen, die doch so sicher leben! Psalm 39,6

Viele gelehrte und bedeutende Menschen haben die Bibel als ein Buch der Weisheit geachtet.
Eine dieser Weisheiten spricht der Dichter des Psalms aus, wenn er schreibt:
»Die Tage eines Menschen erscheinen wie eine Handbreit vor Gott,
wie gar nichts sind alle Menschen, die doch so sicher leben!«

Kein schöner Vers.
Keine angenehme Weisheit –
jetzt, mitten im Sommer,
in der Ferienzeit.
Und doch eine wichtige Aussage,
denn da erreichte mich mitten im Urlaub die Nachricht:
»Im Alter von 44 Jahren rief Gott der Herr plötzlich
und völlig unerwartet zu sich ...«
Das traf mich.
Nicht im Traum rechnete ich damit.
Ich konnte es überhaupt nicht fassen.
In mir kam Protest auf,
leidenschaftlicher Protest gegen den Tod.

Plötzlich und unerwartet,
mitten im Sommer, auf der Höhe des Lebens,
ohne Anzeichen,
ohne Vorwarnung,
ohne Ahnung.
Hier sicherte nichts ab.

Lehre mich bedenken, daß ich sterben muß,
damit ich klug werde.
Laß mich die Stunden nutzen,
Gutes tun
und Schönes erleben.

Ruben sagte zu seinen Brüdern: Vergießt nicht Blut!
1. Mose 37,22

Täglich wird Blut vergossen!
Auf den Autobahnen und Landstraßen liegen die Opfer.
Kleine und größere Tiere zum Beispiel.
Igel, Hase, Vogel und Falter,
von uns als niedlich bezeichnet, als schön oder putzig –
liegen zerquetscht und plattgewalzt auf dem Beton.
Preis der Zivilisation?

Täglich wird Blut vergossen!
Ich höre von Verkehrsunfällen,
vom rücksichtslosen Fahren und Überholen
mit tödlichem Ausgang.
Ich höre von unsinnigen Kriegen
oder von terroristischen Überfällen,
von Flugzeugentführungen,
und dabei passiert es:
Es wird geschossen,
zugestochen,
niedergeschlagen.
Die Ehrfurcht vor dem Leben erstickt dabei
im Rausch der Geschwindigkeit, in der Gier nach Geld
und Macht.

Das Leben eines Menschen auszulöschen,
das ist wohl eine der schrecklichsten Taten,
die ein Mensch fertigbringt.
Selbst die Todesstrafe ist deshalb umstritten,
obwohl es genug Gründe dafür gibt.

Ehrfurcht vor dem Leben haben heißt:
verantwortlich mit ihm umgehen lernen.
Albert Einstein hat gesagt:
»Nicht die Atomenergie ist das Problem, sondern das Problem
ist das Herz des Menschen.«

Juli **21**

Für Menschen, die Unrecht tun, hat Gott keinen Platz in seiner neuen Welt. 1. Korinther 6,9

Davor wird mir bange,
daß ich Unrecht tue
und nicht wiedergutmachen kann,
daß ich vor Scham in den Erdboden versinken möchte,
weil ich gescheitert bin
und fürchten muß,
mir bleibt für immer der Himmel verschlossen,
Gott hat keinen Platz mehr für mich.

Davor wird mir bange,
daß ich Unrecht tue
und anderen Schaden zufüge
aus Rache oder Neid,
aus Machthunger oder Angst, zu kurz zu kommen;
ich weiß,
Gott will nicht den Tod des Sünders,
sondern Hilfe für ihn.
Aber wenn er dann doch die Türen verschließt
und ich draußen stehe?

Gib mir die Kraft, Herr, mich zu ändern.
Hilf mir,
daß ich andere nicht übervorteile,
daß ich sie nicht lieblos behandle,
daß ich loskomme vom Unrechttun.

Ich denke:
Gottes neue Welt steht auch mir offen,
ich soll schon hier auf Erden ein Stück davon leben,
frei von allem Bösen.
Das glaube ich,
und darum will ich nicht Unrecht tun,
was immer es sei.

Ein Mann hatte viele Leute zu einem großen Essen eingeladen. Als der Tag da war, schickte er seinen Diener, um die Gäste zu bitten: »Kommt! Alles ist hergerichtet.« Aber einer nach dem anderen ließ sich entschuldigen.
Der erste erklärte: »Ich habe ein Stück Land gekauft, das muß ich mir jetzt unbedingt ansehen; bitte entschuldige mich.«
Ein anderer sagte: »Ich habe fünf Ochsengespanne gekauft und will gerade sehen, ob sie etwas taugen; bitte entschuldige mich.«
Ein dritter sagte: »Ich habe eben erst geheiratet, darum kann ich nicht kommen.«
Der Diener kam zurück und berichtete alles seinem Herrn. Da wurde der Herr zornig und befahl ihm: »Lauf schnell auf die Straßen und Gassen der Stadt und hole die Armen, Krüppel, Blinden und Lahmen her.« Der Diener kam zurück und meldete: »Herr, ich habe deinen Befehl ausgeführt, aber es ist immer noch Platz da.« Da sagte der Herr zu ihm: »Geh auf die Feldwege und an die Hecken und Zäune und dränge die Leute zu kommen, damit mein Haus voll wird. Das aber versichere ich euch: von den geladenen Gästen kommt mir keiner an meinen Tisch!« Lukas 14,16–24

Ich kann mich für vieles entschuldigen:
für einen gemachten Fehler,
für eine falsche Entscheidung,
für ein hartes Wort,
für meine Feigheit.
Ich kann mich für vieles entschuldigen,
aber wenn Gott einlädt,
gibt es keinen einzigen Grund,
auch nicht den menschlich verständlichsten,
der als Entschuldigung dienen könnte.
Denn die Einladung ist einmalig
und,
komme ich nicht,
wird mein Platz von einem anderen besetzt.
So ist das, wenn Gott einlädt,
und ich darf nicht sagen,
ich wüßte nichts davon.

Juli **23**

Meinst du, daß sich jemand
so heimlich verbergen könne,
daß ich ihn nicht sehe?
spricht der Herr. *Jeremia 23,24*

Sich vor jemandem heimlich verbergen ist ein Ausdruck für ein schlechtes Gewissen. Denn warum sonst verstecke ich mich hinter einem Baum, in einem Schrank, ducke mich oder wende mich ab?
Etwa, um zu täuschen?
Das geschieht, wenn ich auf eine falsche Spur lenken will, wenn ich versuche, von mir abzulenken.
Aber aus welchen Gründen?
Etwa, um zu überraschen?
Um dann plötzlich aus der Versenkung aufzutauchen und zu sagen:
»Hier bin ich, da staunst du, was?«

Tatsache ist:
Einmal wird das Verborgene aufgedeckt,
einmal tut sich der Vorhang auf,
einmal lüftet sich das Geheimnis –
das ist der Augenblick der Entdeckung.

Verbergen heißt, sich abschirmen.
Verbergen heißt, sich von anderen fernhalten.
Im Paradies verbargen sich Adam und Eva vor Gott.
Sie hatten ein schlechtes Gewissen.
Doch das Versteckspiel war sinnlos.
Gott fand sie.

Ich kann mich vor Gott nicht verbergen.
Es gibt keinen Ort, keine Stunde, kein Zaubermittel, die mich vor Gottes Augen schützen.
Nicht in meiner Familie,
nicht in meinem Beruf,
nirgends auf der Welt.
Ich denke:
Solche Nähe bedeutet auch:
weil mich Gott liebhat,
will er mich nicht aus den Augen verlieren.

*Wo der Geist
des Herrn ist, da ist die Freiheit.
2. Korinther 3,17*

Fast jeder von den Gefangenen in Haft fragt danach,
wann er frei wird.
Die einen rechnen sich die Jahre und Monate aus,
die anderen träumen davon,
was sie tun werden, wenn es soweit ist.

Jeder Mensch fragt einmal danach:
Was ist das – Freiheit?
Was fehlt mir davon?
Bin ich eigentlich frei?
Oder woran bin ich gebunden?
Wovon komme ich nicht los?

Eine alte Weisheit sagt:
Freiheit ist nicht so sehr eine Frage nach der Menge,
sondern mehr eine Frage nach der Notwendigkeit,
das heißt, wofür sie begehrt wird.

Paulus schreibt an die Gemeinde in Korinth:
Es ist nicht so wichtig, genau festzulegen,
welches Fleisch gegessen werden darf
und welches nicht;
es ist auch nicht so wichtig,
den Gottesdienst nur nach einer ganz bestimmten Ordnung
zu halten,
oder wer zuerst die Gute Nachricht von Gott gebracht hat.
Wo der Geist des Herrn ist,
da ist die Freiheit.

Das ist ein anderes Kriterium für Freiheit –
der Geist des Herrn.
Er setzt Maßstäbe.
Wir Christen sollten uns das gegenseitig öfter zugestehen,
statt uns zu streiten.
Denn der Geist Gottes gibt viel Raum frei.

Er aber rief zu ihnen hinüber:
Ich bin's, fürchtet euch nicht!
Johannes 6,20

Es war schon dunkel.
Jesus kam nicht zu seinen Freunden ans Ufer,
um mit ihnen zusammen
mit dem Boot nach Hause zu fahren.
Ein stürmischer Wind wehte,
die Wellen wurden hochgepeitscht,
Sturm.
Plötzlich mitten auf dem See
eine Gestalt –
ein Ungeheuer?
Ein Gespenst?
Oder?
Panische Angst ergriff sie –
bis sie Jesu Stimme hörten:
»Ich bin's! Habt keine Furcht!«

Mir geht es auch manchmal so,
mitten im Durcheinander des Alltags,
im Strudel der Verpflichtungen,
da begegnet mir etwas Unheimliches,
ich fühle mich bedroht,
ausgeliefert,
angezählt,
bis ich erkenne:
Da kommt Gott auf mich zu!
Mitten in der Bedrängnis kommt er auf mich zu,
nicht um mich zu erschrecken,
sondern um mir zu zeigen,
daß kein Sturm ihn daran hindern kann.

Du Herr, gehst neben uns,
auf Wogen und Wellen,
in Sturm und Angst.
Du, Herr, gehst neben uns,
und wenn wir in Not zu dir schreien,
gibst du unseren Füßen festen Boden.

Die Ehe ist die friedliche Koexistenz zweier Nervensysteme.
Emil Krotzki

Eine Ehe ohne die Würze kleiner Mißhelligkeiten wäre fast so was wie ein Gedicht ohne r. Georg Christoph Lichtenberg

Einen Menschen lieben heißt einwilligen, mit ihm alt zu werden. Albert Camus

Die Ehe ist der Anfang und der Gipfel aller Kultur. Sie macht den Rohen mild, und der Gebildetste hat keine bessere Gelegenheit, seine Milde zu beweisen.
Johann Wolfgang von Goethe

Ehe, das ist die Gemeinschaft zwischen Mann und Frau.
Aus dieser Gemeinschaft sollen Nachkommen erwachsen.
Die Ehe ist also auf die Familie hin angelegt.
Aber es wäre falsch zu meinen, nur darin bestünde der Sinn einer Ehe.
Wenn zwei Menschen verantwortlich zueinander ja sagen, dann versprechen sie sich vor allem auch, einander zu lieben, zu achten und zu fördern.
Ehe ist darum in erster Linie auch Partnerschaft.
Der Partner achtet den anderen als gleichberechtigtes und gleichwertiges Gegenüber.
Wo diese Partnerschaft keine Grundlage mehr besitzt, dort zerbrechen die Ehen.
Deshalb ist es nötig, von Zeit zu Zeit sich zu vergewissern und zuzusprechen, daß die Gemeinschaft gewollt ist und bleibt.
Die Liebe ist das Bindeglied dabei.

Gott hat am Anfang Mann und Frau geschaffen und gesagt: »Der Mann wird Vater und Mutter verlassen, um mit seiner Frau zu leben. Die zwei sind dann ein Leib.« Sie sind also nicht mehr zwei, sondern eins. Und was Gott zusammengefügt hat, sollen Menschen nicht scheiden. Matthäus 19,4–6

Juli **27**

Freut euch mit den Fröhlichen
und weint mit den Traurigen.
Römer 12,15

Heißt das: Paßt euch an!?
Oder gar: Nehmt es, wie es kommt!?
Womöglich noch fatalistisch,
weil es eben nicht zu ändern ist?

Die Gute Nachricht paßt sich nicht einfach an,
sie läßt sich nicht manipulieren
und nimmt nicht einfach nur hin.
Lacht, wo Grund ist zum Lachen,
und weint, wo Anlaß besteht, traurig zu sein –
solche Lebenseinstellung bejaht die gegenwärtige Situation.
Freuden und Leiden werden angenommen.
Ich brauche meine Gefühle nicht zu verbergen;
weil alles seine Zeit hat,
geschieht nichts zufällig,
auch nicht Krankheit und Tod.
Freut euch mit den Fröhlichen
und weint mit den Traurigen,
das heißt: Lebt bewußt!
Nicht nur so ein bißchen mal auf die Pauke hauen
und dann das große Heulen,
sondern als ein Teilnehmer am Leben,
als einer, der weiß, das Leben ist bunt,
und der hinter diesem bunten Geschehen
Gottes Willen spürt.

Nicht bloß manchmal mitmachen,
sondern bewußt miterleben,
sich mitfreuen, miterleiden,
im kleinen wie im großen Leben.

Gott wohnt nicht in Tempeln, die ihm die Menschen gebaut haben. Apostelgeschichte 17,24

Gott in einem Haus aus Stein –
dann wäre er ja eingesperrt!
Das hätten die Menschen vielleicht ganz gern,
Gott dingfest gemacht,
lokalisiert,
eingezäunt,
damit wir über ihn verfügen können.
Eine verlockende Idee,
die die Menschen immer wieder anzog
und aus der sie ihre Religion formten.
Aber Gott wohnt weder in Tempeln in Athen
noch in Kirchen in Rom,
er hängt weder an den Kreuzen am Wegesrand
noch verbirgt er sich auf der Höhe eines Berges.
Wir können über Gott nicht verfügen,
er läßt sich nicht greifbar machen,
als Figur aufstellen
oder in ein Kästchen sperren.

Aber wo ist er dann?

Paulus sagt den klugen Leuten in Athen, die danach fragen:
Es mag viele Versuche geben, Gott zu beweisen,
ihn zu finden in den Naturgesetzen,
in den Ideen der Menschen,
ihn zu erkennen als Weltengeist
oder als den großen Moloch, der alles verschlingt.
Ich kenne nur einen Beweis, der für mich zählt:
Jesus von Nazareth.
Wer darum diesen Jesus aufnimmt,
der nimmt Gott auf,
bei dem wohnt er,
bei dem ist er zu Hause.

Zwischen heut und morgen
liegt eine lange Frist;
lerne schnell besorgen,
da du noch munter bist.
Johann Wolfgang von Goethe

Morgen ist auch noch ein Tag. Sprichwort

Der Pflug am Morgen macht die besten Furchen.
Sprichwort

Zerbrecht euch nicht den Kopf wegen morgen;
der morgige Tag wird für sich selber sorgen.
Ihr habt genug zu tragen an der Last von heute.
Matthäus 6,34

Morgen, morgen, nur nicht heute!
sagen alle faulen Leute. Sprichwort

Guten Morgen, liebe Sonne.
Guten Morgen, kleiner Tau.
Rose, Lupin, Löwenzahn und Mohn
warten schon.

Guten Morgen Frühaufsteher.
Guten Morgen, Sommertag.
Gottes Antlitz, seine Welt, erwacht
nach der Nacht.

Guten Morgen, liebe Sonne.
Guten Morgen, ausgeschlafen
grüßen meine Augen Gras und Licht
tauerfrischt.

Mutter: »Ich hoffe, du betest jeden Abend, mein Kind!«
Kind: »Ja, Mama.«
Mutter: »Und am Morgen auch?«
Kind: »Nein. Am Morgen habe ich keine Angst!«

Ich weiß, der Herr führt
der Unterdrückten und
Ausgestoßenen Sache.
Psalm 140,13

Immer kommt es auf den Anwalt an.
Ein guter Anwalt probiert alles für seine Klienten,
er schlägt alles heraus
und sucht bis zuletzt nach einem Weg.
Ein guter Anwalt kennt kein
»aussichtslos verfahren!«,
für ihn bleibt ein letztes Urteil nicht
das letzte Urteil,
die nächste Instanz wird angerufen,
bis hinauf zur höchsten ...

Zur höchsten?
Welches ist die höchste Instanz?
Das Oberste Gericht?
Im säkularen Bereich ist das so.
Aber die Bibel sagt:
Gott selber führt die Sache
unterdrückter und ausgestoßener Menschen.
Er ist Anwalt und Richter zugleich.
Damit bleibt ein Fehlurteil ausgeschlossen.

Das entbindet uns nicht,
den gerechten Kampf der Menschen in vielen Teilen der Welt
um soziale Gerechtigkeit zu unterstützen,
im Gegenteil,
Christen müssen Partei ergreifen
für die Ausgestoßenen und Unterdrückten,
Christen müssen Anwälte derer sein, die benachteiligt sind
und in Armut gehalten werden.

Weil der Herr selbst ihre Sache führt.

Überdies wird man dadurch nicht besser, daß man seine Fehler verbirgt; vielmehr gewinnt unser moralischer Wert durch Aufrichtigkeit, mit welcher wir die Fehler eingestehen.
Georg Christoph Lichtenberg

Für eigene Fehler sind wir Maulwürfe, für fremde Luchse.
Sprichwort

Viele Leute glauben, wenn sie einen Fehler erst eingestanden haben, brauchen sie ihn nicht mehr abzulegen.
Marie von Ebner-Eschenbach

Ein angewöhnter Fehler gleicht einer Fliege. Du jagst sie hundertmal in Zwischenräume hinweg, und dennoch kehrt sie immer wieder und plagt dich immer ärger. *Leopold Schefler*

Wer kann merken, wie oft er Fehler macht? Verzeihe mir die verborgenen Fehler! Psalm 19,13

Fehler zeigen einen Mangel an.
Irgend etwas fehlt irgendwo,
Taktgefühl,
Toleranz,
Ausdauer.
Wir können selbst daran schuld sein,
oder andere haben uns dazu gebracht.
Wo Mangel ist, da ist eine Lücke.
Ein Fehler, den man erkennt, ist schon halb gebessert!
Die andere Hälfte gelingt mit viel Bemühen und gutem Willen.

August

August **1**

Hütet euch davor, die einfachen Menschen in der Gemeinde überheblich zu behandeln. Matthäus 18,10

Oft gilt noch immer der Titel eines Menschen,
auch in der christlichen Gemeinde, mehr
als der Mensch selbst.
Doktoren und Räte
scheinen mehr zu zählen
als der schlichte Name,
der einfache Mensch,
Christ XY.
Überheblichkeit nennt sich das Übel!
Die kleinen Leute werden von oben herab behandelt,
so, als wären sie weniger wertvoll,
als müsse man sich mit ihnen nicht sonderlich abgeben,
weil weder ihre Bildung
noch ihr Ansehen
angeblich von Bedeutung sind.
Zum Teufel mit solcher Arroganz!
Die einfachen Leute sind oft glaubwürdiger,
sie leben meistens so, wie sie reden,
sie sind weniger verdorben durch Ehrgeiz
und Karrieredenken.

Es gibt soviel Überheblichkeit
auch in der Gemeinde Jesu, leider;
Menschen, die sich für perfekt halten,
theologische Spezies,
synodale Experten,
und das Denken von oben nach unten blüht und gedeiht,
obwohl es nicht sein soll,
obwohl es den Menschen nur verdirbt.
Nichts gegen Fachkenntnis und Begabung,
aber alles gegen Hochmut und Angabe.
Weil vor Gott alle Menschen gleich sind,
zählt da kein Titel.

Jesus sagte zu dem Gelähmten:
»Hab keine Angst!
Deine Schuld ist dir vergeben.«
Matthäus 9,2

Schuld und Angst,
sie sind wie ein Stahlband,
das sich um unsere Seele schnürt.
Vorwürfe machen krank.
Das Gewissen ist belastet,
und Schlaflosigkeit stellt sich ein.
Die bohrenden Fragen machen Angst:
Warum konnte ich das Schreckliche nicht aufhalten?
Wie nun, wenn alles zusammenbricht?
Wer hilft mir dann?

Vielleicht ist es ein Verkehrsunfall gewesen.
Vielleicht ein paar Sekunden Unachtsamkeit.
Oder eine Krankheit.
Vielleicht bist du zu spät zum Arzt gegangen.
Nun kann es zu spät sein, wird behauptet.
Ganz tief in dir drinnen sagt eine Stimme:
»Es geht aufs Ende zu!«
Vielleicht sind es böse Worte gewesen,
sie brachten einen anderen zum Selbstmord.
Vielleicht der kleine Buschkrieg ums Rechthaben.
Es besteht ein Zusammenhang zwischen Schuld
und seelischer Zerissenheit,
das sagen uns die Ärzte.

Jesus spricht dich an.
Er sagt dir in solcher Situation:
»Hab keine Angst!
Fasse Vertrauen zu mir.
Ich entbinde dich von deiner Schuld!«

Glaube daran.
Denn wenn du solche Zusage für wahrhaftig hältst,
wird sich dein gegenwärtiges Leben zum Guten verändern.

August **3**

Jetzt gehört die
Herrschaft über die Erde unserem Gott.
Offenbarung 11,15

Jetzt?
Ich sehe wenig davon!
Heute schon besitzt Gott alle Macht?
Ich merke das kaum.

Ja, von den mörderischen Kriegen höre ich,
von Betrug und Gemeinheiten,
ich höre, wie Menschen
weinen und schimpfen,
verzweifelt sind –
und ich spüre in mir
die bösen Gedanken, die auf nichts Gutes sinnen.

Jetzt.
Das ist keine Halluzination.
Seit Jesu Erdentagen wird es sichtbar.
Du siehst es dort,
wo sich Menschen versöhnen,
wo das Schwache gepflegt wird,
wo der Mensch nicht,
ohne Rücksicht auf Verluste,
auf sein Recht pocht,
wo der Mensch Mensch sein darf,
mit seinen Tränen,
mit seinem Lachen,
als Person.

Jetzt.
Das ist aber auch Zukunft.
Das ist Vision und Hoffnung.
Das malt ein Bild davon, wie es sein wird.

Herr, wenn ich nur dabeisein darf!

Mutti, haben Läuse Läuse?
Sind im Flugzeug auch die Mäuse?
Schlafen nachts die Engel immer?
Hat der liebe Gott ein Zimmer?
Brennt im Himmel abends Licht?
Siehste, Mutti, weißt du nicht!

Mutti, gibt es große Zwerge?
Wieviel kosten hundert Berge?
Können Fische gar nicht lesen?
Wer ist Decimus gewesen?
Was ist, wenn der Uhu bricht?
Siehste, Mutti, weißt du nicht!

Mutti, ich hab soviel Fragen:
Muß Knecht Ruprecht Vollbart tragen?
Wieviel Stacheln hat der Igel?
Und das Kirchdach wieviel Ziegel?
Ob Sankt Peter englisch spricht?
Siehste, Mutti, weißt du nicht!

Wer sich des Fragens schämt, der schämt sich des Lernens. Christoph Lehmann

Fragen kostet nichts. Sprichwort

Wenn du eine weise Antwort verlangst,
mußt du vernünftig fragen.
Johann Wolfgang von Goethe

August **5**

Hütet euch, daß sich euer Herz nicht betören läßt und ihr abfallt und dient anderen Göttern.
5. Mose 11,16

Um mich wird geworben.
Die Angebote sind reichhaltig –
für die Gesundheit,
für das häusliche Glück,
für Beruf und Erfolg.

Um mich wird geworben.
Um meine Stimme,
um meine Zuneigung,
um meine Meinung.
Manche behaupten, sie wüßten, was mir fehlt.
Manche behaupten, sie hätten das richtige Mittel für mich.
Andere kommen mir
mit ihren großen und kleinen Versprechungen.

Da muß ich aufpassen.
Da brauche ich nüchternen Verstand.
Ich muß lernen, das Wesentliche vom Unwesentlichen
zu unterscheiden,
damit ich standhaft bleibe
und nicht auf Irrwege gelockt werde,
damit ich nicht Schätze sammle,
die doch bloß von Rost und Motten gefressen werden.
Man kann dabei seine Seele verlieren.

Herr, mache diese Welt ehrlicher,
und wehre denen, die zum Bösen verführen,
die nur in ihre eigene Tasche arbeiten.
Das zu verhindern liegt auch bei mir –
und in mir.

Der Fremdling soll bei euch
wohnen wie ein Einheimischer.
3. Mose 19,34

Eine schöne Regel der Gastfreundschaft!
In den Zelten der Nomaden bestimmt kein Problem.
Im Gehöft der Großfamilie wohl möglich.
Aber in unseren Neubauwohnungen?
Und –
wollen wir nicht alle hinter der Türschwelle ungestört sein?
Da beginnt die absolute Privatzone.

Ich habe Menschen kennengelernt,
die hatten immer Gäste bei sich,
die Wohnung ein bißchen wie ein Taubenschlag,
der eine gab dem anderen die Türklinke in die Hand.
Und alles nicht sehr aufgeräumt,
das schien ihnen nicht so wesentlich.
Dafür konnten diese Menschen feiern!
Ich hatte oft den Eindruck,
sie halten ihr Haus offen
und werden dabei nicht ärmer, sondern reicher.

Ich habe Menschen kennengelernt,
denen fremd nicht gleich feind war
oder aus der Art geschlagen.
Es sind Menschen, die Achtung vor anderen haben,
denen ein anderer Lebensstil,
eine andere Hautfarbe,
eine andere Denkart interessant erscheinen.
Wenn es viele solche Menschen gäbe,
stünden weniger draußen vor den Türen,
und das Fremde würde bereichern,
den Horizont weiten,
uns alle weniger beunruhigen.

Herr, mache mich frei von Vorurteilen
und offen für den anderen.

Ein Unglück kommt selten allein.
Sprichwort

Wenn die Katze Unglück haben soll,
bleibt ihr die Maus im Halse stecken.
Lettisches Sprichwort

Im Unglück finden wir meistens die Ruhe wieder, die uns durch die Furcht vor dem Unglück geraubt wurde.
Marie von Ebner-Eschenbach

Nur nicht verzagt im Unglück! – Wenn Gott einen Baum umhauen läßt, so sorgt er schon dafür, daß seine Vögel auf einem anderen nisten können. Johann Kaspar Lavater

Das Unglück ist ein gewaltiger Schullehrer, wie mancher arme Tropf weiß, vor dessen gefürchtetem Stuhle er seine Lektion hergewinselt hat. William Makepeace Thackeray

Es kommt alles von Gott: Glück und Unglück,
Leben und Tod, Armut und Reichtum.
Jesus Sirach 11,14

Wenn wir unglücklich sind, so vergessen wir beinahe aller Glückseligkeit, die wir genossen haben und wahrscheinlich zukünftig noch genießen werden.
Friedrich Gottlieb Klopstock

Und wenn ich schon im finstern Tal wanderte,
fürchte ich kein Unglück; denn du bist bei mir.
Psalm 23,4

Gott, hab Erbarmen mit mir,
ich bin ein sündiger Mensch!
Lukas 18,13

Das ist doch endlich einmal ein Geständnis,
denn wer schon sagt von sich:
»Ich bin ein schlechter Mensch!«
Wir halten alle unsere Vorzüge parat,
unsere wunderbaren, großartigen Eigenschaften,
weil wir eben im Grunde genommen
doch ganz ansehnliche Leute sind,
Leute, die sich sehen lassen können,
Leute, die etwas darstellen.

Das ist doch endlich einmal die Wahrheit:
Ich bin nicht so makellos,
wie ich gern vorweisen möchte.
Vor Gott kann ich es nicht verbergen:
Meine Gedanken sind vom Egoismus vergiftet,
und der Schritt zum Bösen
gleicht einem Katzensprung.
Ich kann mit mir keinen Staat machen.

Einsicht ist der erste Weg zur Besserung!
Aber darum geht es nicht in erster Linie,
weil Gott das Einsehen haben muß,
die große Nachsicht mit mir,
die Geduld.
Gott mag nicht die Menschen, die keine Fehler machen,
sondern die ihre Fehler einsehen und bereuen,
nicht nur ein bißchen,
die sie bekämpfen und abzustellen versuchen.
Und die auf sein Erbarmen hoffen.
Denn ein sündiger Mensch braucht Gottes ganze
Barmherzigkeit.

Wie du.
Wie ich.

August **9** *Nur Stille und Vertrauen verleihen euch Kraft.* *Jesaja 30,15*

Ich habe das Trompetenkonzert gehört –
herrlich,
ein Stück Himmel.
Der weiche, gebundene Klang,
der stählerne Ton,
ich spürte majestätische Ruhe
und gewann wieder neuen Mut,
ich fühlte die Kraft zum Weitermachen.

Wir brauchen solche Zeiten,
in denen wir auftanken und uns hingeben.
Wir müssen uns bewußtmachen, was wir eigentlich wollen,
wir überlegen, was unnötig ist,
was zu den alten Akten gehört,
oder in den Ofen.
Wer ausgeruht ist, der stolpert nicht über seine eigenen Füße,
wer Stille gefunden hat, sieht die Welt mit anderen Augen.

Ich habe das Trompetenkonzert gehört –
und mir eine Kerze dabei angezündet.
Die Zeit zerann mir nicht wie Sand zwischen den Fingern,
sie schien stillzustehen,
und ein Lächeln kam über mich.
Mir war,
als habe mich Gottes kleiner Finger berührt.

Einkehr und Ruhe können retten.

Was erwartest du vom Leben?
Zuviel?
Jagst du nach dem ganzen Einsatz?
Oder gibst du dich mit den kleinen Freuden zufrieden?

Ich jedenfalls erwarte eine Menge vom Leben.
Ich will mich nicht abfinden mit Mittelmäßigkeiten,
mit Ersatzlösungen.
Ich suche auch ein Stückchen Abenteuer.
Wer nichts wagt, der erlebt auch nichts!

Wartehalle Leben.
Manche sitzen darin und tun nichts.
Andere blättern in den Kursbüchern
und suchen aufgeregt nach Abfahrtszeiten.
Wieder andere beginnen sich einzurichten, als käme nie ein Zug.
Die meisten warten ruhig auf die Lautsprecherdurchsage
und gehen dann los –
dem Ziel entgegen.
Wartehalle Leben.
Manche wollen nichts verpassen,
sie sind deshalb ganz unruhig.
Andern sind die Anschlüsse vertraut,
sie denken mehr an die Zeit nach der Ankunft.

Herr, ich warte auf dein Heil!
Ich bin auch so aufgeregt,
und ich weiß,
du kannst mich bewegen und anhalten,
du sagst, wann ich losziehen soll.
Herr, du bist mein Heil!

August **11**

Wir sehen jetzt nur ein Bild
wie in einem Spiegel
und können es nicht deutlich
erkennen. *1. Korinther 13,12*

Ich sehe noch nicht klar.
Ich weiß noch nicht alles.
Nicht einmal, wieviel oder wie wenig ich weiß, weiß ich.
Ich muß mich mit Bruchstücken begnügen.
Weil ich doch nicht alles wissen kann.

Es gibt viel Wunderliches.
Einer träumt, und dann geschieht es.
Ärzte geben auf, und doch wird der Patient gesund.
Ein Kind wird geboren und stirbt nach Stunden.
Ich begreife nicht.
Ich stehe hilflos da.

Es gibt viel Schlimmes und Gemeines.
Unsinnige Kriege, in denen Menschen sterben.
Familienstreitigkeiten ohne triftigen Grund.
Prahlerei und Überheblichkeit.
Betrug und Selbstbetrug.

Einmal werde ich alles wissen.
Auch, was mir so rätselhaft bleibt.
Sogar, was nach dem Tod geschieht.
Dann werde ich Gott sehen.
So wie er mich heute schon kennt.
Einmal werde ich klarsehen.
Warum mein Leben so und nicht anders verlaufen ist.
Warum mir dieser und kein anderer Mensch gegeben wurde.
Warum ich leiden mußte.
Warum mir Gott half, die Prüfung zu bestehen.

Bis dahin gehe ich meinen Weg.
Dankbar.
Auch wenn ich nur Bruchstücke kenne.
Auch wenn ich nur ein Bild wie in einem Spiegel habe.

Der Wunsch, Gutes zu tun, ist ein kühner, stolzer Wunsch;
man muß schon sehr dankbar sein,
wenn einem ein kleiner Teil davon gewährt wird.
Johann Wolfgang von Goethe

Für was du Gutes hier getan,
nimm keinen Lohn von Menschen an.
Matthias Claudius

Wenn ich je eine Predigt drucken lasse,
so ist es über das Vermögen, Gutes zu tun,
das jeder besitzt.
Georg Christoph Lichtenberg

Begreifst du aber,
wieviel andächtig schwärmen
leichter als gut handeln ist?
Gotthold Ephraim Lessing

Euch allen aber sage ich: Werdet nicht müde, das Gute zu tun. 2. Thessalonicher 3,13

Der Katechet erklärt den Kindern:
»Wir sind auf der Welt, um anderen Gutes zu tun!«
Darauf fragt Tobias treuherzig:
»Und wozu sind die anderen da?«

Wer sich vornimmt, Gutes zu wirken, darf nicht erwarten, daß die Menschen ihm deswegen Steine aus dem Weg räumen, sondern muß auf das Schicksalhafte gefaßt sein, daß sie ihm welche daraufrollen. Albert Schweitzer

August **13**

Niemand liebt mehr als der, der sein Leben für seine Freunde opfert. Johannes 15,13

Wir kennen die Größe der Mutterliebe,
um des Kindes willen opfert sie sich auf,
gibt sich dran,
will das Beste,
manchmal so sehr,
daß diese Liebe fast erdrückt.
Wir kennen die Liebe der Eheleute,
sie wollen einander anerkennen,
sich gegenseitig helfen und fördern
und nahe sein.
Wir kennen die Liebe in den Gemeinschaften,
die Liebe, die sich im Glauben verbunden weiß
und die eine gemeinsame Aufgabe bewältigen will.

Mehr oder weniger lieben,
stärker oder schwächer empfinden,
beides ist da –
randvoll gefüllte Zeiten,
und die mageren,
wo nur das eigene bestimmt
und der Blick für den anderen fehlt.

Aber niemand liebt mehr als der, der sein Leben
für seine Freunde opfert, sagt Jesus.
Niemand liebt mehr als der,
der auf sich verzichtet,
der hingibt.
Es ist, als würde gleichsam der Bogen überspannt.

Ich denke,
Jesus spricht von sich.
Ich weiß,
er hat dieses Opfer gebracht.
Und wenn mich ein Hauch davon erreicht,
will ich nicht zögern anzunehmen.

Laß doch die Toten ihre Toten
begraben! Du aber geh
und verkünde, daß Gott
jetzt seine Herrschaft
aufrichten will. Lukas 9,60

Ist das nicht pietätlos?
Und außerdem gar nicht machbar.
Denn wie sollen Tote Tote begraben?

Jesus meint damit folgendes:
Es gibt Lebende, die wirken wie tot,
Menschen, die alle Zukunft verleugnen,
die keine Veränderung erhoffen und zulassen,
junge lebende Leichname, die resignieren.
Jesus will solche Menschen nicht.
Er will Menschen, die auf etwas zu leben,
Menschen mit Hoffnung im Herzen.
Jesus will keine Friedhofsstimmung –
für die sorgen die Toten ohne Zutun.

Darum,
wenn du mit der Zukunft in Jesus rechnest,
mit der Veränderbarkeit der Welt,
dann geh und sage den Leuten,
daß Gott jetzt seine Herrschaft aufrichten will
und die Wende vom Tod zum Leben sichtbar wird.
Alles andere ist unwichtig.

Ich höre Jesu Ruf.
Er will meinen Aufbruch,
nicht mein Verweilen und Festhalten.

Sich besinnen tut not. Wir werden solche Zeiten finden müssen, in denen wir über uns nachdenken.
Wer bin ich? Wo stehe ich? Was will ich? Wie soll es weitergehen? – das sind Fragen, denen nachzugehen lohnt, die zur Besinnung führen können, zur Konzentration, zur Meditation.

Ich habe es schon öfter gesagt: die ein gutes Leben beginnen wollen, die sollen es machen wie einer, der einen Kreis zieht. Hat er den Mittelpunkt des Kreises richtig angesetzt und steht der fest, so wird die Kreislinie gut. Das soll heißen: Der Mensch lerne zuerst, daß sein Herz fest bleibe in Gott, so wird er auch beständig werden in allen seinen Werken. *Meister Eckhart*

Vorm Beginnen
sich besinnen
macht gewinnen.
Sprichwort

Wenn der Mensch das Stillesein, das Betrachten und Beschauen und damit das Wundern, Danken und vor allem das Beten völlig verlernt hat, werden seine höheren Kräfte verkümmern und seine Flügel lahm. *John Henry Newman*

Ich kam, weiß nicht woher.
Ich bin, und weiß nicht wer.
Ich leb', weiß nicht wie lang.
Ich sterb', und weiß nicht wann.
Ich fahr', weiß nicht wohin.
Mich wunderts, daß ich so fröhlich bin.
Volksweisheit

Du hast mein Leben aus dem Verderben geführt, Herr, mein Gott! Jona 2,7

16 August

Aus einer ausweglosen Situation herauszufinden,
das gelingt im Alleingang selten,
noch dazu, wenn jemand so sehr in der Klemme sitzt,
daß jede Aussicht auf Befreiung schwindet.

Jona, so wird erzählt, befand sich in solch auswegloser Lage:
Zuerst, als er von Gott weglaufen wollte,
geriet das Schiff in Seenot,
ein Sturm kam auf und schüttelte alles durcheinander;
da warfen ihn die Matrosen ins Meer,
damit der Sturm endlich aufhören sollte.
Jona wurde von einem großen Fisch verschlungen,
er mußte drei Tage in seinem Bauch bleiben,
bis ihn der Fisch an Land spie.

Eine märchenhafte Geschichte, eine Legende,
und die Wahrheit darin sagt:
Du kannst vor Gott nicht davonlaufen,
du gerätst in scheußliche Tiefen,
die öffnet dir niemand,
dann lebst du verschlossen wie in einer Höhle.

Jona wird von Gott herausgeholt,
Gott will, daß er den Auftrag in der Stadt Ninive erfüllt,
dort Umkehr predigt,
damit die Menschen endlich zur Vernunft kommen.
Gott holt aus den Tiefen heraus,
wenn du gehorsam bist.
Die Freude über die gewonnene Freiheit ist dann groß,
denn der einzige Ausweg in auswegloser Lage
ist der Weg zurück zu Gott.

Wann habe ich das schon einmal erfahren?
Und wie verhielt ich mich danach?

August **17**

Jeder soll aufhören,
Unrecht zu tun, und ein neues
Leben anfangen. Jona 3,8

Ein Prophet steht vor einer Stadt,
einer allein gegen alle,
mit einer schrecklichen Androhung steht er da:
»Noch vierzig Tage,
und Ninive ist ein Trümmerhaufen!«
Wie reagieren die Leute darauf?
Lachen sie ihn aus,
oder gehen sie gleichgültig an ihm vorbei?
Es heißt:
Da faßten die Leute von Ninive den Entschluß,
mit Gott endlich ins reine zu kommen;
niemand durfte essen oder trinken,
jeder sollte Gott um Erbarmen anrufen,
ein neues Leben sollte begonnen werden,
vielleicht ließ sich Gott umstimmen.

Ein Pokerspiel?
Ein Handel zwischen den Menschen und Gott?

Es heißt:
und Gott sah, wie sie sich vom bösen Treiben abwandten.
Da tat es ihm leid, sie zu vernichten, und er führte seine
Drohung nicht aus.

Diese dramatische Erzählung vom Ringen zwischen Gott und
den Menschen in Ninive beeindruckt.
Gott reagiert auf den Wandel in der Gesinnung,
die Leute in Ninive hören auf und fangen neu an,
sie ändern sich.
Darum beeindruckt auch mich diese dramatische Erzählung,
weil ich spüre,
ich bin dabei,
ich muß mit Gott auch ins reine kommen –
und hoffe auf seine Gnade.

Versöhnt euch wieder miteinander, bevor es Abend wird.
Epheser 4,26

18 August

Er spricht mich an und erzählt,
daß er nachts so schlecht schläft,
daß er mit dem Ärger nicht fertig wird,
mit dem Streit,
mit den ständigen Beleidigungen.
Nicht einmal Schlaftabletten schlagen an,
und der vielen Aussprachen sei er müde.

Ich denke:
Meint er seine Ehe?
Oder eines seiner Kinder?
Oder den Kollegen?
Die bösartigen alten Hausnachbarn vielleicht?

Es gibt so viele Schlafstörungen unter uns,
weil der Tag nicht ausgeräumt wird,
weil wir ihn in die Nacht hinein wirken lassen.
Viele Krisen kämen nicht,
würde verziehen und vergeben.
Viele Konflikte würden gelöst,
hörten wir richtig aufeinander.

Er spricht mich an und erzählt,
eine lange Geschichte von einem Menschen in seiner Nähe,
von einem Menschen, der seiner Familie das Leben zur Hölle macht,
der Briefe schreibt
und dauernd mit gerichtlichen Klagen droht.
Kann ich mich da noch versöhnen? fragt er.
Ich antworte zunächst nicht,
ich denke an Friedensverhandlungen in der Welt,
und was es bedeutet,
einander die Hand zu reichen,
Schritte aufeinander zu zu wagen –
damit wir ruhig schlafen können.

Und dann ist die Zeit ein wunderlich Ding.
Sie ist ein Tyrann, der seine Launen hat,
und der zu dem, was einer sagt und tut,
in jedem Jahrhundert ein anderes Gesicht macht.
Johann Peter Eckermann

Die Zeit ist eine mächtige Meisterin; sie bringt vieles in Ordnung. Pierre Corneille Sertorius

Die Zeit ist neuigkeitenschwanger; stündlich gebiert sie eine. William Shakespeare

Die Leute sagen immer,
die Zeiten werden schlimmer!
Die Zeiten bleiben immer,
die Menschen werden schlimmer!
Hausspruch in Franken

Zeit macht aus einem Gerstenkorn eine Kanne Bier.
Sprichwort

Kommt Zeit, kommt Rat. Sprichwort

Ein Pfarrer unterbricht sich mitten in seiner langen Predigt:
»Es ist mir unangenehm, daß ich so lange gesprochen habe, aber ich habe keine Uhr bei mir!«
»Das macht nichts«, ruft einer aus der Gemeinde, »in der Sakristei hängt ein Kalender!«

Alles hat seine Zeit! – Ein Spruch, dessen Bedeutung man bei längerem Leben immer mehr anerkennen lernt; diesem nach gibt es eine Zeit zu schweigen, und eine andere zu sprechen. Johann Wolfgang von Goethe

Du fühlst dich unsicher,
du bist unruhig
und fragst nach dem Sinn der Stunden.
Niemand kümmert sich um dich, meinst du.
Du merkst, du trittst auf der Stelle,
du siehst keinerlei Erfolg
und wirst älter und älter.
Der Tag beginnt mit Ruhelosigkeit,
mit dem Gefühl der Bedrückung,
kein gutes Gefühl,
keine positive Analyse.

Etwas ähnlich Belastendes erfahren Menschen, die unter einer Schuld leiden. Da ist eine Ehe auseinandergegangen; die Kinder wurden von einem Elternteil getrennt und sind die Leidtragenden. Oder das versöhnende Gespräch zwischen verfeindeten Nachbarn blieb aus, und der Tod zerschnitt endgültig jede Möglichkeit dazu. Und – die Alten, die die Jungen nicht mehr verstehen und an ihnen herumnörgeln, und die Jungen, die die Alten übersehen, als wären sie schon nicht mehr da. Schuld.
Schuld macht unsicher und unruhig.
Schuld belastet so sehr, daß das Körpergewicht abnimmt.

Gott spricht:
Mein Kind, warum streckst du die Hand nicht nach mir aus?
Hier ist Gnade.
Bei mir sollst du Vergebung erfahren.
Ich bestätige dich, vor mir bist du wertvoll.
Glaube mir und nimm dein Leben wieder an.
Stehe fest.

August **21**

Wer mit mir kommen will, der darf nicht mehr an sich selbst denken. Er muß Tag für Tag sein Kreuz auf sich nehmen.
Lukas 9,23

Das ist der tägliche Kampf in uns:
sich selbst verwirklichen wollen, die Möglichkeit zur eigenen Entfaltung wahrnehmen – und dabei gegen die Mitmenschen selbstsüchtig die Ellenbogen gebrauchen.
Das ist der tägliche Kampf in uns:
Einfluß haben, sich Vorteile verschaffen können, am Ball sein – und doch davon wirklich nichts ausspielen. Wirklich nichts!

Wer Jesus nachfolgen will, der hat täglich Anteil an seinem Leidensweg.
Leiden heißt nicht, sich nur ducken,
alles über sich ergehen lassen,
dulden;
leiden verlangt Kraft, vielleicht sogar den Willen, Schmerzen anzunehmen und auszuhalten, vielleicht auch den Mut, dagegen zu kämpfen.

Ich denke manchmal:
Wir Christen in den traditionellen Kirchen sind noch viel zu stark auf uns bezogen, wir sind so sehr mit uns beschäftigt, daß wir gar nicht merken, wie bedrückend sich Jesu Leidensweg in den Ländern nachvollzieht, in denen Ausbeutung und Menschenverachtung Millionen Menschen kreuzigt.
Wer mit mir kommen will, sagt Jesus, der muß die Augen offen haben, der muß sehen, wie elend Lazarus vor der Tür liegt.

Ich denke manchmal:
Die kleinen Wehwehchen sind doch ein Kreuz, das zu tragen ist – und du nimmst sie oft so wichtig. Und genaugenommen denke ich oft genug Tag für Tag an mich, nur an mich.

Ich meine, Herr, du mußt mir helfen,
daß ich Tag für Tag nicht nur an mich selbst denke,
sondern wirklich das Kreuz trage.

Ich hoffe und erwarte
voll Zuversicht, daß Gott
mich nicht versagen läßt.
Philipper 1,20

Nicht nur versagen!
Davor haben wir Angst.
Ganz schlimm, wenn gesagt wird: »Der ist ein Versager!«
Versagen heißt enttäuschen.
Und das wollen wir nicht.
Wir wollen durchhalten:
im Examen,
in einer Freundschaft,
nach einer erschreckenden Nachricht,
in Krankheitstagen.
Die Motive, nicht versagen zu wollen, sind verschieden:
weil die anderen sonst an mir zweifeln,
weil sie nicht damit rechnen, daß ich schlappmache,
weil mein eigenes Selbstwertgefühl sonst erheblich
angeschlagen würde,
weil sonst alles vergeblich gewesen wäre,
weil ich von vorn beginnen müßte,
weil seelisch so vieles dabei kaputtgeht.
Warum eigentlich diese Angst?

Gibt es auch im Glauben Versagen?
Etwa:
nicht mehr den Verheißungen Gottes glauben,
im Leiden keinen Sinn mehr sehen können,
nicht mehr mit Gottes Hilfe rechnen wollen.
Es gehört mehr als Optimismus dazu,
in den Augenblicken der Verlassenheit zu bestehen.
Man möchte gern eine gute Figur machen.
Christen dürfen sich doch nicht blamieren.
Oder?

Vor dir, Herr, muß ich nicht tun als ob,
du nimmst mich an, wie ich bin,
auch wenn ich versage.

Die schön geboren wird, wird verheiratet geboren.
Toskanisches Sprichwort

Bewahre dir überhaupt nur ein reges, kritisches Gefühl für das Schöne, so versiegen deine Quellen des Vergnügens nie.
Friedrich Schiller

Wer zwischen Geist und Schönheit wählen kann,
muß zur Dame die Schöne,
zum Weib die Kluge wählen.
Pedro Calderón de la Barca

Schönheit und Verstand
sind selten verwandt.

Schönheit zieht mehr als Ochsen.

Schönheit ohne Güte ist ein Haus ohne Tür, ein Schiff ohne Wind, eine Quelle ohne Wasser. *Sprichwörter*

Schönheit ist wie eine Rente;
wenn die Schönheit stirbt,
so hört die Zahlung auf,
und sie stirbt immer jung.
August Kotzebue

Alle die Schönheit
Himmels und der Erden
ist verfaßt in dir allein.
Nichts soll mir werden
lieber auf Erden
als du, der schönste Jesu mein.
Münster um 1670

Man ist jung, solange man sich für das Schöne begeistern kann. Jean Paul

Es ist alles ganz eitel,
sprach der Prediger,
es ist alles ganz eitel.
Prediger 1,2

Wie niederdrückend,
so die Welt zu sehen.
Wo nichts ist, da ist auch kein Sinn.
Aber was wäre das für ein Leben!

Deprimierend,
so die Tage und Jahre vor sich zu sehen,
wo alles umsonst ist.
Da bleibt nur der Tod.

Der Prediger, der so redet,
strahlt nichts Positives aus.
Ich habe Lust, dieses Buch der Bibel zuzuschlagen.
Andererseits könnte diese Predigt wichtig für mich sein:
Was ich für wertvoll halte, gerät ins Schwanken,
meine Maßstäbe verlieren an Bedeutung,
ich werde gefragt, ob ich vielleicht wie ein Narr lebe.
Immer noch voller Hoffnung auf Trugbilder.
Nicht zersetzend,
nicht selbstzerstörerisch,
sondern ruhig und gelassen heißt es:
Ich befinde mich nicht im Paradies,
der Garten Eden ist lange geschlossen,
und mein Leben bleibt nun einmal unvollkommen.
Was hat schon Bestand?
Alles ist eitel,
Einbildung,
ganz nichtig.
Spätestens der Tod macht einen Strich durch die Rechnung.

Solche Gedanken kenne ich.
Trotzdem, ich bin froh, daß ich weiß:
Jesus ist gekommen, der Christus.
Er hat den Tod besiegt und ein sinnvolles Leben zugesagt.

August **25**

Ich bin der Weinstock,
und ihr seid die Reben.
Johannes 15,5

Ein Vergleich nur?
Und nur dem verständlich, der etwas vom Weinbau versteht?

Die Beziehung zu Jesus ist gemeint,
das Verhältnis derer, die zu ihm gehören wollen.
Jesus sagt: Ich bin der wahre Weinstock,
und mein Vater ist der Weinbauer.
Er, Gott, entfernt jede Rebe, die keine Frucht bringt.
Die fruchttragenden Reben jedoch reinigt er,
damit sie mehr Frucht bringen.
Jesus sagt: Ich bin der Weinstock,
und ihr seid die Reben.
Wer nicht mit mir vereint bleibt,
der wird wie eine abgeschnittene Rebe fortgeworfen
und vertrocknet.
Solche Reben, ohne Trauben, werden gesammelt
und ins Feuer geworfen, wo sie verbrennen.

Ich denke, du verstehst:
So eng bist du mit Jesus verbunden,
so nahe ist er dir und du ihm,
alles in einer Wechselbeziehung,
wo Kraft strömt und Leben sichtbar wird,
wo eine Vereinigung stattfindet,
eine feste Bindung.

Ein Vergleich nur?
Mehr als das.
Damit wir erkennen:
Die Gemeinschaft mit Jesus vollzieht sich konkret,
und nur aus ihr heraus wächst bei mir Frucht,
die auch für andere wertvoll ist.
Zu solcher Gemeinschaft sind wir berufen.

Denn Geldgier
ist eine Wurzel alles Bösen.
1. Timotheus 6,10

»Geld macht nicht glücklich, aber es beruhigt!«
Das mag richtig sein.
Etwas anderes ist jedoch auch wahr:
Wieviel Unglück kommt durch Geld zustande!
Nicht nur Märchen erzählen von hartherzigen Menschen, die Geld zusammenraffen und dabei das menschliche Gesicht verlieren.
Und –
wieviel Streit entsteht bei der Aufteilung von Erbschaften!
Weil jeder das beste und größte Stück vom Kuchen haben möchte.
Der Neid steht dann ganz dicht daneben, wenn Rechte angemeldet werden.

Nichts gegen das Sparen.
Der Notpfennig in Urgroßmutters Zeiten hatte seinen Sinn.
Wer spart, will später darauf zurückgreifen können.
Das muß nicht ängstliches Absichern bedeuten.
Heutzutage wird zielstrebig gespart:
für ein Möbelstück, für eine Reise, für ein Fahrzeug.
Das hat seinen Sinn.

Geldgier ist etwas anderes.
Im Kopf nichts anderes als der Gedanke, noch mehr zu verdienen, herauszuschlagen, aufzubringen, lockerzumachen.
Der Schritt zum Betrug ist nicht weit,
weil jede Sucht jede Möglichkeit sucht.

Doch wir haben nichts in diese Welt mitgebracht,
Wir werden auch nichts aus ihr mitnehmen.
Ich rede nicht der Verschwendungssucht und dem Leichtsinn das Wort.
Ich meine: Woran du dein Herz hängst, das ist dein Gott.
Und wenn es das Geld wäre?
Zufriedenheit ist mehr als Geld.

Verlier lieber dein Geld
um deines Bruders und Freundes willen,
und vergrabe es nicht unter einem Stein.
Jesus Sirach 29,13

Drei sind der Wege des Geldes:
verlieren, genießen und spenden;
wer nicht genießt oder gibt,
würdig ist er,
daß er verliert.
Peter von Bohlen

Was, wenn ich's habe, mir so überflüssig,
und ich hab's nicht, so unentbehrlich scheint ...
das leidige, verwünschte Geld.
Gotthold Ephraim Lessing

Und all das Geld und all das Gut gewährt zwar viele Sachen;
Gesundheit, Schlaf und guten Mut kann's aber doch nicht machen. Matthias Claudius

Er sagt ihr nicht, wieviel Geld er im Beutel hat, aber sie weiß es. Russische Weisheit

Sprichworte:
Man darf das Geld nicht zum Fenster hinauswerfen.

Wer Geld hat, findet rasch Freunde.

Viel Geld, große Sünde; aber wenig Geld, noch größere.

Bei Geldsachen hört die Gemütlichkeit auf.

Geld ist weder bös' noch gut,
es liegt an dem, der's brauchen tut.

Jesus sagte zu ihm:
»Komm mit mir!« Und Matthäus
stand auf und folgte ihm.
Matthäus 9,9

Matthäus wartet im Zollhaus.
Er sitzt und wartet,
er wartet und lauert,
er nimmt die Leute aus,
wo er kann.
Leute, die an ihm vorbei wollen,
müssen ihre Taschen und Koffer öffnen
und prüfen lassen,
denn es gibt Gesetze,
die beachtet werden müssen.
Schmuggeln und Schummeln ist verboten;
wenn einer dabei erwischt wird, ist er übel dran.
Der Zöllner Matthäus läßt nicht mit sich handeln.

Jesus begegnet diesem Matthäus.
Nichts von Vorwürfen ist zu hören,
keine peinliche Visitation geschieht.
»Komm mit mir!« sagt Jesus.
Das heißt:
Gib die Stelle hier auf!
Laß deine Lieblingsbeschäftigung liegen,
deine Art, Geschäfte zu machen, unterlaß,
fang mit mir neu an!
Und Matthäus stand auf und folgte ihm.
Das heißt:
Er gibt die sichere Existenz auf,
eine ungewisse Zukunft liegt jetzt vor ihm,
das Wagnis ist groß.

Jesus ruft Menschen.
Die Herkunft spielt keine Rolle.
Das Ansehen ist völlig ohne Bedeutung.
Eine Tauglichkeitsprüfung gibt es nicht.
Jesus entscheidet –
und Gehorsam sollte unsere Antwort sein.

August **29**

Er behütete sein Volk wie seinen Augapfel.
5. Mose 32,10

In der Bibel wird oft davon gesprochen,
daß Gott sein Volk bestraft,
weil es ihm ungehorsam wurde
und anderen Autoritäten nachlief.
Aber viel öfter ist davon die Rede,
daß Gott sein Volk beschützt und behütet.
Über viele Jahrhunderte hinweg bezog sich diese
Schutzerklärung auf das alte Israel,
das Volk Abrahams, Isaaks und Jakobs.
Diesem Volk galt Gottes besondere Zuwendung,
und jeder Angriff auf diesen »Augapfel«
endete mit einer schrecklichen Niederlage der Feinde.

Christen haben seit Jesus von Nazareth eine andere Sicht der Verhältnisse bekommen:
Niemand wird länger vorgezogen,
alle Menschen sind gleichwertig vor Gott,
kein Volk besitzt ein höheres Anrecht auf Anerkennung
als die anderen Völker.
Weil das so ist,
darum ist Gottes Volk über die ganze Welt verstreut,
überall leben Gottes Kinder,
überall ruft Jesus sie auf, sich zu ihm zu halten
und die Nachricht weiterzusagen,
daß eine neue Zeit angebrochen ist.

Gott behütet sein Volk wie seinen Augapfel.
Das heißt,
er wird uns in jedem Fall im Blick behalten,
er läßt es nicht zu, daß wir aus dem Sichtkreis geraten.

Ich weiß Herr, du siehst auch mich.

Liebster, ach Liebster,
vergiß nicht die Rosen,
die Rosen von Lidice.
Schön war die Stadt
mit den träumenden Gassen,
Schön war das Land,
das die Lieder hat.

Denk an die Burg und den goldenen Dom,
denk an die Nacht vor dem rauschenden Strom.
Schön war die Stadt
mit den träumenden Gassen,
doch schöner die Rosen von Lidice.

Weißt du, wir standen
am Turm mit der Spieluhr
und schmeckten am Abend den Sommertag.
Wir lagen wach
schön im dämmernden Morgen,
wir hielten still,
und wir dachten nach.

Denk an den Park mit dem schlafenden Kind,
denk an die Wolken, denk an den Wind.
Schön war die Stadt
mit den würdigen Brücken,
doch schöner die Rosen von Lidice.

Liebster, ach Liebster,
vergiß nicht die Rosen,
die Rosen von Lidice.

Zur Erinnerung an den
Rosengarten von Lidice, jenem Ort
in der ČSSR, der 1942 von den
Faschisten völlig zerstört wurde.

Erinnerungen sind der Nachsommer der menschlichen
Seele. Jean Paul

August **31**

Ich will sie durchs Feuer gehen lassen und läutern, wie man Silber läutert, und prüfen, wie man Gold prüft. *Sacharja 13,9*

Wie schreibt das Lexikon:
Silber ist ein regulär kristallisierendes, glänzendweißes, sehr politurfähiges Metall,
Siedepunkt eintausendneunhundertachtzig Grad Celsius.
Gold ist ein Edelmetall von gelber Farbe und schönem Glanz, gesetzliche Grundlage vieler Währungen,
Siedepunkt zweitausendsiebenhundert Grad Celsius.
Nur unter allergrößter Hitze
schmelzen solche Metalle,
lassen sich dann in Formen gießen
oder walzen und glätten.
Oft genug sind Edelmetalle in anderen Gesteinen verborgen,
mit Erz vermengt oder von Kristallen eingeschlossen.
Das Feuer trennt, sondert aus und macht rein.

Läutern, das heißt durchsichtig machen,
von fremdartigen Beimischungen befreien.

Gott sagt von seinem Volk,
daß es so wie Silber und Gold gereinigt und geprüft wird;
er selbst will diesen Prozeß verfolgen,
will Qualität, Echtheit, den puren Wert.
Das mag schmerzhaft klingen,
vielleicht sogar bedrohlich,
wie der Gang durch die Hölle.

Gottes Ziel ist jedoch die Rettung.
Nach dem Läuterungsgericht wird er sagen:
Das ist mein Volk!
Und sein Volk wird antworten:
Herr, unser Gott!

September

Schulanfang.
Ein großer Einschnitt im Leben eines Kindes.
Ein großer Schritt hin zur Selbständigkeit.
Stolz laufen die Abc-Schützen zur Schule hin.
Neue Autoritäten warten.
Eltern werden wehmütig, weil sie abgeben müssen.
Eltern erinnern sich.

Schulanfang.
Nur ein großer Einschnitt im Leben eines Kindes?
Wir sprechen von »der Schule des Lebens«.
Wir sagen: »Jeder muß sein Lehrgeld zahlen.«
Wir lernen also nie aus.
Unser ganzes Leben ist ein Lernprozeß,
aber lernen wir wirklich aus den Erfahrungen?

Schulanfang.
Im Leben ist das so:
Wir fangen öfter von vorn an.
Wir wissen nicht viel und wollen viel wissen.
Wir wollen hinter die Zusammenhänge kommen.
Es gibt auch Bruchrechnungen im Leben.
Damit müssen wir zurechtkommen.
Es gibt verschiedene Lesarten von Leben.
Wir werden unsere überprüfen wollen.

Schulanfang.
Die Zuckertüte versüßt ein wenig den Beginn.

Niemand ist durch alle Schulen durch. *Sprichwort*

Herr,
frühe wollest du meine Stimme hören.
Psalm 5,4

Im allgemeinen sind wir morgens ziemlich wortkarg,
jedenfalls geht mir das so;
wir verständigen uns dann mitunter sehr verkürzt,
mit verstümmelter Sprache, die nur Eingeweihten verständlich ist – Zahnpasta ja, Brötchen hart, anrufen gegen zwölf, bin da, gehe zu Rolli . . ., als ob uns unsere Träume noch gefangenhalten.
Ganz anders ist das in der Ferienzeit, an Urlaubstagen, wenn wir frei sind.
Ich entdecke, daß ich schon am Morgen mitteilungsbedürftig bin,
mir huscht mehr als ein »Guten Morgen« über die Lippen,
ich will den Tag besprechen,
will wissen, was wir vorhaben oder ob wir uns das Ungeplante gönnen.

Herr, frühe wolltest du meine Stimme hören!
Gott will, daß wir auch mit ihm den Tag durchsprechen,
zu ihm beten, mit ihm reden.
Christen sollten eigentlich nicht in den Tag hineinmuffeln.
Da sind ja bestimmt auch Sorgen, die wir haben,
da steht uns eine Püfung bevor,
ein Gespräch, vor dem uns graut,
ein Besuch.
Da sind die schönen Stunden, die auf uns warten,
das Wiedersehen nach langer Zeit,
das Fest, das wir feiern wollen,
der freie Tag.

Herr, vor allem will ich dir danken.
Du hast mir das Leben gegeben.
Ich bin geborgen,
ich kenne Menschen, die mich liebhaben.
Bitten will ich dich für alle, die deine Hilfe suchen.
Höre meine Stimme.

September **3** *Laßt euch nicht durch trügerische Worte irreführen! Epheser 5,6*

Worte können betören,
sie können verwirren
und verführen.
Wir wissen, was Werbung vermag.
Wir erinnern uns an die Propaganda der Faschisten.
Reporter berichten.
Am Stammtisch wird geschwatzt.
Während der Frühstückspause wird geredet.
Worte können so viel ausrichten.

Das verführerische Wort tarnt sich,
es nennt halbe Wahrheiten
und verändert ein bißchen den Akzent.
Das trügerische Wort betrügt,
es arbeitet mit Tricks,
es verspricht den Himmel auf Erden
und kann doch nichts ausrichten;
es behauptet, ohne beweisen zu können.

Auch in Glaubensfragen gilt das:
Worte können betören
und irreführen.
Da behaupten Prediger, den Willen Gottes zu kennen,
und reden den Menschen nur nach dem Munde.
Da sprechen Prediger von ruhigen, friedvollen Zeiten
und verschweigen, wie arg es um das Gottesvolk steht.

Du mußt lernen, die Worte zu prüfen.
Prüfen und dann entscheiden.
So wie nicht alles Gold ist, was glänzt,
so ist nicht alles wahr, was gesagt wird.

Geht nun zu allen Völkern
der Welt und macht
die Menschen zu meinen Jüngern.
Matthäus 28,19

Ein anspruchsvoller Auftrag.
Zum einen: ohne Ausnahme zu allen Völkern,
keines bleibt ausgespart oder wäre zu meiden.
Zum anderen: Alle Menschen sollen Jesu Jünger werden,
so wie sie nun einmal sind und aussehen.
Geht nun,
nachdem ihr von mir wißt:
Ich bin der gekreuzigte und auferstandene Herr.

Erstaunlich, wie direkt und konkret der Auftrag erfolgt:
Nicht erst warten und die Leute kommen lassen,
sondern losgehen,
keine Ecke auslassen,
keinen Winkel meiden,
gehen,
unterwegs sein zu den Menschen.

Warten wir zu oft?
Zögern wir?
Gewiß, Aufdringlichkeit bewirkt das Gegenteil!
Aber, warten wir nicht doch zu oft?
Sollten wir nicht einfach losziehen?

Das Neue Testament nennt beide Strukturen:
die Sammlung der Gemeinde und die Sendung.
Komm! und: Geh!

Heute heißt es:
Sei mein Bote!
Überbringe meine Gute Nachricht.
Fürchte dich dabei nicht.
Ich bin immer bei dir,
auch an diesem Tag.

Es dauert, bis es dazu kommt. Vielleicht gab es zuvor ein langes Zögern, ein Abklopfen der Wände, eine Prüfung des Fundaments oder des Dachstuhls.
Ob Wohnhaus, Pferdestall oder Pfarrscheune, irgendwann fällt die Entscheidung: »Abbruchreif!« Da ist keine Chance mehr, auszubessern, zu renovieren oder abzuwarten. Der Schaden ist zu groß. Eine zerschlagene Fensterscheibe macht es nicht. Ein Loch in der Dachrinne läßt sich reparieren. Selbst das Durchsägen eines Hauses zur Isolierung des Gemäuers läßt sich bewerkstelligen. Doch »abbruchreif« bedeutet das Ende.
Auch in der Kirche wird davon gesprochen. Man überlegt, was zu erhalten ist und was aufgegeben werden muß. Die Sehnsucht nach Bestand tröstet darüber nicht hinweg. Jesus hat in provozierender Weise zu den Juden gesagt, als sie einen Beweis für seine Macht forderten: »Reißt dieses Haus Gottes nieder, und in drei Tagen werde ich es wieder aufbauen!« Sechsundvierzig Jahre wurden für den Tempelbau gebraucht, halten ihm die Juden entgegen, und du willst ihn in drei Tagen errichten?
Die Steine sind es nicht, die Jesus meinte. Er redete von sich. Er hatte sich als Eckstein bezeichnet, er meinte sein Leben, das nach seinem Tod neu erstehen wird.
Abbruchreif. Man wird darüber nachdenken müssen. Nicht resignierend. Nicht ängstlich. Nicht hoffnungslos. Weil ja Neues werden soll.

Am nächsten Morgen, als sie wieder von Bethanien kamen, hatte Jesus Hunger. Da sah er in einiger Entfernung einen schönen Feigenbaum und ging hin, um ein paar Feigen zu pflücken. Aber er fand nichts als Blätter, denn es war nicht die Jahreszeit für Feigen. Da sagte Jesus zu dem Feigenbaum: »Von dir soll nie mehr jemand Feigen essen!« Seine Jünger hörten es. Markus 11,12–14

Säet Gerechtigkeit
und erntet nach dem Maße der Liebe!
Hosea 10,12

Ein vielgebrauchtes Bild, ein Bild zum Nachdenken –
Saat und Ernte,
niemals gleichzeitig
und doch dicht beieinander.

Die Saat:
Sei gerecht zum anderen und nicht korrupt,
setze keine willkürlichen Maßstäbe,
so als gelte bei dem einen dieses
und beim anderen jenes Recht.
Gerecht sein heißt: geradernachen,
ausgleichen,
dem anderen zu seinem Recht verhelfen,
ihm Schutz gewähren, damit er erhält, worauf er Anspruch hat,
ihm geben, was ihm zusteht.

Die Ernte:
Nimm die Liebe zum Maßstab, wenn du sehen willst,
was aus der Saat geworden ist,
erwarte nicht, es könnte da gelten: Wie du mir, so ich dir!
Du wirst vielleicht nicht gerecht behandelt,
du selbst würdest es anders machen, als es mit dir geschieht;
brause nicht auf, gerate nicht in Zorn,
so sehr du im Recht wärest,
versuche zu verstehen und zu entschuldigen.

Es gibt immer dreierlei Gerechtigkeit:
meine Gerechtigkeit,
deine Gerechtigkeit und –
die Gerechtigkeit.
Aber es gibt nur eine Liebe.

September **7** *Gott freut sich, wenn einer gerne gibt.*
2. Korinther 9,7

Ich schenke gern.
Denn da ist immer die Freude dabei.

Schenken und beschenken lassen –
beides will gelernt sein,
denn was nicht von Herzen kommt,
das verliert bald den Wert.
Etwas annehmen und dankbar dafür sein,
das kann nicht jeder.
Annehmen heißt auch Anerkennen.
Ich habe gehört:
Wer nicht gern annimmt, der gibt auch nicht gern.
Wie leicht füllt sich dagegen eine Kinderhand.

Gott freut sich, wenn jemand gerne gibt,
nicht nur von seinem Geld,
auch von seiner Begabung,
von seinem Wissen,
von seiner Kraft,
und eben nicht mürrisch,
sondern so, daß es ihm Spaß macht zu geben.
Wer gerne gibt, der fragt nicht lange.
Und –
mit Geben kann Gutes und Wichtiges vervielfacht werden.

Herr, alles ist dein Geschenk,
laß mich darum weiterschenken, dir zur Freude.

Gib, indem du empfängst, und lerne im Geben empfangen. *Johann Kaspar Lavater*

Das entzückende Gefühl des richtigen Alters ist,
wenn ich den Krempel um mich herum ansehe und mir sagen darf:
Das brauchst du ja nicht mehr!
Wilhelm Raabe

Die Weisheit des Alters – worin besteht sie? Sind die Erfahrungen gemeint, die durch viele Jahrzehnte hindurch gemacht wurden? Oder die Kenntnisse, das Wissen um Zusammenhänge?
Eigentlich sollten jüngere Menschen dankbar sein für den Ratschlag eines älteren. Eigentlich! Denn meistens wollen die jüngeren solche Ratschläge nicht, sie empfinden sie als Bevormundung und Einmischung, sie wollen ihre eigenen Erfahrungen machen.
Die Weisheit des Alters – sie besteht nicht generell. Es gibt ja auch sture, verbissene und verbitterte alte Menschen, die der Jugend nicht die Jugend gönnen. Meistens sind das Menschen, die schon früher mißgünstig und egoistisch gelebt haben.
Vielleicht besteht die Weisheit des Alters gerade darin, das erreichte Alter zu bejahen. Denn die späten Jahre sind auch noch lebenswerte Jahre.

Laßt mich nicht ein alter Polterer werden, der aus Neid die jüngeren Geister ankläfft, oder ein matter Jammermensch, der über die gute, alte Zeit beständig flennt!   Heinrich Heine

Welche Freude, wenn es heißt: Alter, du bist alt an Haaren, blühend ist dein Geist!   Gotthold Ephraim Lessing

Ja, ich will euch tragen bis zum Alter hin.
Und ihr sollt einst sagen, daß ich gnädig bin.
Ihr sollt nicht ergrauen, ohne daß ich's weiß,
müßt dem Vater trauen, Kinder sein als Greis.
Jochen Klepper

September **9** *Hört also auf zu lügen*
und seid ehrlich zueinander.
Epheser 4,25

Lüge zerstört.
Lüge vergiftet.
Wer lügt, der mißtraut dem anderen und sich selbst.
Nicht einmal die Notlüge ändert das.
Auch wenn Lügen anscheinend oft ziemlich lange Beine haben,
auch wenn manche Menschen meinen, ohne Lüge nicht zurechtzukommen.

Die Wahrheit zu sagen, ist jedoch nicht einfach.
Denn die Wahrheit ist in den verschiedenen Situationen
eine unterschiedliche Wahrheit:
Die Wahrheit der Eltern gegenüber dem Kind
ist eine andere
als die Wahrheit zwischen Mann und Frau,
die Wahrheit des Arztes ist eine andere
als die Wahrheit des Werbefachmanns.
Denn Wahrheit soll verstanden werden,
Wahrheit ist nicht einfach nackte Wahrheit.

Ist denn Lüge nicht einfach Lüge?
Das ist nicht schwer zu beantworten,
wenn es die Liebe als Bindeglied gibt:
Die Liebe mißtraut nicht,
sie führt nicht hinters Licht,
sie will helfen, halten und heilen.
Aus Liebe lügen?
Dann trau ich Gott nichts mehr zu,
dann wäre die Lüge die letzte Möglichkeit.

Seid ehrlich zueinander.
Denn es ist gut zu wissen,
der andere meint, was er sagt, und sagt, was er meint.

Die Lüge ist der eigentlich faule Fleck an der menschlichen Natur. Immanuel Kant

Nicht das macht den Menschen unrein, was er durch den Mund in sich aufnimmt, sondern das, was aus seinem Mund herauskommt! *Matthäus 15,11*

10 September

Die Juden kannten eine Menge Gebote und Verbote.
Wichtig waren alle Gesetze, die die Reinigung des Körpers betrafen,
Händewaschen zum Beispiel,
oder ja nichts essen, was auf der Verbotsliste stand,
denn das hätte den ganzen Körper verunreinigt.

Jesus weiß:
Da steckt eine Menge Selbstbetrug und Überheblichkeit dahinter.
Darum schraubt er zurück,
erdet sozusagen in der Basis:
Die Nahrung geht durch den Mund in den Magen,
und der Körper scheidet Überflüssiges wieder aus.
Über diesen natürlichen Vorgang müssen wir uns nicht erst lange unterhalten.
Was jedoch aus dem Mund herauskommt,
das Wort nämlich,
das kommt aus dem Herzen,
aus dem innersten Wesen.
Aus dem Herzen kommen die bösen Gedanken, die zu Mord, Ehebruch, Diebstahl, Verleumdungen und Beleidigungen führen;
das macht den Menschen wirklich unrein,
und nicht, wenn er es unterläßt, sich vor dem Essen die Hände zu waschen.

Jesus führt keine Anti-Hygiene-Kampagne.
Er will verdeutlichen:
Das Gesetz ist die eine Seite,
und der Mensch die andere.

Sie predigen öffentlich Wasser und trinken heimlich Wein. *Heinrich Heine*

September **11**

Und Jonathan redete das Beste von David. 1. Samuel 19,4

Jonathan und David waren Freunde.
Freunde in der Not gehen tausend auf ein Lot,
sagt das Sprichwort.
Jonathan war einer dieser ganz wenigen.
Als David der Prozeß gemacht werden sollte,
setzte sich Jonathan nachdrücklich für seinen Freund ein,
er redete das Beste von ihm.

Freundschaften zeigen ihren Wert in Notzeiten,
denn in guten Zeiten ist es kein Kunststück,
zu Freunden zu stehen.
Aber wenn die Lawine der Verleumdungen erst einmal rollt,
wenn kein guter Faden mehr an ihm ist,
wenn sogar Beweise gegen ihn da sind,
dann rücken die Menschen ab
und gehen auf Distanz.

Das Beste vom anderen sagen,
das ist ein guter Freundschaftsdienst.
Nicht nur von Freunden das Beste reden,
das würde so manches verändern.

Man sieht nur mit dem Herzen gut. Das Wesentliche ist für die Augen unsichtbar. Antoine de Saint-Exupéry

Luft und Licht heilen, und Ruhe heilt, aber am besten ist der Balsam, den ein gütiges Herz spendet.
Theodor Fontane

Unser Vater im Himmel!
Vergib uns unsere Schuld,
wie auch wir jedem verzeihen,
der uns Unrecht getan hat.
Matthäus 6,12

Konzentrationslager Ravensbrück.
Das Mahnmal ragt in den Himmel.
Haben wir uns damit abgefunden?
Muß man denn immer wieder in der Vergangenheit graben?
Sind die Leiden unserer Zeit nicht noch größer?
Konzentrationslager Ravensbrück.
Die dort leiden mußten, werden nicht vergessen können.
Wie in Auschwitz und Buchenwald.

Für Christen bedeuten solche Gedenkstätten nicht nur Erschrecken.
Es gibt eine Macht, die ist stärker als die Gewalt,
stärker als das Verbrechen,
stärker als der Tod.
Die Zuwendung Gottes zu uns.
Ihr können und sollen wir uns anvertrauen.

Es ist meine Schuld, meine ganz persönliche Schuld,
daß die Welt elend ist.
Fjodor M. Dostojewski

Gott, sei mir gnädig nach deiner Güte, und tilge meine Sünden nach deiner großen Barmherzigkeit. Wasche mich rein von meiner Missetat und reinige mich von meiner Sünde; denn ich erkenne meine Missetat, und meine Sünde ist immer vor mir. An dir allein habe ich gesündigt und übel vor dir getan.
Psalm 51,3–6

September **13**

Die Frau sah, daß von dem Baum gut zu essen wäre, eine Lust für die Augen und verlockend, weil er klug machte. Da nahm sie von der Frucht. 1. Mose 3,6

Eva, die Mutter aller Lebenden, greift zu.
Die Schranke fällt.
Und bestätigt wäre: Frauen können nicht widerstehen!
Vor Modeläden, in Schmuckgeschäften, beim Galaessen – die Lust für die Augen,
verlockend,
da nehmen sie und schöpfen aus.

Selbst Männer, die nichts von der Bibel halten, fühlen sich bestätigt:
So sind Frauen, das ist ihr Wesen,
sie verführen
und lassen sich gern verführen.
Sie wollen um jeden Preis auch so klug sein wie der Mann.
Frauen sind leichtsinnig,
Frauen erfinden alles mögliche, um zum Ziel zu kommen,
Frauen ...

Was wäre das für eine unsinnige Einteilung!
Wer wollte so Rollen verteilen!
Die Geschichte von den ersten Menschen Adam und Eva legt keine Charaktereigenschaften fest.
Solche Zwänge zum Mannsein oder Frausein wären entsetzlich.
Die Geschichte von den ersten Menschen erzählt bildreich die Entfremdung von Gott.
Es ist keine drastische, umwälzende Entfremdung,
sondern sie geschieht auf liebliche, geschmeidige, neugierige, raffinierte Weise.

Wer dem Teufel den kleinen Finger gibt,
von dem nimmt er bald die ganze Hand.
Sprichwort

Was nennt ihr mich immerzu
»Herr«, wenn ihr doch nicht tut,
was ich sage? Lukas 6,46

Leute, die nach dem Mund reden, sind Schmeichler.
Sie wollen sich »einkratzen«.
Vielleicht tun sie das dem Vorgesetzten gegenüber,
um voranzukommen,
vielleicht den Kollegen zuliebe, damit sie in Ruhe gelassen werden,
um des Vorteils willen, oder aus Feigheit –
es gibt viele Gründe dafür.

Weitaus unangenehmer sind für mich Menschen, die sagen:
»In Ordnung, ich erkenne dich voll und ganz an!«,
aber kaum hat sich die Tür geschlossen,
kehrt sich alles ins Gegenteil,
da hetzen sie und reden Böses,
richtige Doppelspieler,
Leute, die nicht tun, was sie sagen!

Im Leben vor Gott geschieht auch solches:
mit den Lippen beim großen Bekenntnis für die Ehre Gottes,
im gelebten Leben das krasse Gegenteil.
Wieviel Schaden wurde durch so ein Doppelleben schon angerichtet!
Mein Leben – ein Ärgernis für andere?
Was sagen die Kollegen?
Wie sieht es in meiner Familie aus?
Und –
in mir selbst rumort die Frage:
Sage ich nur mit den Lippen »Herr«,
und tue nicht, was Gott von mir will?

Herr, laß mich eindeutig sein!

Ein Löffel von Tat ist besser als ein Scheffel voll Rat.
Sprichwort

Jedes Haus trägt sein Gesicht.
Die Fenster, das sind die Augen.
Die Türen, das ist der Mund.
Der Balkon, das ist die Nase.
Es gibt große und kleine Häuser,
gelbe, weiße, graue oder rote,
aus Sandstein oder Beton.
Hochhäuser, Glashäuser, Holzhäuser,
Hütten, Villen und Bungalows.

Jedes Haus hat auch seine Geschichte:
Hochzeiten, die gefeiert wurden,
Tote, die man heraustrug,
Kinder wuchsen auf,
Jugendliche hörten laut Musik,
Betrunkene suchten die Tür,
und die Besitzer wechselten,
die Mieter, die auszogen und einzogen.
Frühling, Sommer, Herbst und Winter.

Heute will ich mir unser Haus einmal ganz genau ansehen,
ich denke, ich weiß doch nicht, wie es aussieht!

Wer meine Worte hört und sich nach ihnen richtet, ist wie ein Mann, der überlegt, was er tut, und deshalb sein Haus auf felsigen Grund baut. Wenn dann ein Wolkenbruch niedergeht, die Flüsse über die Ufer treten und der Sturm tobt und an dem Haus rüttelt, so stürzt es nicht ein, weil es auf Fels gebaut ist. Matthäus 7,24.25

Jeder Hund ist Löwe in seinem Haus. Sprichwort

Denn wir sollten ein
Lobpreis seiner Herrlichkeit sein.
Epheser 1,12

Mein Leben –
von Gottes Willen durchdrungen?
Danach sieht es nicht aus,
zu viele Schwächen sind sichtbar:
Es mangelt an der nötigen Geduld,
ich gehe immer gleich hoch,
und es fehlt an Fleiß,
oder an Mut, den ersten Schritt zur Versöhnung zu tun,
es fehlt an der Bereitschaft, zurückzustecken.
Nein, mein Leben leuchtet wenig,
es strahlt nichts von Gottes Herrlichkeit aus.

Die Voraussetzung dafür ist aber vorhanden:
Gott hat mich in Christus mit dem Reichtum seiner Güte überschüttet,
er hat mir Einsicht gegeben in seinen Plan:
Die Welt wird mit Christus vereint.
Noch mehr:
Ich bin nicht nur von Gottes Plan unterrichtet,
ich habe durch Christus sogar Anteil an ihm.

Das ist mein Lobpreis, o Herr,
daß ich sagen will:
Du hast mich gerettet,
du hast mir das Zeichen deiner Zuneigung aufgedrückt,
ich bin dein.
Mache mein Leben klar,
daß es mehr wirkt als Worte,
daß es wie ein Lied klingt, dessen Melodie gern gehört wird,
damit du angesehen und verehrt wirst.

September **17**

*Gönnt euch Muße
und denkt darüber nach, daß ich
euer Gott bin!* *Psalm 46,11*

Was ist das: Muße?
Eine Stimmung, die den Dichter überfällt?
Vom Terminkalender gestohlene Zeit?
Stunden des Ausgleichs?

Muße ist die Kunst, unbeschäftigt zu sein
und sich doch einer Sache ganz hinzugeben.
Also kein Müßiggang, der aller Laster Anfang ist.
Kein Müßiggang und kein Müssen.
Vielleicht ein Stück Meditation –
nachdenken,
überlegen,
ganz bei einem Gedanken sein.
Vielleicht bei dem:
wie Gott zu mir steht,
wie er mich sieht,
was er mir gibt,
und was nicht.

Gott, du bist mir nahe,
und ich nehme oft keine Notiz davon.
Ich stecke voller Geschäftigkeiten,
während du auf mich wartest,
mich bittest, einmal anzuhalten,
das Tempo nicht noch mehr zu beschleunigen,
sondern zu rasten,
damit ich mich nicht überschlage,
damit ich mich finde und dich sehe.

Muße ist bisweilen heilsamer als Arbeit.
Wilhelm von Humboldt

Was machst du? – Nichts! – Und du? – Ich helfe ihm.

Diese arme Witwe
hat tatsächlich alles geopfert,
was sie zum Leben hatte.
Markus 12,44

Jesus beobachtet, wie reiche Leute Geld spenden.
Der Opferkasten steht vor ihm,
die Leute werfen unterschiedliche Beträge hinein.
Auch eine arme Witwe kommt.
Sie steckt nur zwei Kupfermünzen in den Kasten.
Wenig also.
Und doch würdigt Jesus ihre Gabe.

Manche empfinden Rührung bei dieser Geschichte.
Eine nicht sehr begüterte Frau gibt die letzten Pfennige her.
Da möchte ich wissen, wieviel die Reichen opferten.
Etwa zehn Prozent von ihrem Monatslohn?
Das gäbe eine hübsche Summe.

Rührung würdigt die Haltung der Witwe kaum.
Es geht nicht darum, den Einsatz hochzuspielen
oder die sentimentale Story zu schreiben:
»Arme alte Frau verschenkt, was sie zum Leben nötig hatte!«

Alles geben,
die Existenz aufs Spiel setzen,
sich so ausliefern,
fest auf Gottes Erbarmen vertrauen.
Die zwei Kupfermünzen sind der ganze Reichtum
an Vertrauen.
Von seinem Überfluß abgeben, das tut nicht weh,
aber alles auf die Gewißheit setzen:
Auch wenn du nichts mehr hast, wird es weitergehen!,
das nenne ich: glauben.

Hilf, daß ich rede stets,
womit ich kann bestehen;
laß kein unnützlich Wort
aus meinem Munde gehen,
und wenn in meinem Amt
ich reden soll und muß,
so gib den Worten Kraft
und Nachdruck ohn Verdruß.
Johann Heermann

Die Rede ist der Gedanken Kanal. *Edward Young*

Reden ist Silber, Schweigen ist Gold. *Sprichwort*

Das Wort, das dir hilft, kannst du dir nicht selbst sagen.
Äthiopisches Sprichwort

Wie der Mensch selbst ist, so ist auch seine Rede.
Marcus Tullius Cicero

So merkt man an der Rede, was das Herz denkt.
Denn an der Rede erkennt man den Menschen.
Jesus Sirach 27,7.8

Sprichwörtliche Redensarten:
Mit Menschen- und Engelzungen reden – alles versuchen, um zu überzeugen.

In den Wind reden – vergeblich reden.

Sie haben gut reden! – Sie brauchen sich darum keine Sorgen zu machen.

Viel und gut reden ist das Talent des geistreichen Menschen;
wenig und gut der Charakter des Denkers;
viel und schlecht die Wut des Witzlings, der Schwätzer und aller Alltagsköpfe. Karl Julius Weber

Ich bin der Herr,
dein Gott, der deine rechte Hand
faßt und zu dir spricht:
Fürchte dich nicht, ich helfe dir!
Jesaja 41,13

In unserem dichten Straßenverkehr und bei der zunehmenden Motorisierung sind besonders Kinder und alte Leute gefährdet. Immer wieder hören wir von Unfällen, bei denen Menschen dieser Altersgruppe zu Schaden kommen. Oft spielt die Unsicherheit der Alten dabei eine Rolle. Bei den Kindern ist es die Unaufmerksamkeit. Unbekümmert stürmen sie auf die Straße. Ins Spiel versunken, stürzen sie ins Unglück. Da ist manchmal eine Hand nötig, die führt, oder die zurückhält.

Gott sagt zu,
uns bei der Hand zu nehmen,
uns zu führen,
damit wir nicht zu Schaden kommen.

Gott sagt zu,
uns zu begleiten,
er nimmt uns die Angst vor dem nächsten Schritt.
Das bedeutet für mich:
Meine Unsicherheit ist unsinnig.
Gott kennt die Tücken des Weges.
Er will aufpassen, daß mich nichts überrollt.

Durch Jesus Christus ist das glaubwürdig geworden.
Davon will ich meinen Freunden erzählen.
Und sie ermuntern, darauf zu bauen.

September **21** *Gott hat uns also angenommen, weil wir uns ganz auf ihn verlassen.* *Römer 5,1*

Ich spüre, ich werde abgelehnt –
das verletzt mich.
Es trifft mich hart, merken zu müssen:
Der andere mag mich nicht, ich komme bei ihm nicht an.
Wie ein Flugzeug, das über einem Flugplatz kreist und nicht landen darf –
so komme ich mir vor.
Und noch härter trifft es mich, wenn das öfter geschieht,
wenn ich vielleicht sogar die Ablehnung einer ganzen Gruppe spüre.
Mit einem Wort: Antipathie.
Sie macht traurig
oder gar böse.
Ich fühle mich nicht angenommen,
bin ausgeschlossen,
wie manchmal in der Schulzeit, in der Kindheit.

Gott hat dich angenommen.
Dieser Satz tut wohl.
Er nimmt dich aus der Kälte
und hängt dir den Mantel der Liebe um.

Gott hat dich angenommen.
Das ist Zukunft, nicht irgendwann und irgendwo,
sondern jetzt.
Nun mußt du dich nicht mehr verkriechen,
jetzt wirst du dich selbst auch annehmen
und anfangen, die Minderwertigkeitskomplexe abzubauen,
nicht überall Ablehnung spüren.
Verlaß dich nur ganz darauf:
Gott hat dich angenommen.

Ich will noch mehr zu denen,
die versammelt sind, sammeln.
Jesaja 56,8

Wir sehen eine andere Wirklichkeit:
die immer kleiner werdende Zahl unserer Gemeinden.
Manche läßt der Schrumpfungsprozeß schaudern.
Andere finden sich damit ab,
die Zeit der Volkskirche ist vorbei.

Wirkt nicht gerade deshalb der Hinweis aufregend:
Ich will noch mehr dazutun?
Wie ist das zu verstehen?
Etwa wieder Massen, ein großes Volk Gottes?

Wenn du deine Gedanken zusammennimmst,
dann sammelst du dich,
du konzentrierst dich.
Das Gegenteil davon ist die Zerstreutheit,
da zersplittern die Gedanken,
fahren auseinander,
sind überall, nur nicht bei der Sache.
Zu Kindern pflegen wir in solchen Situationen zu sagen:
»Nun nimm endlich einmal deine Gedanken zusammen,
sammle dich!«

Wenn Gott zur Gemeinde andere dazugeben will,
dann bedeutet das auch Konzentration,
dann verdichtet sich etwas.
Die Gruppierung geschieht um einen Mittelpunkt,
alle Kräfte werden zusammengezogen.

Ihr sollt nicht länger auseinanderlaufen,
euch nicht in alle Himmelsrichtungen zerstreuen,
sondern zusammenbleiben,
euch konzentrieren auf das Wesentliche,
auf mich, sagt Gott.

Abschied nehmen.
Da gibt es die einen, die sich in den letzten Minuten vor der Abfahrt des Zuges noch außerordentlich viel zu sagen haben. Tausend kleine und große Dinge, gute Wünsche, Ermahnungen und Bitten. Es ist, als wollten die vielen Worte ein Vakuum füllen, als müsse das Leben auf eine Zigarettenlänge zusammengeballt werden.
Und da sind die anderen, die sich anscheinend nichts zu sagen haben, oder die nicht reden wollen, die sich schweigend ansehen, sich in den Armen halten und fast ängstlich die Stimme aus dem Lautsprecher erwarten, die ihnen zuruft: »Bitte einsteigen und die Türen schließen!«
Nicht nur Liebespaare stehen und warten und nehmen Abschied. Es sind viele, viele Menschen, die die Trennung fürchten, die ahnen, daß mit der Entfernung auch der Abstand wächst. Und mancher verabschiedete sich mit vielen Versprechungen, aus denen dann doch nichts wurde. Aus den Augen, aus dem Sinn, sagt das Sprichwort. Und es sind viele, viele Menschen, die mit dem Abschied schon das Wiederkommen fühlen und denken, die nicht hergeben möchten, die frieren und zittern und ganz krank sind bei dem Gedanken, daß da ein geliebter Mensch wegfährt und nicht erreichbar ist.
Ganz anders geschieht der Abschied an einem Krankenbett oder gar bei einem Sterbenden. Da ist eine Entscheidung fällig, weil es um das Letzte geht.
So ist das mit dem Abschiednehmen.

»Es dauert noch eine kurze Zeit, und ihr werdet mich nicht mehr sehen. Dann wird wieder eine kurze Zeit vergehen, und ihr werdet mich wiedersehen.« Unter seinen Jüngern erhob sich die Frage: »Wie sollen wir diese Worte verstehen? Was bedeutet ‚eine kurze Zeit'? Wir verstehen nicht, was er sagt.« Jesus sagte zu ihnen: »Jetzt seid ihr traurig. Aber ich werde euch wiedersehen. Dann wird euer Herz voll Freude sein, und diese Freude kann euch niemand nehmen.«
Johannes 16,16–18.22

Verlaßt euch nicht auf Fürsten;
sie sind Menschen,
die können ja nicht helfen.
Psalm 146,3

24 September

Fürsten galten als die vornehmsten Menschen eines Landes;
so jedenfalls wollten sie sich verstanden wissen
und in diesem Sinn geachtet werden.
Sie regierten über ihre Territorien,
sprachen Recht und duldeten nichts neben sich.

Die Bibel macht durch menschliche Rangstufen
sehr gern einen Strich.
Da sind die Ersten die Letzten,
die Obersten die Unteren.
Und damit verlieren Kompetenzen plötzlich an Gewicht,
Einflüsse an Bedeutung,
Abmachungen gelten nicht mehr.

Das geschieht nicht,
um Vorhandenes um jeden Preis umzustülpen,
ganz nach dem Motto: Mal oben, mal unten,
Bewegung ist alles!
Das geschieht,
damit wir die richtige Optik behalten:
Bei aller Achtung vor der Person,
bei allem Respekt vor dem Auftrag der Menschen, die über uns stehen –
Gott ist der Herr,
auf ihn verlaßt euch;
er kann euch helfen,
durch andere Menschen,
aber auch ohne sie.

Da fallen Abhängigkeiten.

September **25**

Ändert euch! Gott will jetzt sein Werk vollenden und seine Herrschaft aufrichten!
Matthäus 4,17

Kann das denn einer: sich ändern?
Anders werden, als er nun einmal ist?
Da gibt's manche Antworten:
Jeder ist doch mit seinen Erbanlagen festgelegt.
Man kann nur lernen, was man zu lernen vermag.
Ich bin viel zu alt, um mich noch zu ändern.
Und da ist der Standardsatz:
Keiner kann aus seiner Haut heraus.
Also bleibt alles beim alten?

Ändert euch!
Gott will es.
Das ist eine Aufforderung.
Ändert euch!
Das heißt: Interpretiert nicht nur!
Versucht nicht nur zu verbessern,
renoviert nicht nur,
sondern werdet anders.

Münchhausen wollte sich aus eigener Kraft an den eigenen Haaren aus dem Sumpf ziehen; er behauptete jedenfalls, das getan zu haben. Ein Lügenbaron kann so etwas erzählen.
Wir wissen:
Ein anderer muß kommen und uns aus dem Schlamassel herausziehen.

Das ist die gute Nachricht für uns:
Ihr seid nicht allein,
ihr sackt nicht ab.
Ergreift meine Hand.
Ich reiße euch heraus.
Und das wird euch von Grund auf verändern!

Die Hauptsache ist,
daß Christus auf jede Weise
bekanntgemacht wird. Darüber
freue ich mich. *Philipper 1,18*

Wir streiten darüber, welches die beste Methode sei,
das Evangelium weiterzusagen.
Wir warten mit Analysen auf und fragen, was bei den Leuten
ankommt und was ganz bestimmt nicht zum Erfolg führt.
Und –
wir übersehen dabei, daß unsere aufgeputschten Gegensätze
eher hindern als förderlich sind.
»Sollen sie sich doch erst mal einig werden!«
sagen die Leute mit Recht.

Paulus hält solches gegenseitige Ausspielen für unsinnig.
Da wird nicht danach gefragt, welche Gruppierungen Christus
richtig bekanntmachen,
sondern da wird gesagt:
Vielfalt zersplittert nicht, sondern bereichert.
Je mehr Gruppen die Sache Jesu voranbringen, desto besser.

Also eine klare Aussage gegen jede Intoleranz.
Und die Fanatiker mit ihrem Absolutheitsanspruch –
ob Lutheraner, Katholiken oder Reformierte,
ob Freikirchler oder Orthodoxe –,
sie müssen es sich gefallen lassen,
gefragt zu werden,
ob sie denn wirklich die Hauptsache meinen,
wenn die Hauptsache ist,
daß Christus auf jede Weise bekanntgemacht wird.

Ich will öfter einmal »danke, Herr« sagen,
wenn ich Menschen begegne,
die anders als ich von ihrem Glauben reden.

Man muß die Ernte nicht schon verkaufen,
wenn die Saat erst schoßt.
Bauernregel

Wenn wir in der vierten Bitte des Vaterunsers beten:
»Unser tägliches Brot gib uns heute!«,
so bitten wir damit auch um Schutz und Geborgenheit, um ein Dach über dem Kopf, um Gesundheit und reine Luft, um Frieden im Haus.
Vielleicht wird uns dabei deutlich, was andere entbehren, wenn sie das tägliche Brot nicht haben.

Als er die vielen Menschen sah, bekam er Mitleid mit ihnen, weil sie so hilflos und verängstigt waren wie Schafe, die keinen Hirten haben. Darum sagte er zu seinen Jüngern: »Hier ist eine reiche Ernte einzubringen, aber es gibt nicht genügend Arbeiter. Bittet den Besitzer des Feldes, daß er noch mehr Arbeiter schickt, um seine Ernte einzubringen.«
Matthäus 9,36–38

Ernten bedeutet auch verdienen. Der Künstler erntet Beifall, das heißt, er verdient ihn. Der Schüler erntet Lob für seinen Fleiß, das heißt, er verdient ihn auch. Was der Mensch sät, das wird er ernten, das heißt, was er tut, das verdient er, es sei Gutes oder Böses.

Denkt daran: Wer spärlich sät, wird nur wenig ernten. Aber wer mit vollen Händen sät, auf den wartet eine reiche Ernte. 2. Korinther 9,6

Wohlan, gehe ans Werk,
und der Herr sei mit dir.
1. Chronik 22,16

»Wohlan« – so redet keiner mehr,
vielleicht noch Schauspieler auf der Bühne, die einen klassischen Text zu sprechen haben,
»wohlan«, eine altertümelnde Redewendung.
Hingegen: »Es ist wohltuend«, das gilt noch.
Es heißt: Das tut mir gut,
das gibt mir Mut.
Wohl sein ist gut sein.
Wohlan – also ein Ansporn für müde Leute,
endlich einmal ein Ja-wohl,
es kann losgehen.

Brauche ich so einen Anstoß,
solch eine Aufmunterung?
König David brauchte sie, er wollte den Tempel bauen,
ein gewaltiges Vorhaben, eine Arbeit für Generationen.
Ich bin nicht König David, ich will auch keinen Tempel bauen,
ich habe mit meiner Arbeit genug zu tun.
Vielleicht ist es ein Ansporn ganz anderer Art, den ich nötig hätte?

Du wirst gebraucht, sage ich mir selbst.
Menschen warten auf dich.
Du mußt aus deiner Trägheit heraus,
die Hände in den Schoß legen, das geht nicht.

»Wohlan« – es tut gut zu spüren:
Anfangen ist alles.
Gott sagt ja zu meinem Tun,
er ist mit mir.
Das ist wohltuend.

September **29**

Alles, was ihr tut oder sagt,
soll im Namen des Herrn Jesus
geschehen. Kolosser 3,17

Im Namen eines anderen sprechen,
in seinem Namen etwas tun heißt,
an seine Stelle treten.
So werden Gerichtsurteile »im Namen des Volkes« verkündet,
also im Auftrag aller,
Glückwünsche erreichen den Jubilar
»im Namen der ganzen Belegschaft«,
Nachrufe werden im Namen der Institution gesprochen.

Unser Tun und Reden als Christen
soll im Namen des Herrn Jesus geschehen,
an seiner Stelle,
für ihn.
Das ist ein hoher Anspruch;
das ist aber auch eine Feststellung,
die viel Vertrauen in uns setzt.

Ich möchte so verantwortlich leben,
daß andere Jesus an mir ablesen,
seine Nähe spüren.
Ich möchte so viel Liebe geben,
daß andere daraus neue Hoffnung schöpfen,
viele Augenblicke.
Ich möchte so kindhaft glauben,
daß mein Reden und Tun in Jesu Namen
aufgenommen wird von anderen,
daß es glaubhaft ist.

Ich bin der Herr.
Was ich rede, das soll geschehen.
Hesekiel 12,25

Wer ist der Herr im Hause?
So eine Frage wird gestellt, wenn die Machtverhältnisse unklar sind.
Mancher Familienvater pocht dann auf seinen Anspruch.
Dabei wirkt die hervorgekehrte Autorität aufgeblasen.
Entweder er hat Autorität, oder er hat sie nicht.

Rätseln wir in der Weise auch an der Macht Gottes herum?
Grund hätten wir vielleicht.
Wir sehen wenig von den Wirkungen seiner Autorität.
Das Herrsein erscheint ziemlich gebrochen.
Wenn sein Wort gelten soll, müßte sich eine Menge ändern.

Trotzdem, ich spüre bei mir und anderen Gottes Macht.
Sie greift oft sehr direkt ins Leben ein.
Anscheinend absehbare Lebensläufe
verlaufen plötzlich anders,
die Lebensgeschichte macht Sprünge.
Auch die Weltgeschichte?
Ich merke das, Völker schütteln ihre Unterdrückung ab,
Bündnisse zerbrechen.
Gott ruft über Nacht Menschen ab, die viel zu sagen hatten.

Das ist für mich bedeutend:
Ob es für mich eine Erleichterung ist, wenn ich weiß:
Was Gott sagt, das geschieht auch,
oder ob mich Befürchtungen befallen und Ängste in mir hochkommen:
Was Gott sagt, das geschieht auch –
auf alle Fälle sollte es mich nachdenklich machen.
Weil ich weiß: ich führe nicht Regie.
Er ist der Herr.

Oktober

Oktober **1**

Ihr Eltern, faßt eure Kinder
nicht zu hart an,
sonst werden sie mutlos!
Kolosser 3,21

Kinder buddeln Löcher unter dem Zaun,
sie suchen sich,
sie drängen zueinander.
Aber zwischen Eltern und Kindern
scheint der Boden manchmal aus Beton,
das Gespräch ist abgerissen,
die Entfremdung hat begonnen.

Freilich, es gibt Phasen in der Entwicklung,
immer mal wieder ein paar dumme Jahre,
in denen nichts geht.
Freilich, die junge Generation sucht ihren eigenen Weg,
und der weicht oft erheblich vom altbewährten ab.
Darum sagen die Jungen: »Ach, diese Alten!«
und die Alten: »Ach, diese Jungen!«

Aber es gibt noch schlimmere Beurteilungen:
»Die Jugend taugt überhaupt nichts!«
»Die müssen einmal richtig hart herangenommen werden!«
»Alles faule, vergammelte Typen!«
Ich kenne solche Stimmen.
Mit Prügel sollen Kinder erwachsen gemacht werden.
Mit Gewalt und Strenge wollen Väter ihre Söhne und Töchter
nach ihren Gesichtspunkten zurechtbiegen.

Freilich, Erziehung will Leitlinien setzen.
Das eigene Vorbild jedoch zeichnet sie am besten.
Und vor allem:
Junge Menschen sollen Lust bekommen, sich zu bilden,
zu lernen und anzunehmen.
Härte aber macht mutlos.
Oder schlägt ins Gegenteil um, züchtet Mutwillen.

Ein Kind ist ein Buch, aus dem wir lesen und in das wir schreiben sollen. *Peter Rosegger*

Und Gott schuf
den Menschen ihm zum Bilde.
1. Mose 1,27

Milliarden Menschen leben auf der Erde.
Gelbe, Schwarze, Weiße.
Kinder, Männer, Frauen, Alte.
Fröhliche, lachende, ausgelassene Menschen,
stark und lebensbejahend,
jung, schön und mutig.
Stille, verzagte und kleinmütige Menschen.
Schüchterne und Gehemmte,
Schlafgestörte, Aufgeregte und Geschiedene.
Und auch Ausgenutzte,
Selbstmordgefährdete,
Überlastete,
Gelähmte,
Betrogene.
Und Besitzende, reich an Gütern und Land,
Hochqualifizierte, mit Titeln und Urkunden,
und Arme, so arm, wie es Haut und Knochen zeigen.
Geschändete, Gebundene, Kranke.
Aber auch Freie, frei wie der Vogel, und die Spieler.
Die Maler und Schreiber.

Gott zum Bilde geschaffen.
Aus seinem Willen geboren.
Sein Gegenüber.
Krönung alles Geschaffenen.
Immer wieder staune ich.
Immer wieder stockt mir der Atem.
Was ist der Mensch?
Warum gedenkt Gott seiner?
Immer wieder strömt mir Leben entgegen,
Leben nach seinem Bild.
Immer wieder stoße ich aber auch an die Begrenzung.
Gottes Ebenbild?

Ich glaube, Herr, hilf mir im Zweifelsfall.

Oktober **3**

Freuen dürfen sich alle,
die geduldig sind; denn Gott wird ihnen
die ganze Erde zum Besitz geben.
Matthäus 5,5

Diese Worte klingen uns besonders in den Ohren:
eine gewaltlose Erde,
eine Zeit, in der nicht die Regel gilt:
Auge um Auge, Zahn um Zahn,
nichts von Terrorismus und Entführungen zu hören ist,
keine Kriegsdrohungen die Tagesordnung bestimmen
und die Liebe nicht mit Gewalt erzwungen wird.

Ob es wirklich irgendwo auf der Welt Menschen gibt,
die solch eine Zeit nicht wollen?
Gibt es Menschen, die sich wohl fühlen,
wenn geschlagen und gefoltert wird,
die nichts dabei finden, daß Kinder mißhandelt werden,
die bei Mißachtung anderer Menschen unbeteiligt zusehen,
für die die Regel gilt:
Das Recht ist nun einmal auf der Seite des Stärkeren?

Auf Gewalt verzichten –
also nicht den anderen unterwerfen und unterdrücken,
ihn nicht mit seinen Fehlern erpressen,
nicht zum Verkauf seiner Seele verleiten,
über ihm nicht den Daumen senken.
Auf Gewalt verzichten –
und die ganze Erde soll davon bestimmt sein,
zur Freude der Kinder, der Alten, der Behinderten,
zur Freude derer, die die Last des Lebens kennen.

Ich möchte auf der Seite derer stehen, die Geduld haben,
nicht Schlag mit Schlag erwidern,
ich möchte lieber einstecken als überrollen.,
lieber verbinden als zuschlagen.
Auch Worte können vernichten.
Laß mich auf der Seite der Sanftmütigen stehen, Herr.

Nicht ihr habt mich ausgewählt,
sondern ich habe euch ausgewählt.
Johannes 15,16

4 Oktober

Manche Christen tun, als hätten sie »den lieben Gott« für sich gepachtet,
als läge es an ihnen, daß es Gott gibt.
Sogar Kirchenleitungen tun manchmal so.
Sie wissen alles ganz genau:
was die anderen dürfen und was sie bleiben lassen sollen,
wo Evangelium verkündigt wird und wo nicht.
Und es entsteht der fatale Eindruck,
als zimmerten sie sich einen Gott zurecht,
der so ganz ihren Interessen entspricht und sie vertritt.
Da ist es notwendig zu hören:
Nicht ihr habt mich ausgewählt, sagt Jesus,
sondern ich habe euch ausgewählt.
Ihr könnt mich nicht manipulieren.

Aber, da sind auch die Christen, die sich gar nicht viel zutrauen.
Sie lassen die Flügel hängen,
weil sie so oft erlebt haben, daß sie nur hinfielen,
wenn sie fliegen wollten.
Für sie sagt Jesus:
Nicht ihr müßt es schaffen, sondern ich schaffe es für euch!

Vielleicht hast du es heute nötig
zu wissen:
Du bist ausgewählt worden,
du gehörst mit dazu,
laß das Verzagtsein.
Da kann keine Vermessenheit aufkommen.
Da werde ich still.
Und betroffen frage ich:
Warum gerade ich? – Ausgewählt!

Danke, Herr.

Derjenige Tag ist ganz und gar verloren,
an dem man nicht gelacht hat.
Sébastian-Roch Nicolas de Chamfort

Je mehr ein Mensch des ganzen Ernstes fähig ist,
desto herzlicher kann er lachen.
Arthur Schopenhauer

Man lächle, wie man will: die Geliebte lächelt schöner,
aber niemand so schön als ein einjähriges Kind.
Jean Paul

Und der Herr suchte Sara heim, wie er gesagt hatte, und tat an ihr, wie er geredet hatte. Und Sara ward schwanger und gebar dem Abraham in seinem Alter einen Sohn um die Zeit, von der Gott zu ihm geredet hatte. Und Abraham nannte seinen Sohn, der ihm geboren war, Isaak, den ihm Sara gebar, und beschnitt ihn am achten Tage, wie ihm Gott geboten hatte. Hundert Jahre war Abraham alt, als ihm sein Sohn Isaak geboren wurde. Und Sara sprach: Gott hat mir ein Lachen zugerichtet; denn wer es hören wird, der wird über mich lachen. Und sie sprach: Wer hätte wohl von Abraham gesagt, daß Sara Kinder stille! Und doch habe ich ihm einen Sohn geboren in seinem Alter. 1. Mose 21,1–7

Schmidt wollte Lehmann anrufen.
Es meldete sich aber Schulze.
»Haben Sie nicht die Nummer 28 33 44?«
»Nein. Meine Nummer ist 28 33 45.«
»Verstehe ich nicht«, knurrt Schmidt.
»Und warum nehmen Sie dann den Hörer ab?«

Wir wissen ganz sicher: Was wir früher waren, ist mit Christus am Kreuz gestorben. Römer 6,6

Nach Jahren begegne ich einem Menschen wieder,
und er sagt im ersten Augenblick zu mir:
»Du hast dich überhaupt nicht verändert!«
Was fühle ich dabei?
Etwa Stolz?
Oder ärgere ich mich?
Empfinde ich gar Erschrecken?
Es ist doch erschreckend, wenn sich nichts verändert hat!

Im Rückblick sieht so manches anders aus:
Die angeblich glückliche Kindheit –
später die negative Entwicklung, die zur Krise führt.
Die Liebesjahre –
in ihnen lag bereits der Keim für häßliche Vorwürfe,
der Ansatz zur späteren Scheidung,
diese Jahre waren eine Täuschung.
Eine Freundschaft –
sie diente eigentlich nur dazu,
berufliche Vorteile abzusichern.

Wir können unsere Vergangenheit nicht leugnen,
wir stehen, ihre Folgen tragend, in der Gegenwart.
Dennoch wird uns gesagt:
Was früher war, ist mit Christus am Kreuz gestorben.
Da müssen nicht unbedingt Psychotherapeuten nachhelfen.
Früher waren wir ohne Halt,
wie von zu Hause fortgelaufene Kinder,
Gott unendlich weit entfernt.
Das ist vorbei.
Das wissen wir ganz sicher.

Oktober **7**

Herr, kümmert es dich nicht,
daß mich meine Schwester
die ganze Arbeit allein tun läßt?
Lukas 10,40

Zwei Schwestern in einem Haus –
die eine fleißig in der Hauswirtschaft,
immer beim Putzen und Kochen,
es soll alles blitzen und klappen;
die andere hat keinen Blick dafür,
sitzt da und hält Maulaffen feil.
Das ist schon ärgerlich:
Marta hat alle Hände voll zu tun,
und die Schwester hilft ihr nicht dabei.
So übt man doch nicht Gastfreundschaft,
denn schließlich geht so eine Freundschaft
auch durch den Magen,
von Luft wird keiner satt!

Herr, kümmert es dich nicht ...?
Sag du doch, daß das nicht richtig ist.
Einer plagt sich für alle, das ist ungerecht.
Und die Faulen mag Gott bestimmt nicht,
die Herumsitzer,
die die Zeit totschlagen,
die ihm den Tag stehlen.

Tun sie das?
Maria, die Schwester der Marta, setzt sich zu Jesus,
sie hört ihm zu,
sie stiehlt gerade keine Zeit, sondern gibt sie hin.
Für sie ist es wichtiger, jetzt zuzuhören.

Was ist wesentlich?
So fragen wir uns manchmal.
Und meinen: Was betrifft uns wirklich?
Was brauchen wir, um zu bestehen?
Was ist not-wendig?

Herr, zeige es mir!

Der Wind weht, wo es ihm gefällt.
Du hörst ihn nur rauschen, aber du
weißt nicht, woher er kommt und wohin
er geht. So ist es auch bei denen,
die vom Geist Gottes
geboren werden. *Johannes 3,8*

Der Wind weht, wo es ihm gefällt,
vom Norden nach Osten,
nach Westen, aus Süd.
Wo er weht, bläst oder gar stürmt,
nimmt er mit,
setzt in Bewegung, wirbelt durcheinander,
erfaßt, hebt empor und fegt hinweg.

So ist es auch bei denen,
die von Gottes Geist erfaßt werden.
Da geraten Menschen in Bewegung, alte Gewohnheiten
werden weggefegt,
Strukturen verlieren ihr Gewicht,
eingefahrene, festgefügte Positionen werden aufgegeben.
Die Kirchengeschichte erzählt davon,
sie zeigt Abbrüche und Aufbrüche:
Christenverfolgung, Kreuzzüge, Reformation,
Glaubenskriege, Bekennende Kirche, Ökumene.
Aber auch unsere eigene Lebensgeschichte spricht davon.
Unsere Kindheit, die Jugendzeit, das Älterwerden –
wir stehen in einem Prozeß,
in dem Gottes Geist durchbrechen will,
Altes hinwegfegt und aufhebt,
Neues heranträgt.

Ich denke, du hast das auch erfahren.
Bewegung. Wirbel. Sturm.
Und den weichen, warmen Wind der Liebe Gottes.

Seid gastfrei zueinander, ohne euch zu beklagen.
1. Petrus 4,9

Abraham, Isaak und Jakob sind im Vertrauen auf Gott gestorben. Sie selbst haben nicht bekommen, was Gott versprochen hatte, aber sie sahen es aus der Ferne und freuten sich darauf. Sie sprachen offen aus, daß sie nur Gäste und Fremde auf der Erde waren. Wer so etwas sagt, bringt zum Ausdruck, daß er eine Heimat sucht. Hebräer 11,13.14

Gast sein,
das ist etwas anderes als
Gastgeber sein.
Der Gastgeber, der Gäste einlädt,
ist zunächst einmal der Gebende,
er bestimmt die Speisenfolge, sorgt für Unterhaltung
und stellt zur Verfügung, was er für nötig hält.
Darum sind Gäste meistens erst einmal zurückhaltend,
vielleicht auch vorsichtig,
oder neugierig,
weil sie nicht wissen, was auf sie zukommt.
Fühlen sie sich jedoch nach und nach recht wohl,
dann kann es passieren, daß sie zu Gebenden werden,
wenn sie erzählen, berichten, singen und spielen,
wozu sie oft nicht einmal aufgefordert sind.
Ein froher Gast ist niemand Last, sagt das Sprichwort.

Wer Gastfreundschaft übt, bewirtet gleichsam Gott.
Talmud

Freut euch, wenn ihr auf die verschiedenste Weise auf die Probe gestellt werdet. Jakobus 1,2

Wer läßt sich schon gern auf die Probe stellen?
Da sind die Gefühle meistens nicht sehr positiv.
Man traut mir nicht.
Irgend jemand will meine geheimsten Gedanken wissen.
Vielleicht wollen sie wissen, mit wem ich umgehe,
ob ich ehrlich bin
und die Wahrheit sage.

Aber die Probe kann ja auch gutgemeint sein:
um zu erfahren, wozu ich noch fähig bin,
welche Kenntnisse in mir stecken,
weil ich für eine besondere Aufgabe vorgesehen bin.

Die Probe ist nie schon der Ernstfall.
Für den wird zwar geprobt,
damit dann alles klappt,
aber die Probe ist noch nicht die Aufführung.
Sie ist die Vorbereitung,
eine Übung,
ein Experiment.
Freilich, sie kann schiefgehen.
Dann muß von neuem geprobt werden.

Christen sollen nicht traurig sein,
wenn sie spüren, Gott stellt sie auf die Probe.
Er tut das ja nicht, weil er uns mißtraut,
sondern er will, daß wir dadurch gefestigt werden.
Lernen sollen wir,
Erfahrungen sammeln,
umsichtig werden,
Standhaftigkeit erreichen.

Viele Menschen erwarten das von den Christen:
Mit ihrem Glauben sollen sie
sozusagen eine Probe aufs Exempel geben.

Oktober **11**

Laßt auch jetzt den Mut nicht sinken, denn eine große Belohnung wartet auf euch.
Hebräer 10,35

Ich kann mit Durchhalteparolen gar nichts anfangen.
Was nützt es mir, wenn ich in der Klemme bin, zu hören:
»Halte durch!«
»Das geht vorüber!«
»Du darfst den Mut nicht sinken lassen!«

Niemandem nutzen solche Vertröstungen.
Und oft genug sind derartige Sprüche geklopft worden, taube Nüsse.

Trotzdem,
wir brauchen den Trost.
Wir sind manchmal so mutlose Menschen.

Die Christen in den ersten Jahrhunderten der Kirche fühlten sich weithin als winzig kleine Gruppe. Sie wurden verfolgt, mißachtet, verurteilt und hingerichtet. Andere hielten ihr Christsein geheim, um nicht in die Falle zu gehen. Denn die Gesetze waren unnachgiebig und scharf.
Diesen Christen galt der Trost: Laßt den Mut nicht sinken!
Bleibt der Sache Jesu treu.
Ihr werdet sehen, es lohnt sich.

Ich weiß nicht, welchen Trost du brauchst.
Vielleicht hast du eine Enttäuschung hinter dir.
Vielleicht fürchtest du für dein persönliches Leben Schlimmes.
Vielleicht fragst du dich, ob es sich lohnt, Christ zu sein.
Da soll dir ein gutes Wort helfen:
Gottes Wort, das dir Kraft gibt und dich hält.

Die Busse sind eingetroffen.
Die Teilnehmer der Konferenz eilen in die Kongreßhalle.
Die Tagung kann beginnen.
Eine Routine-Konferenz?
Eine außerordentliche Tagung?
Ein lebensnotwendiger Kongreß?
Referate werden gehalten,
Rechenschaftsberichte verlesen.
Diskussionen beginnen.
Die ersten Ergebnisse zeichnen sich ab.
Es wird geredet.
Der Austausch ist nötig.
Die Erfahrungen anderer weiten den Blick.
Aufeinander hören.
Miteinander Konflikte austragen.
Menschen und Meinungen kennenlernen.
Die Zeit nutzen,
bis die Fahrt zurückgeht –
ins Dorf zur Genossenschaft,
in den Großbetrieb in der Stadt,
mit all dem neuen Wissen
zu den Leuten,
die auf Antwort warten.
Sie haben ein Recht darauf.

Es gibt wunderbare Möglichkeiten in jedem. Überzeuge dich von deiner Kraft. Sage es dir immerzu: Es liegt nur an mir!
André Gide

Herr, auch heute finden wieder viele Sitzungen und Besprechungen statt. Es wird beraten und geredet, vielleicht auch manches beschlossen, was wichtig ist. Sei du dabei, damit dein Wille geschehe und nichts passiert, was Menschen schadet. Amen.

Oktober **13**

Unterdessen ging Saulus noch immer heftiger gegen die Anhänger des Herrn vor.
Apostelgeschichte 9,1

Wer war dieser Saulus?
Es heißt, er führte Empfehlungsbriefe mit sich, die die Vernichtung und Ausrottung der Christen anordneten,
Vollmachten zur Vollstreckung des Urteils
gleich an Ort und Stelle.
Der junge, leidenschaftliche Saulus fackelte nicht lange,
wenn es um das Recht und die Ordnung ging;
die Gesetzeslehrer in Jerusalem forderten dies.

In der langen Geschichte der Kirche stoßen wir öfter auf solche Eiferer,
oft sollte es nicht so unauffällig vonstatten gehen,
aber immer ebenso endgültig –
ich denke an die Inquisition.
Sie verfolgte die eigenen Leute
und machte ihnen den Prozeß
wegen Abweichung vom wahren Glauben,
oder welchen Grund man auch immer fand.
Und dann –
eine Name wie Eichmann,
der Schreibtischtäter,
der Millionen Juden zusammentreiben ließ,
mit Marschorder in die Todeslager;
er, Eichmann, hakte nur ab,
ein Fanatiker des Rassenwahns.

Aus Saulus wurde Paulus.
Gottes Licht traf den Verfolger
und machte aus ihm einen Nachfolger Jesu.
Das ist die andere Seite, die helle unter der dunklen
in der langen Geschichte der Kirche:
Aus dem Gegner wird ein Jünger.

Liebt eure Feinde und
betet für die, die euch verfolgen.
Matthäus 5,44

14 Oktober

Feindesliebe.
Das schaffe ich nicht.
Das ist zuviel verlangt.
Ich habe mir zwar schon öfter Mühe gegeben,
doch vergeblich.
Vor allem: Der andere will die Feindschaft.
Er signalisiert Haß,
er geht aufs Ganze und will mich ausschalten.

Feindesliebe.
Die einen sagen sich: »Am besten, man geht seinem Feind aus dem Weg!«
Schneiden,
links liegenlassen,
überhaupt nicht beachten.
Die anderen ducken sich und stecken die Hiebe ein,
sie lassen sich die Niederträchtigkeiten gefallen,
mucken nicht auf.

Feindesliebe.
Ich denke, es ist die größte Liebe, die gefordert wird.
Wie kann ein Mensch seinen Gegner, der ihn schikaniert,
angreift, offensichtlich quälen will, lieben?
Wie soll er Worte zum Gebet finden, wenn ihm einer nachstellt
und Unwahrheiten verbreitet?
Ich denke, es ist die größte Liebe, seinen Feind anzunehmen,
für ihn zu beten,
ihn zu segnen.

Herr, mache mich zum Werkzeug deines Friedens,
daß ich liebe, wo man sich haßt.

Oktober **15**

Ich will euch erlösen,
damit ihr ein Segen sein sollt.
Sacharja 8,13

Erlösen heißt befreien, losmachen, freigeben.
Nicht gegen Kaution,
nicht nur vorübergehend,
sondern direkt, konkret, für immer.

Gott spricht seinem Volk solche Erlösung zu.
Aus mancherlei Bindung und Gefangenschaft will er befreien,
damit Menschen zu einem Segen werden.
Segen, das kommt von signum, das Zeichen.
Damit sie ein Zeichen sind.

Christen wissen um die Erlösung.
Jesus von Nazareth hat sich dafür hingegeben.
Warum spüren das andere Menschen so wenig an uns?
Warum verblaßt das Zeichen so sehr?
Hat uns die Gute Nachricht nicht erreicht?
Haben wir sie schon wieder vergessen?
Glauben wir ihr nur bedingt?

Das Evangelium sagt:
Ihr seid erlöst!
Nun könnt ihr auch ein Segen sein.

Mein Herr und Gott, laß mich ein Segen sein für andere.

Aber in Christus begegnet uns
schon die Wirklichkeit
der neuen Welt Gottes.
Kolosser 2,17

Die alte Welt –
die Welt der Antike
mit ihren verfallenen Bauwerken,
mit ihren Tempeln, Theatern und Statuen.
Die neue Welt –
die Welt der Moderne
mit ihrer Technik,
den Autos, Atomschiffen und Raketen.

Die alte Welt,
das ist immer die Welt von gestern,
das Vergangene,
da wird Gewesenes sichtbar.
Die neue Welt,
das ist immer die Welt von heute,
da wird auch Zukünftiges denkbar,
Werdendes begreiflich.

Die alte Welt –
verbraucht, abgenutzt, überholt.
Die neue Welt –
kräftig, leistungsstark, wertneu.
Und dazwischen?
Das Leben in der Realität:
Menschen, die arbeiten, feiern, lieben, weinen, schlafen,
Menschen, die sich sehnen,
die zurücksehen oder nach vorn streben,
die fragen, ob die Wirklichkeit zu verändern ist.

Die alte Welt –
da ist nichts mehr zu verändern.
Die neue Welt –
da soll alles ganz anders werden.
Und dazwischen –
Christus und wir.

Gönne dem Herbst zum Eigentume
den blassen Kranz doch, der ihn schmückt!
Ist denn die Aster keine Blume,
weil dich die Rose höher entzückt?
Emanuel Geibel

Bauernregeln:
Je trockener der Herbst, je kälter der Winter,
je besseres Jahr!

Viel Nebel im Herbst deuten auf einen langen Nachwinter.

Es fällt der höchsten Bäume Laub
und mischt sich wieder mit dem Staub,
von dannen er gekommen.
Ach Mensch, sei noch so hoch und wert,
du mußt hinunter in die Erd,
davon du bist genommen.

Indes wie über Land und Meer
der Störche Zug, der Schwalben Heer
der Sonn entgegenstreben,
so laß zu dir die Seelen fliehn,
zu deinem Paradiese ziehn,
an deiner Sonne leben.
Viktor von Strauß und Torney

Altweibersommer –
fliegende Spinnenfäden
und warme Spätherbsttage

*Mancher stellt sich reich
und hat nichts,
und mancher stellt sich arm
und hat großes Gut.* Sprüche 13,7

Vorspiegelung falscher Tatsachen –
wir kennen sie.
Es soll der Eindruck entstehen, »als ob«.
Die Umwelt soll hinters Licht geführt werden,
ausgetrickst,
denn Kleider machen zum Beispiel Leute,
und dem Leihwagen sieht man den Leihwagen nicht gleich an;
Frechheit siegt,
man muß nur richtig bluffen können.
Auch umgekehrt geht das:
Der Rentner, der über seine Armut klagt,
doch nach seinem Tod findet sich das Sparbuch mit der
ansehnlichen Summe von einigen tausend Mark.

Was mag dahinterstecken?
Immerhin ist es doch ein Scheinleben!
Und womöglich noch im geistigen und geistlichen Bereich –
da ist einer angeblich reich an Glauben,
doch wenn man dahintersieht, nur Spinnweben,
nichts.
Treibt Angst dazu, weil man sonst nicht mehr »wer« ist.?

Vor Gott nützen solche Vorspiegelungen falscher Tatsachen
nichts.
Da brauchen wir weder den Habenichts
noch den Menschen mit der dicken Brieftasche zu spielen.
Da ist es besser, aufrichtig zu leben.
Aufschneiden führt da zu nichts.

Ich denke,
es ist gut, zu dem zu stehen, was einem gegeben ist,
und auch zu dem, was nicht vorhanden ist.

Oktober **19**

Rufe mich an in der Not, so will ich dich erretten, und du sollst mich preisen.
Psalm 50,15

Es läge nahe, übers Telefonieren nachzudenken,
beispielsweise über Direktverbindungen
oder den Selbstwählferndienst
oder über den »heißen Draht«.
Es läge nahe, über Seelsorge per Telefon nachzudenken.
Manchmal suchen Menschen über diesen Kanal einen Rat.
Viele Gespräche werden per Telefon erledigt,
beispielsweise Absprachen über wirtschaftliche Beziehungen,
Terminvereinbarungen,
es werden Zahlen und Anschriften durchgesagt.
Aber auch die Gespräche von Freund zu Freund,
von Mann zu Frau,
von Eltern zu ihren Kindern.
Das Telefon ersetzt Postkarten und Briefe.
Es geht ja viel schneller,
und die ersehnte Stimme wird hörbar,
es läßt sich vieles rasch klären und aussprechen.

Etwas anderes soll uns ins Gedächtnis gerufen werden:
daß Gott sich für Notzeiten anbietet,
für die Zeiten innerer Bedrängnis,
wenn wir uns so ohnmächtig fühlen,
wenn die Gefühle der Mutlosigkeit aufkommen,
die Scham uns ins Gesicht steigt,
wenn wir uns selbst nicht mehr einschätzen können
und seelisch kaputtzugehen drohen.

Das versteht nur, wer es ausprobiert hat.
Und ich höre ihn still sagen:
Mein Gott, danke!
Du bist wunderbar.
Ich sehe wieder Land.

Und Abraham zog weiter mit seinem Zelt.
1. Mose 13,18

Kirche unterwegs.
Wir sprechen heute davon.
Die Zeit ist vorbei, da sie sich in feste Trutzburgen zurückziehen konnte,
in Dome
und Kathedralen.

Leute, die zelten, wissen, was Aufbau und Abbruch bedeuten.
Leute, die zelten, sind dem Erdboden nahe.
Da ist Mobilität Trumpf.

Kirche im Camping?
Wir sind schließlich keine Nomaden.
Es wird erzählt, manche blühende christliche Gemeinde in Nordafrika sei in den ersten Jahrhunderten abgestorben – weil die Christen zu seßhaft geworden waren,
während die Nomadenstämme weiterzogen,
an den Städten vorbei.
So hörten sie nichts von Gottes Guter Nachricht.

Leute, die zelten, sind geselliger als viele andere.
Leute, die zelten, erleben mehr.
Da werden Überraschungen erwartet.

Kirche unterwegs.
Als Gemeinde sollten wir uns dazu bekennen.
Vielleicht erlebten wir mehr Gemeinschaft.
Vielleicht würde manches aufregender.
Vielleicht entdeckten wir wie Abraham Neuland.

Wir müssen nur auf Gottes Weisung hören.

Oktober **21**

Da sagte Nathan zu David:
Du bist der Mann!
2. Samuel 12,7

Es waren zwei Männer in einer Stadt, der eine reich, der andere arm. Der Reiche hatte sehr viele Schafe und Rinder; aber der Arme hatte nichts als ein einziges kleines Schäflein, das er gekauft hatte. Und er nährte es, daß es groß wurde bei ihm zugleich mit seinen Kindern. Es aß von seinem Bissen und trank aus seinem Becher und schlief in seinem Schoß, und er hielt's wie eine Tochter.
Als aber zu dem reichen Mann ein Gast kam, brachte er's nicht über sich, von seinen Schafen und Rindern zu nehmen, um dem Gast etwas zuzurichten, der zu ihm gekommen war, sondern er nahm das Schaf des armen Mannes und richtete es dem Mann zu, der zu ihm gekommen war.
Als der König David diese Geschichte hörte, geriet er in großen Zorn über den Mann. Er sagte:
»So wahr der Herr lebt: der Mann ist ein Kind des Todes, der das getan hat!«
»Du bist der Mann!« antwortete Nathan, der Prophet, dem König. 2. Samuel 12,1–7

Eine erregende Überführung.
Liebe und Grausamkeit geraten dicht aneinander, reiben sich.
David hat Ehebruch begangen.
Er hat dem Feldhauptmann Uria die Frau weggenommen, während der im Krieg für den König stritt.

Es muß nicht Ehebruch sein.
Auch anderes kann dem Armen genommen werden.
Der Schwache kann sich ja nicht wehren.
Ihm ist rasch die Existenz zerstört.

»Du bist der Mann!«
Das geht mir durch und durch.
Da spüre ich den Finger auf mich gerichtet.
Da bin ich an der Wand.

David tat Buße.

Der Sinn der Worte
blieb ihnen verborgen, doch sie
scheuten sich, Jesus
danach zu fragen. Lukas 9,45

Wir waren in einer Gruppe zusammen,
Diskussion über Gott und die Welt,
ich redete mit
und hörte zu, was die anderen sagten.
Mehr und mehr kam das Mädchen in meinen Blick –
da saß es,
hübsch anzusehen mit dem niedlichen Gesicht,
das vor sich hin lächelte,
fast ein bißchen traurig
und gerade deshalb für mich interessant.
Nur, es sagte nichts, kein Sterbenswörtchen,
es war, als habe das Mädchen ein Schild umhängen:
»Fragt mich nichts! Ich bin zwar schon achtzehn,
aber zu dumm für eure Gedanken,
ich bin mit alledem nicht vertraut,
würde ich was sagen, ihr würdet bloß über mich lachen!«

Ich kenne einige solcher Menschen.
Sie sitzen dabei und sagen nichts.
Gehemmt und scheu, vorsichtig und zurückhaltend.
Es ist auch schwer, wenn so große Worte gesprochen werden,
wenn man vom Wissen anderer fast erdrückt wird –
und nichts kapiert.

»Eine Frage kostet nichts!« heißt es.
Aber manchmal, da ist die Scheu eben größer als die Courage.
Vielleicht geht es auch gar nicht um Dummheit
und Gescheitheit.
Vielleicht um Distanz und Bescheidenheit.
Bei Jesus könnte ich es mir so denken,
hier zeigte sich wirklich eine Größe.
Das spürten seine Freunde.

Die Leidenschaft, sie ist der Grund des größten Jammers auf der Welt. Euripides

Wie können Menschen zum allgemeinen Besten raten,
die das Opfer ihrer eigenen Leidenschaft sind?
Friedrich Schiller

Doch ich bin weit entfernt, darum selbst wahre Leidenschaft, wenn sie wirklich aus der Tiefe des Gemüts stammt und auf einen guten Zweck gerichtet ist, gewissermaßen zu verurteilen. Wilhelm von Humboldt

Große Leidenschaften sind wie Naturkräfte;
ob sie nützen oder schaden,
hängt bloß von der Richtung ab,
die sie nehmen. Johann Jakob Mohr

Leidenschaften sind die Pferde am Wagen des Lebens; aber wir fahren nur gut, wenn der Fuhrmann Vernunft die Zügel lenkt. Karl Julius Weber

Das Übergewicht der Neigungen entschuldigt den Menschen nicht, daß er nicht Herr seiner selbst ist; er soll seine Kraft gebrauchen lernen, die in der Vernunft besteht.
Gottfried Wilhelm Leibniz

Wie geht es zu,
wenn Gott sein Werk vollendet?
Lukas 13,20

Es ist wie beim Sauerteig.
Eine Frau mengt ihn unter einen halben Zentner Mehl,
und er macht den ganzen Teig sauer.
Oder –
es ist wie bei einem Senfkorn,
das ein Mann in seinem Garten gesät hat.
Es geht auf und wächst
und wird ein richtiger Baum,
in dessen Zweigen die Vögel nisten können.

Also nicht wie in einer Nacht- und Nebelaktion geht es zu,
nicht ruck, zuck! –
sondern es geschieht als ein Prozeß,
als Entwicklung,
als Wachstum.
Das gefällt mir,
denn ich kann zusehen dabei,
ich kann verfolgen, wie es vorangeht,
wenn Gott sein Werk vollendet.

Es ist wie bei einem Bildhauer.
Erst ist da der große Steinblock,
die Werkzeuge liegen dabei, Hammer und Meißel,
und langsam beginnt der Steinmetz mit der Arbeit,
kleine Konturen zeichnen sich ab.
Oder –
es ist wie bei einem Maler.
Zuerst ist da die Idee,
dann folgt die Skizze,
dann wählt er die Farben und trägt sie auf,
bis das Bild fertig ist.

Manchmal, Herr, sehe ich nur ganz wenig,
ich denke, du trittst auf der Stelle mit deinem Werk.
Aber dann spüre ich, es geht weiter.

Oktober **25**

Haben wir nicht alle einen Vater? Hat uns nicht ein Gott geschaffen? Warum verachten wir denn einer den andern?
Maleachi 2,10

»Die kleinen Unterschiede im Detail sind's,
die machen die Unterschiede!«
»Im großen und ganzen sind wir uns ja einig,
aber da sind bei näherem Betrachten die Feinheiten!«
»Zwischen Holz und Holz ist eben doch ein Unterschied!«
Die Reihe der Entschuldigungen könnte fortgesetzt werden.
An den gemeinsamen Ausgangspunkt zu erinnern
ist vielleicht gerade noch möglich,
aber dann kommen die Weggabelungen.
Wohin?
Und wer hat recht?

Wir haben alle einen Vater.
Das klingt familiär.
Das schafft Gemeinsamkeiten.
Aber gerade in den Familien bröckelt's oft.
Von einem bestimmten Punkt an läuft alles auseinander.
Kommen noch andere Menschen hinzu,
Schwager oder Schwägerin,
Schwiegertochter oder Schwiegersohn,
geht die Verwirrung los,
neue Maßstäbe gelten plötzlich,
und – es wird »Maß genommen«.

Hat uns nicht ein Gott geschaffen?
Da wird das ganze Menschengeschlecht sichtbar.
Das könnte ein Ausgangspunkt für Völkerverständigung sein.
Aber noch werden Rassenunterschiede gemacht.
Noch geht der Riß zwischen reich und arm durch die Welt.

Warum verachten wir denn einer den anderen?
Eine deutliche Frage.
Auch für diesen Tag.

Und er erklärte ihnen seine Botschaft mit Hilfe von Gleichnissen. *Matthäus 13,3*

Er begann zu erzählen:
»Ein Bauer ging auf's Feld um zu säen.
Als er die Körner ausstreute, fielen einige auf den Weg.
Die Vögel kamen und pickten sie auf.
Einige fielen auf felsigen Grund, der nur mit einer dünnen Erdschicht bedeckt war. Sie gingen rasch auf; als aber die Sonne kam, vertrockneten die jungen Pflanzen, weil sie nicht genügend Erde hatten. Einige Körner fielen in Dornengestrüpp, das bald das Korn überwucherte und erstickte.
Doch einige fielen auf guten Boden und brachten Frucht.
Manche hatten Ähren mit hundert, andere mit sechzig und wieder andere mit dreißig Körnern.«
Und Jesus sagte: »Wer hören kann, soll gut zuhören!«
Matthäus 13,3–9

Denn Beispiele verdeutlichen.

Es gibt Menschen, die die Gute Nachricht gehört haben, daß Gott seine Herrschaft aufrichten will; aber sie nehmen sie nicht ernst. Der Feind Gottes kommt und reißt aus, was in ihr Herz gesät worden ist. Bei ihnen ist es wie bei dem Samen, der auf den Weg fällt. Bei anderen ist es wie bei dem Samen, der auf felsigen Grund fällt. Sie hören die Botschaft und nehmen sie sogleich mit Freuden an; aber sie kann in ihnen keine Wurzeln schlagen, weil sie unbeständig sind. Wenn sie ihretwegen in Schwierigkeiten geraten oder verfolgt werden, geben sie sofort auf. Wieder bei anderen ist es wie bei dem Samen, der in das Dornengestrüpp fällt. Sie hören zwar die Gute Nachricht; aber sie bleibt wirkungslos, weil sie ganz von ihren täglichen Sorgen ausgefüllt sind und sich vom Reichtum verführen lassen. Dadurch wird die Botschaft erstickt. Matthäus 13,19–22

Nur ein Viertel bringt gute Frucht!
Wer hören kann, der soll gut zuhören!

Oktober **27**

Die Jünger kamen zu Jesus
und fragten: »Warum gebrauchst
du Gleichnisse, wenn du
zu den Leuten redest?«
Matthäus 13,10

Jesus gibt darauf folgende Antwort:
»Euch läßt Gott seine Absichten mit der Welt erkennen,
aber den anderen bleiben sie verborgen.
Aus diesem Grund benutze ich Gleichnisse,
wenn ich zu ihnen spreche.
Denn die Menschen sehen, aber erkennen nichts;
sie hören, aber begreifen nichts.
Ihr dagegen dürft euch freuen, denn eure Augen können sehen
und eure Ohren hören.«

Manche Predigt heute bedient sich auch solcher Gleichnisse.
Manchmal gehen die Beispiele auch daneben,
Wenn von Gott beispielsweise in der Sprache des Krieges
geredet wird:
daß er eine Kesselschlacht gegen den Satan plane
und wie ein Blindgänger sei, um den die Leute einen Bogen
machen,
weil sie Angst haben, er könne jeden Augenblick explodieren.
Oder daß er schneller sei als eine Rakete.
Trotzdem, eine Sache wird einsichtiger durch ein gutes
Beispiel,
weil Abstraktes nur wenigen einleuchtet.

Ich denke,
das beste Beispiel gab Jesus mit sich selbst,
durch seine Gesinnung,
in der Art, wie er den Menschen begegnete.
Ein Leben als Gleichnis.
Das müßte doch jeder verstehen,
daran kann keiner vorbei.
Es sei denn, es ist jemand innerlich abgestumpft,
geradezu schwerhörig geworden,
er sieht und hört nichts mehr.

Herr, laß mich die Absichten erkennen,
die du mit der Welt und mit mir hast.

Die neue Welt, in die Gott euch ruft, ist wie ein Schatz,
der in einem Feld vergraben war.
Ein Mann findet ihn und deckt ihn schnell wieder zu.
In seiner Freude verkauft er alles, was er hat, und kauft das Feld.

Wer Gottes Einladung versteht, der handelt wie ein Kaufmann, der schöne Perlen sucht.
Wenn er eine entdeckt, die besonders wertvoll ist, verkauft er alles, was er hat, und kauft sie.

Wenn die neue Welt Gottes kommt, ist es wie bei einem Netz, das im See ausgeworfen wird und mit dem man Fische von jeder Art fängt.
Ist das Netz voll, so ziehen es die Fischer an Land, setzen sich nieder und sortieren den Fang.
Die guten Fische kommen in Körbe, aber die wertlosen werden weggeworfen.
So wird es auch am Ende dieser Welt sein. Die Engel Gottes werden kommen und die bösen Menschen von den guten scheiden.

»Habt ihr das alles verstanden?« fragt Jesus seine Jünger, und sie antworten: »Ja!«
Jesus fügte hinzu: »Jeder Kenner der heiligen Schriften, der sich der Herrschaft Gottes unterstellt hat, kann mit einem Hausherrn verglichen werden, der aus seiner Vorratskammer neue und alte Sachen herausholt.«
Matthäus 13,44–49.51–52

Die neue Welt Gottes ist wie . . .
eine Geburtstagsfeier,
ein Hochzeitsfest,
eine spannende Geschichte,
ein langer Traum,
wie . . .

Ein einz'ger Augenblick kann alles umgestalten.
Christoph Martin Wieland

Der Augenblick nur entscheidet über das Leben des Menschen und über sein ganzes Geschick.
Johann Wolfgang von Goethe

So selten kommt der Augenblick im Leben, der wahrhaft wichtig ist und groß. *Friedrich Schiller*

Auch das mußt du noch lernen, dankbar froh den guten Augenblick genießen. *Friedrich Halm*

Ein Augenblick tilgt jahrelange Gunst. Ein Wort zerstört, was Taten mühsam schufen. *Joseph von Auffenberg*

Die beste Zeit ist immer der nächste Augenblick.
Sprichwort

Ich habe dich einen kleinen Augenblick verlassen,
aber mit großer Barmherzigkeit will ich mich wieder zu dir wenden.
Ich habe mein Gesicht im Zorn einen Augenblick lang vor dir verborgen,
aber mit ewiger Gnade will ich mich deiner erbarmen,
spricht der Herr, dein Erlöser. Jesaja 54,7.8

Gegen Mitternacht beteten
Paulus und Silas und sangen
Gott Loblieder.
Die anderen Gefangenen hörten zu.
Apostelgeschichte 16,25

Eingesperrt sein
und Loblieder singen –
das ist schwer vorstellbar.
Verständlich wäre, wenn sich in dieser Situation Depressionen einstellten,
Verzweiflung,
Wut.

Ein Name sei genannt:
Paul Schneider, der Prediger von Buchenwald.
Von den Faschisten ins Konzentrationslager gebracht,
wurde er zum unbeugsamen Zeugen der Wahrheit.
Sie wollten ihn mundtot machen.
In Einzelhaft gesperrt,
auf engsten Raum gedrängt,
die Zelle wie ein Käfig,
so sollte er zerstört werden.
Paul Schneider ließ sich nicht den Mund verbieten,
trotz Schläge und Quälereien.
Er rief die Wahrheit über den Appellplatz,
die Wahrheit, daß Christus der Sieger ist,
daß die Schinder und Schläger nur eine kurze Zeit haben.
Und die schäumten Haß,
machten Paul Schneider todkrank
und ließen ihn sterben.

Es gibt noch andere Namen,
hinter denen sich solche Glaubenskraft verbirgt.
Und es gibt viele Nachtstunden,
in denen nicht geschlafen, sondern gebetet wird.
Loblieder statt Tränen.

Wer unter Gott steht, steht über den Menschen.
Martin Luther

Ich bekenne mich zu dir.
Das bedeutet:
ich stehe ganz persönlich zu dir,
ich bürge für dich,
ich fühle mich mit dir zusammengehörig.
Dies geschieht nicht im geheimen,
dazu stehe ich auch in der Öffentlichkeit.

Das Gegenteil davon ist verleugnen.
Da sage ich mich los
und setze mich nicht mehr ein,
da lasse ich den anderen fallen.
Beschämend –
für mich oder den anderen.

Gott hat sich in Jesus zu uns bekannt.
Jeder Irrtum ist ausgeschlossen.
Jeder Versuch, dieses Bekenntnis zu untergraben, scheitert.
Gott haftet persönlich.
Er hat sich in aller Öffentlichkeit verbürgt:
auf Golgatha.
Das ist das gültige Bekenntnis durch alle Konfessionen.
Wer das leugnet, der steht nicht mehr im Bündnis mit Gott.

Ich bekenne mich zu Gott.
Das bedeutet:
Ich habe erkannt, daß er mich liebt,
daß er meine Schuld getilgt hat,
daß er das Trennende überwand
und jetzt für mich eintritt.
In Jesus Christus ist das bestätigt.
Das ist mein Glaubensbekenntnis.

November

November **1**

Ich schwor dir's und schloß mit dir einen Bund, spricht Gott der Herr, daß du solltest mein sein.
Hesekiel 16,8

Wir hören davon, wie Bündnisse abgeschlossen werden,
zwischen Völkern und Staaten,
innerhalb von Befreiungsbewegungen,
wie mit dem Schwur der Unterdrückten am Rütli –
»Wir wollen sein ein einig Volk von Brüdern,
in keiner Not uns trennen und Gefahr« –
für Gerechtigkeit gekämpft wird.

Bündnisse haben es in sich,
man muß vom Eigenen viel daransetzen,
wenn sie halten sollen.
Der eine muß sich auf den anderen verlassen können,
es gilt einzuhalten, was ausgemacht wurde,
ohne Abstrich oder Nachtrag.
Sonst taugt das Bündnis nichts.

Wie in der Ehe,
da gelten auch Abmachungen,
sie ist auch ein Bündnis.
Und wenn es gebrochen wird,
ist die Scheidung die Folge.

Gott hat mit uns einen Bund vereinbart.
Er hat bei seinem guten Namen geschworen,
zu uns zu stehen.
Er hätte Grund gehabt, den Menschen zu mißtrauen,
weil sie zu oft schon absprangen und umschwenkten.
Aber nein, er stellt sich zu uns.

Jesus, der Mann aus Nazareth, ist das Siegel darunter.
Der Vertrag gilt.
Das Bündnis besteht.
An uns ist es, Leben daraus blühen zu lassen,
ihm zur Wirkung zu verhelfen,
damit es nicht nur auf dem Papier steht.

Darum gibt es in der ganzen Welt
nichts, was uns jemals
von der Liebe Gottes trennen kann.
Römer 8,39

Solche Bestätigung tut gut,
ich brauche sie,
weil ich zurechtkommen möchte
mit mir
und mit den anderen.
Mein Bedürfnis nach Liebe ist groß
und wird so oft überschattet,
die Sorge ist da, zu kurz zu kommen,
ich bin unsicher, ob ich das Rechte tue,
da brauche ich Gewißheit.
Manchmal suche ich den Ausweg im Genuß,
manchmal lasse ich mich elend durchhängen.
Aber das nützt nichts,
ich finde keine Gewißheit.

Jetzt höre ich:
Nichts in der ganzen Welt kann mich trennen
von der Liebe Gottes.
Nichts kann sich dazwischenschieben.
Nichts kann mich abschneiden von diesem Strom.
Keiner hat die Macht zum Zerstören.
Solche Bestätigung tut gut,
ich nehme sie an,
weil ich spüre, ich werde sicherer,
ich kann auch den anderen etwas bedeuten.
Mein Bedürfnis, diese Liebe weiterzugeben, wächst.
Ich denke: Du kannst Wärme geben,
du wirst dich für andere einsetzen,
das füllt die eigenen Hände,
und die Sünde wird geringer,
der Zweifel schwächer,
weil die Liebe Gottes stärker ist.

November **3** *Habe keine Furcht, denn ich habe dich befreit.* *Jesaja 43,1*

Herr, ich will dir sagen, was in mir vorgeht,
ich bin durcheinander
und kann keinen klaren Gedanken mehr fassen,
es will mir nicht in den Kopf,
daß alles aus sein soll,
unsere Liebe auf Eis gelegt ist,
daß diese Freundschaft zerbrach.
Herr, ich klage und klage an:
Warum werde ich so enttäuscht?
Warum geht dieser Mensch einfach von mir weg?
Warum bürdest du mir das auf?
Du weißt doch,
wie sehr ich ihn liebe,
daß ich ohne ihn nicht leben kann,
sondern lieber tot sein möchte.
Herr, in mir ist alles leer,
ich habe schon so viel geweint,
daß ich ganz leer bin,
wie ein ausgetrockneter Bach,
wie ein hohler Baum.

Gott spricht:
Mein Kind, habe keine Furcht,
denn ich habe dich befreit.
Ich habe dich beim Namen gerufen, du gehörst jetzt zu mir.
Denn nicht die Verwirklichung aller eurer Sehnsüchte macht auch froh;
nicht alle erfüllten Wünsche geben Lebensmut.
Mein Kind, ich will dich bei der Hand nehmen
und durch das dunkle Tal führen,
bis sich die Berge öffnen
und du wieder frei laufen kannst.

Brücke und Fluß im Nebel,
milchgrau der Himmel,
mit Asche bestreut.
Schwach jedes Blatt.
Krähen auf den Wiesen,
hocken auf Beutelauer.
Ich friere.

Manche Menschen mögen den November nicht.
Er bringt für sie Tage, die traurig stimmen.
Alles ist fahl und grau geworden.
Die Tage werden kürzer,
und die frostigen Nächte nahen.
Eine gewisse Wehleidigkeit kommt auf.
Schwermut.

Ich weiß nicht, ob du zu diesen Menschen gehörst.
Für mich ist der November nicht nur die Zeit der Totenmessen.
Ich denke schon ein bißchen an Weihnachten.
Erste Einkäufe werden geplant oder gar schon getätigt.
Und manchmal sehe ich mir die Bilder vom Sommer an,
vom Strand und der See,
von den tiefen Kiefernwäldern.
Manchmal setze ich mich an den warmen Kachelofen,
strecke die Beine weit aus,
verschränke die Arme
und sage mir: Behaglicher geht's nicht!
Vielleicht probierst du das auch einmal.
Vielleicht weißt du Besseres für trübe Stimmungen.
Dann sag es weiter.
Besonders denen, die den November nicht mögen.

Mit erfrornen Fingern macht man keine Knoten auf;
mit erkältetem Gemüt wird Leichtes schwer vollbracht.
Jeremias Gotthelf

November **5**

Beleidigt durch euer Verhalten nicht den heiligen Geist, den Gott euch gegeben hat.
Epheser 4,30

Wer das weiß,
wer solches glaubt,
der wagt wohl kaum eine Beleidigung.
Denn es gibt eine Begründung:
Der Heilige Geist bürgt dafür, daß die Stunde der Befreiung kommen wird.

Eine Art Rückversicherung also?

Für etwas bürgen heißt borgen.
Also eine Vorausgabe,
ein Vorschuß sozusagen.
Keine Rückversicherung.

Wie sollte jemand jenen beleidigen, der ihm borgt?
Wer beschimpft denn seinen Gönner?

Es geht nicht um Hörigkeit,
oder darum, sich zu unterwerfen.
Es geht ja auch nicht um Geld oder Ware,
sondern um Vertrauen und Frieden.
Gott ist großzügig und kein Krämer,
er will Menschen, die freiwillig nach seinem Willen leben.

Ich denke,
ich werde Gottes Heiligen Geist nicht mißachten können,
wenn ich ihn als Geschenk annehme,
als den Vorschuß auf Gnade,
auf die Stunde, die kommen wird,
zu meiner Befreiung.

Die Befehle des Herrn
sind richtig und erfreuen das Herz.
Psalm 19,9

In der Geschichte der Menschen sind sie abzulesen –
die falschen Befehle.
Sie wirkten sich verheerend aus,
sie führten zu Katastrophen.
Ganze Armeen wurden durch falsche Befehle vernichtet,
Völker in den Tod getrieben,
ausgelöscht.

Befehle fordern strengen Gehorsam,
Bedingungslosigkeit.
Befehle sind mehr als Anordnungen,
sie fordern unbedingte Erfüllung.

Wir haben die Zehn Gebote Gottes.
»Du sollst!« und »Du sollst nicht!«
Gottes Namen heilighalten,
die Eltern achten und ehren,
nicht töten, nicht ehebrechen, nicht stehlen.
Gutes über andere sagen.
Des anderen Eigentum nicht haben wollen.
Für den frommen Juden war es eine Freude,
solche Befehle zu halten.
Es gab nichts, was glücklicher machte.
Nicht im Sinne von »Befehl ausgeführt!«
Nicht im Sinne von »Melde gehorsamst, alles erledigt!«
Sondern, weil das Leben dadurch fröhlicher wurde.

Für dich und mich sind sie gedacht,
für das Miteinander aller Menschen:
Gottes Empfehlungen,
das Gute zu tun und das Böse zu lassen.
Auch dazu gehört Übung.

November **7** *Macht euch also gegenseitig Mut! Einer soll dem anderen weiterhelfen.*
1. Thessalonicher 5,11

Mir gefallen die positiven Ratschläge.
Ich möchte sie auch gern in die Tat umsetzen.
Gegenseitig Mut machen
und dem anderen weiterhelfen –
diese Art, miteinander umzugehen, brauchen wir.
Denn Mutlosigkeit drückt nieder,
Mutlosigkeit nimmt die Lebenslust,
jeden Schwung,
jeden Spaß.
Das kann schon am Morgen losgehen.
Nicht nur, weil du mit dem falschen Bein aufgestanden bist.
Nicht nur, weil du schlecht geträumt hast.
Ganz allgemein ist da das Gefühl:
Du trittst auf der Stelle,
du bist in den Entscheidungen gehemmt,
die Fenster sind wie zugezogen,
wie verklebt.

Ich denke an einen Freund, der kann Mut machen,
der findet das richtige Wort im Augenblick;
er sagt nicht nur »Kopf hoch!«
oder »Das geht schon vorüber!«
Er fragt: »Warum fühlst du dich so niedergeschlagen?
Was bedrückt dich wirklich? Nun erzähl doch mal,
wenn du willst!«
Es müßte viele solche Freunde geben.
Und –
ich möchte auch gern einer sein,
ich möchte sagen:
»Sei nicht traurig,
fasse guten Mut,
und versuche, die nächsten Schritte zu tun,
ich will dich dabei begleiten!«

Der Herr ist ein Gott des Rechts.
Wohl allen, die mit ihm rechnen!
Jesaja 30,18

»Recht muß Recht bleiben!«
Und damit meinen wir:
Es darf keine Willkür geben,
nicht gehandelt werden, wie's gerade jemandem einfällt.
Schließlich darf nicht auf eigene Faust und nicht nach
Geschmack oder Ansehen Recht gesprochen werden;
sonst hätten wir bald die Lynchjustiz,
das Chaos wäre nicht weit.

Solche Zeiten haben wir erlebt;
Die Richtschnur wurde willkürlich verändert,
da waren Juden eben keine Menschen,
sondern rechtlos Ausgelieferte,
sie wurden wie Vieh abtransportiert,
vergast oder erschossen.
Und dafür hatte eine Regierung eigens Gesetze erlassen,
Rassegesetze.
Heute hören wir von der Unterdrückung der Schwarzen.
Sie gelten als Menschen zweiter Klasse,
wie zur Jagd freigegeben.
Weil es Gesetze zur Apartheid gibt.

Der Herr ist ein Gott des Rechts.
Das heißt unmißverständlich:
Für ihn gibt es keine Rechtsverdrehung oder Rechtsbeugung,
kein Recht, weil es gerade nützlich ist,
sondern gültiges Recht über die Zeiten hinweg.
Auch wenn Gottes Mühlen langsam mahlen,
auch wenn wir oft so wenig davon spüren,
wir sollten uns darauf verlassen
und mit diesem Recht leben,
das jedem Menschen seine Würde gibt.

Gottesdienst.
Das Eingangslied ist verklungen.
Der Pfarrer steht am Altar und beginnt: »Nichtarier werden gebeten, die Kirche zu verlassen.«
Niemand rührt sich.
»Nichtarier werden gebeten, die Kirche sofort zu verlassen.«
Wieder bleibt alles still.
»Nichtarier werden gebeten, die Kirche sofort zu verlassen.«
Da steigt Christus vom Kreuz des Altars herab und verläßt die Kirche. Sonntagsblatt »Evangelischer Ruf«, 1933

Das Recht des Stärkeren ist das stärkste Unrecht.
Marie von Ebner-Eschenbach

Das Recht wissen und das Recht tun ist zweierlei.
Christoph Lehmann

Beschränktheit des Geistes erzeugt Rechthaberei, und nicht leicht reicht unser Glaube weiter als unser Auge.
François de La Rochefoucauld

Du sollst das Recht nicht beugen
und nicht nach der Person urteilen
oder gar Geschenke annehmen;
denn Geschenke machen die Klugen blind
und verdrehen die Sache der Gerechten.
5. Mose 16,19

Er läßt es den Aufrichtigen gelingen.
Sprüche 2,7

Was meinen wir damit,wenn wir von einem Menschen sagen:
»Der ist falsch«?
Doch dies:
Der meint nicht, was er sagt,
der beabsichtigt etwas anderes, als er vorgibt.

Im Gegensatz dazu handelt der Aufrichtige,
er macht keine krummen Touren,
er ist durchschaubar,
nichts geschieht aus dem Hinterhalt,
und Nebenabsichten sind ihm fremd.
Der Aufrichtige macht keine Intrige mit,
er spielt nicht mit »falschen Karten«.
Der Aufrichtige geht aufrecht,
er macht sich nicht krumm um eines Vorteils willen.

Hat er darum Erfolg?
Gelingt ihm deshalb alles?
Ist darum das Glück mit ihm?

Wir erleben auch das Gegenteil.
Und dann hören wir: »Ganz schön blöd!«
»Warum ist er so ehrlich!«

Menschen mögen so urteilen.
Vor Gottes Augen zählt Aufrichtigkeit.
Mit solchen Leuten will er seine Welt bauen.

Ich will aufrichtig sein, Herr,
hilf mir dabei.

November **11**

Ich habe mir vorgenommen:
Ich will mich hüten, daß ich
nicht sündige mit meiner Zunge.
Psalm 39,2

Wir nehmen uns allerlei vor,
für die nächste Stunde,
für den nächsten Tag,
für das neue Jahr,
Privates und Dienstliches.
Vornehmen heißt vorweggreifen,
also ein Stück von morgen gegenwärtig machen wollen.

Nun sagt aber auch der Volksmund:
Der Weg zur Hölle ist mit guten Vorsätzen gepflastert!
Weil doch nicht zu erreichen ist, was angestrebt war?
Weil wir unvollkommen bleiben?
Also wäre es besser, sich lieber gar nichts vorzunehmen?

Das wäre schon wieder eine Ausrede.
Da ist es schon besser, sich etwas zum Ziel zu setzen.
Mal ausprobieren, ob das geht.
Ein Versuch schadet schließlich nichts.

Ich habe mir vorgenommen:
Ich will aufpassen, daß ich nichts Böses rede.
Denn mit Worten kann so viel zerstört werden.
Sie vernichten aufgebaute Beziehungen im Handumdrehen,
Worte beleidigen, verraten,
machen den anderen nieder,
können unwahr und gemein sein.

Des Menschen Größe ist, daß er reden kann.
Nur er hat die Sprache.
Sie kann ihm zum Verhängnis werden.
Da heißt es schon zu überlegen, was man sagt.

Es gibt noch keine Kunst, die innerste Gestalt des Herzens im Gesicht zu lesen. *Friedrich Schiller*

Das Gesicht ist das Protokoll des Charakters.
Karl Julius Weber

Schöne Gesichter haben viele Richter.
Sprichwort

In jedes Menschen Gesichte steht seine Geschichte,
sein Hassen und Lieben deutlich geschrieben,
sein innerstes Wesen, es tritt hier ans Licht;
doch nicht jeder kann's lesen, verstehn jeder nicht.
Friedrich Bodenstedt

Der Charakter der Menschen ist ihren Gesichtern eingeprägt. Alle Leidenschaften verursachen besondere Züge im Gesicht. *Ewald Christian von Kleist*

Du durchdringest alles;
laß dein schönstes Lichte,
Herr, berühren mein Gesichte.
Wie die zarten Blumen
willig sich entfalten,
und der Sonne stille halten,
laß mich so
still und froh
deine Strahlen fassen
und dich wirken lassen.
Gerhard Tersteegen

November **13**

Was murren denn die Leute im Leben? Ein jeder murre gegen seine Sünde! *Klagelieder 3,39*

Es gibt Nörgler,
die haben über alles und jeden zu meckern,
nur über sich selbst niemals.
Und es gibt mißmutige Menschen,
schlechtgelaunte,
in ihrer Nähe kommt einen das Frieren an,
weil die Atmosphäre dumpf und kalt wird.
Und da sind die Leute, die murren.
Solche Leute murmeln vor sich hin,
sie äußern ihren Unwillen über alles und jeden
und brummen in sich hinein: »Mies ist alles, alles mies!«
Ihnen ist der Schnee nicht weiß genug,
der Regen kein Regen,
und wenn sie gar eine Aufgabe erfüllen sollen,
die ein wenig aus ihrem Rahmen fällt,
nimmt das Schimpfen kein Ende.

All diesen Nörglern und Miesmachern sei gesagt:
Zuerst vor der eigenen Türe kehren!
Dann sollte man beginnen, die »schwachen« Stellen abzuklopfen.
Es wird sich zeigen,
wieviel Positives im Grunde genommen da ist,
weil das Gute entdeckt werden will,
bevor es wirken kann.
Wenn schon Nörgeln, Miesmachen und Murren sein müssen,
dann sollte man bei sich selbst anfangen,
bei der eigenen Auflehnung Gott gegenüber.
So harmlos sind wir nämlich nicht,
so brav und gut.
Unsere Absonderlichkeiten verkleinern die Sünde noch lange nicht!

Nun ist mein Herz fröhlich,
und ich will ihm danken
mit meinem Lied. Psalm 28,7

Es heißt:
Der Vogel, der am Morgen singt,
den fängt am Abend die Katze!
Das wäre ja traurig.
Ich will mich auf solch grausamen Pessimismus
gar nicht einlassen!
Nach einer guten Nachtruhe ist ein Lied am Platze,
gesungen, gesummt oder gepfiffen.
Nach einer bestandenen Prüfung auch,
nach einer überwundenen Krankheit,
nach einem langgestreckten Sitzungstag;
oder vor dem ersehnten Wochenende, auf das man sich freut,
vor Festtagen,
sozusagen als Vorfreude.
Aber vielleicht auch nach einer überstandenen Krise –
es gibt so manche Krise, die uns aus der Bahn wirft.
Vielleicht sind wir schuldig geworden,
vielleicht einen Irrweg gegangen, haben uns verfehlt,
darin verstiegen, verstrickt und verfitzt.
Und bin ich heraus,
habe ich das hinter mich gebracht,
warum sollte ich nicht fröhlich sein?

Herr, ich will fröhlich sein,
ich lache und tanze,
und ich möchte am liebsten die ganze Welt umarmen;
aber ich habe nur mein kleines Lied,
nur das eine Wort,
und ich will es wiederholen,
ich will es singen, wie der Vogel, der frei ist –
Danke!

Es wird Freude im Himmel sein über einen Menschen,
der ein neues Leben anfängt.

Wurzeln sind der Halt der Pflanze.
Ein Baum ohne kräftige Wurzeln fällt um.
Wurzeln saugen die Nährstoffe auf.
Wie die Sonne von oben wärmt,
so gibt die Erde durch die Wurzeln von unten Kraft.

Ich denke:
Es ist gut, einen Halt zu haben
und nicht jedem Wind nachgeben zu müssen.
Es ist gut, fest verankert zu sein
und nicht bei jeder Trockenheit zu verdursten
oder bei jeder Überschwemmung mitgerissen zu werden.
Ich bin fest verwurzelt,
das heißt, ich habe Boden unter den Füßen.
Das gibt mir Kraft,
das flößt mir Vertrauen ein.

Ihr habt Jesus Christus als Herrn angenommen.
Bleibt in lebendiger Verbindung mit ihm!
Seid in ihm verwurzelt und baut euer Leben ganz auf ihn.
Kolosser 2,6.7

Die Zweige geben Kunde von der Wurzel.
Arabisches Sprichwort

Was nicht von innen keimt hervor,
ist in der Wurzel schwach.
Ludwig Uhland

Weil du im Herzen
betroffen bist und dich
vor Gott gedemütigt hast, ...
so habe ich dich auch erhört,
spricht der Herr.
2. Chronik 34,27

Herr, mir geht das so:
Ich bin betroffen über meine Art,
wie ich mit anderen Menschen umgehe,
betroffen darüber, was ich anrichte,
betroffen aber auch, weil ich es so gar nicht will.

Herr, mich trifft dann plötzlich der Gedanke:
Ich möchte am liebsten fortlaufen,
und das Schlimme ist,
daß mir Menschen, die ich mochte,
nichts mehr bedeuten,
ich fühle nichts mehr für sie,
alles ist leer.

Herr, ich glaube, ich drehe mich um mich selbst,
ich muß einsehen lernen,
daß ich so nicht leben kann,
ich will mich anderen gegenüber öffnen
und für sie dasein,
das macht wirklich frei.

Herr, mir geht das so:
Dein Wort muß mich erreichen,
ich muß ganz persönlich von dir angesprochen werden,
anders trifft mich nichts.
Sprich zu mir,
heute,
ich will darauf hören
und mich danach richten.

November **17**

Der Engel des Herrn lagert sich
um die her, die ihn fürchten,
und hilft ihnen heraus.
Psalm 34,8

Einer erzählt,
er sei einem Unfall nur knapp entgangen,
gerade so daran vorbeigekommen.
»Er muß einen Schutzengel haben!«

Glauben wir daran?
Oder sind das Vorstellungen vergangener Zeiten?
Da hingen solche Bilder in den Schlafstuben der Urgroßeltern,
Bilder von weißen Wesen mit Flügeln,
die wachten über Vater, Mutter und die Kinder
bei sternklarer Nacht.

Manchmal sagen wir von einem Menschen,
hat er uns aus einer gefährlichen Lage befreit
oder zurückgehalten, als das notwendig war:
»Du bist mir wie ein Schutzengel gewesen!«
»Der Himmel hat dich mir geschickt!«
Ein Mensch – Gottes Bote,
zu mir geschickt, um mich zu schützen.

Die Bibel berichtet oft davon:
Gott sendet Boten,
die sagen an, was auf Menschen zukommt,
Gutes oder auch Richtendes;
und sie sind da, wenn Gefahr droht.
Ich nehme solche Aussage gern an,
weil ich Schutz brauche.
Ich weiß, ich muß nicht mutterseelenallein
mein Leben durchstehen.
Und ich bitte Gott,
wenn es sein soll und er mich braucht,
möchte ich auch gern sein Bote sein,
schützen und helfen,
aufrichten und trösten.

Wer seine Hand an den Pflug legt und zurückschaut, den kann Gott nicht gebrauchen, wenn er sein Werk vollendet. *Lukas 9,62*

18 November

Als die beiden Städte Sodom und Gomorrha verbrannten,
da befanden sich Lot und seine Frau auf dem Fluchtweg.
Lot und seine Familie waren die einzigen, die überleben sollten.
Und Gott hatte ihnen ausdrücklich geboten,
sich ja nicht umzudrehen,
weil er nicht wollte, daß sie sehen sollten,
wie unerbittlich sein Gericht über diese Städte war,
weil sie von der Katastrophe ganz verschont bleiben sollten.
Doch Lots Frau brachte es nicht fertig zu gehorchen,
sah zurück
und erstarrte zur Salzsäule.

So berichtet es uns die Bibel.
Es ist so ein Grundzug, der durch die biblischen Bücher geht,
in verschiedenen Variationen die gleiche Aussage:
Wer von Gott gebraucht werden will,
für den gibt es oft einen Bruch mit der Vergangenheit,
der merkt, daß alte Bindungen zerbrechen und aufhören,
ein Zurück gibt es da nicht.
Das geschieht nicht,
weil Gott neidisch wäre auf unsere Bindungen,
sondern weil er will, daß unsere Blicke ganz nach vorn
gerichtet sind, auf die Zukunft, auf das Morgen zu.
So sehr gern der Bauer einmal zurückschaut,
ob denn die Furche auch gerade gezogen ist,
denn das gehört ja zur Berufsehre, eine gerade Furche,
auch wenn sie der Traktor zieht,
so wenig sollte, wer sich Gott zur Verfügung stellt,
zurücksehen auf seine Leistung,
auf das, was ihm lieb und wert ist.

Darum heißt es, wenn Jesus Menschen in seine Nachfolge rief:
Sie ließen alles stehen und gingen mit ihm.

Der Herr erfüllt auch seine Zusagen nicht zögernd, wie manche meinen. Im Gegenteil: er hat Geduld mit euch, weil er nicht will, daß auch nur einige zugrunde gehen. Er möchte, daß alle Gelegenheit finden, von ihrem falschen Weg umzukehren. 2. Petrus 3,9

Es war Sommer.
Wir hatten die Wanderkarte genau studiert. Eigentlich konnte nichts schiefgehen. Unser Ziel stand fest, und der Weg dorthin auch. Aber nachdem wir schon drei Stunden unterwegs waren, etliche Kreuzungen passiert hatten und noch meinten, auf dem richtigen Weg zu sein, kamen doch Zweifel auf. Vielleicht waren wir an der dritten Kreuzung falsch abgebogen, vielleicht hatten wir ein Wanderzeichen übersehen. Und während unser Schritt langsamer wurde, der Zweifel uns sozusagen hemmte, das Tempo fortzusetzen, tauchte mehr und mehr die Frage auf, ob wir nicht doch lieber umkehren sollten. Oder sollten wir uns damit zufriedengeben, notfalls ein ganz anderes Ziel zu erreichen als das vorgenommene? Im Urlaub sollten keine Zwänge herrschen. Aber manchmal ist es doch wichtig, lieber wieder umzukehren, als falsch anzukommen.

Nicht wiedertun ist die beste Buße!
Sprichwort

Buße ist Umkehr, Wendung, Änderung.

Fürchte dich nicht, liebes Land,
sondern sei fröhlich
und getröstet; denn der Herr kann
auch Gewaltiges tun. *Joel 2,21*

Wir hören von Gewalt,
von schrecklichen Grausamkeiten,
von Kriegen, in denen Napalm abgeworfen wurde,
um ganze Landstriche zu verbrennen,
wo dann nur noch Asche ist und wo Kinder als verstümmelte
Opfer von Bomben und Granaten weiterleben müssen.
Und wir hören, daß so ein Krieg beendet wurde.
Plötzlich die Stille.
Plötzlich der Frieden.
Menschen müssen nicht mehr fliehen
und in panischer Angst davonjagen,
Familien werden nicht mehr auseinandergerissen.

Ich bin immer von Herzen froh,
wenn ich solch eine Friedensnachricht höre,
wenn Menschen wieder aufatmen dürfen
und Sirenen nicht mehr heulen.
Und ich denke:
Das ist Gottes gewaltigste Tat, daß er Frieden schafft,
damit die Felder wieder bestellt werden können,
in den Fabrikhallen die Produktion anläuft
und die Kinder die Schule besuchen, um zu lernen.

Die ganze Menschheit ist so ein Land, das auf Frieden wartet.
Die ganze Menschheit wartet auf Gottes gewaltigste Tat,
auf ein Land,
dem Freude und Trost zugesagt ist.
Ich meine, da tut es gut, wenn so ein kleiner Prophet kommt
und sagt:
Das wird so geschehen, wie ich es sage,
Gott baut seine neue Welt auf,
und ihr sollt glücklich darin sein!
Helft mit,
denn dieses Land ist auch euer Land.

November **21**

Bleibt mit ihm verbunden, meine Kinder!
1. Johannes 2,28

»Ich verbinde Sie!« sagt die Sekretärin am Telefon
und stellt zum Chef durch.
»Das ist eine ansehnliche Verbindung!« tuschelt jemand
und zeigt auf die jungen Leute, die miteinander gehen.
Verbundenheit durch Liebe.

Bleibt mit ihm verbunden!
So mahnt ein Vater seine Kinder.
Er meint damit:
Laßt den Kontakt zu Gott nicht abreißen.
Haltet fest an der Verbindung.
Hört auf ihn,
und redet mit ihm.
Denn jede anscheinend noch so unauflösliche Verbindung
reißt ab,
wenn das Interesse erlischt,
der Zwischenkontakt,
das Spiel hin und her,
das Aufsuchen und Nachsehen.
Bleibt mit ihm verbunden!
Das heißt auch:
Macht nichts auf eigene Faust!
Sprecht euch vorher ab.
Die Rückkoppelung ist wichtig.
Erst dann muß keine Furcht mehr sein,
erst dann sind Gewißheit und Vertrauen da.

Ich bin froh,
daß Gott zugesagt hat,
von seiner Seite aus die Verbindung zu halten.
An mir liegt es jetzt.

Wenn ich heute sterben würde –
was würden die Leute morgen von mir sagen?

»Er war ein kluger Mensch,
seine Bildung beeindruckte!«
»Er war ein guter Mensch,
stets hat er anderen geholfen!«
»Er war eine fleißiger Mensch
und hat stets gearbeitet,
um sich einen schönen Besitz zu schaffen!«
Oder würden sie denken:
Nur Durchschnitt!
Nichts Überragendes!
Bedeutungslos!
Oder würden sie gar meinen:
Wir werden ihn nicht sehr vermissen!
Eine Lücke reißt er gerade nicht!
Jeder Mensch ist ersetzbar!?

In den Annoncen steht soviel geschrieben,
von Treue und Liebe,
von Fürsorge und Selbstaufopferung,
soviel von »Nievergessen«
und »Auf-ewig-Gedenken«.
Sind das nur Beruhigungen?
Oder gar Lügen?
Warum schreibt niemand:
Es war ein schwieriger Mensch!
Kritik konnte er nicht vertragen!
Oder noch deutlicher ...

Wenn ich heute sterben würde –
was würde Gott zu meinem Leben sagen?
Das zählt.
Das ist wichtig.
Denn ihm gebe ich nur zurück, was er mir geliehen hat.
Da ist die Frage bedeutsamer:
Was habe ich aus meinem Leben gemacht?
Und da will ich mich auf Gottes gnädiges Urteil verlassen.

November **23**

Wenn der Herr nicht das Haus baut, so arbeiten umsonst, die daran bauen.
Psalm 127,1

Wir glauben:
Gott muß dabeisein, sonst wird nichts!
Gott muß dabeisein, wenn wir etwas aufbauen,
im Alleingang richten wir nichts aus.
Einverstanden –
ein Dach über dem Kopf ist notwendig,
und eigener Herd ist Goldes wert!
Und, wer nicht schafft, der schafft nichts.

Es geht nicht nur um den Hausbau,
um das Eigenheim,
um die berühmten vier Wände.
Wir könnten auch sagen:
Wenn der Herr nicht bei unserem Forschen ist,
dann ist alles umsonst.
Wenn der Herr nicht bei unserem Gestalten
und Verwalten
und Erfinden
und Beschreiben
und Verkaufen
und Erwerben ist,
dann war alles vergeblich.
Die vergebliche Arbeit ist schlimm.

Freilich, viele Menschen kommen ohne Gott zurecht,
sie bauen, rechnen, säen, pflanzen und mühen sich redlich.

Gott muß dabeisein,
das ist keine Formel, das ist kein Rezept.
Du kannst es nur als eine notwendige Beziehung des Glaubens erfahren.
Da ganz sicher.

Der letzte Tag bringt uns keine Vernichtung,
sondern nur Veränderung.
Marcus Tullius Cicero

Lehre uns bedenken, daß wir sterben müssen,
damit wir klug werden.
Psalm 90,12

Wo ein Leben stirbt, da sind auch Tränen.
George Byron

Der Tod ist gewiß, die Stunde ist ungewiß.
Inschrift an der Rathausuhr Leipzig

Sterben müssen – sterben können – sterben wollen, wie stehen wir Menschen dazu?
Versuchen wir, den Gedanken daran aus unserem Leben zu verdrängen?
Wird er uns abgenommen, weil Sterben so wenig in unserer unmittelbaren Nähe geschieht?
Sterben müssen, das ist das unabwendbare Ereignis, das allem Leben widerfährt.
Sterben können, das ist die Einsicht in dieses unabwendbare Ereignis.
Sterben wollen, das ist der Wunsch, das unabwendbare Ereignis als Übergang ins andere Leben zu erfahren.

Volksmund:
Sind schon so viele Leut vor dir g'storben, hat der Pfarrer zur Huber-Bäuerin g'sagt, dann wird's dich auch nicht umbringen.

Wenn einer von uns zweien einmal stirbt, dann zieh' ich ins Austraghäuserl.

Das Zahlen und das Sterben muß man sich bis zum Schluß aufheben.

November **25**

Als Jakob von seinem Schlaf aufwachte, sagte er: Ja, der Herr ist an dieser Stätte, und ich wußte es nicht! 1. Mose 28,16

Vielleicht ein Traum?
Wir träumen mancherlei:
Denkbares,
Erlebtes,
Absurdes.
Erlebnisse des Tages geraten ins Unterbewußtsein,
rutschen sozusagen ganz nach hinten,
um im Traum wieder nach vorn zu rücken,
sich mit Unkontrollierbarem zu vermischen
und Verwirrung anzustiften.
Erwachen wir, haben wir nur Brocken in der Erinnerung
und sagen:
»Hab ich einen Unsinn zusammengeträumt!«
Oder:
Da sind die schönen Träume, die wir halten möchten,
in denen uns Wünsche erfüllt wurden,
die uns ein Wohlgefühl gaben.
Erwachen wir, haben wir noch einen süßen Geschmack im
Mund und sagen:
»Schade! Hätte ich doch weiterträumen können!«

Aber auch das gibt es:
Wir erwachen und spüren,
da war einer ganz nahe bei uns,
einer hat uns berührt,
und wir haben's verschlafen.
Wir wissen nicht, was diese Nähe bedeutet,
wir merken nur: Das betrifft mich ganz persönlich.

Es gibt keinen Ort und keine Stunde,
wo Gott uns nicht nahe wäre.

Sei ohne Angst, du kleine Herde!
Euer Vater will euch
seine neue Welt schenken.
Lukas 12,32

Wir befinden uns in der Diasporasituation.
Das heißt: Wir sind in der Minderheit.
Die Zeit der Volkskirche ist vorüber.
Die Zeit der Massen liegt hinter uns.
Die meisten Gruppen in den Gemeinden sind klein geworden.
Oft sehr klein.
Das hat Vorteile.
Manches wird intensiver
und auch persönlicher.
Manches ist überschaubar geworden
und kann dadurch besser durchdacht werden.
Die meisten Gruppen in den Gemeinden sind klein geworden.
Das hat auch Nachteile.
Mancher ist deprimiert bei so kleiner Zahl.
Immer die gleichen wenigen Gesichter.
Da kommt man sich verloren vor.
Wie ein Sonderling und Außenseiter.

Vielleicht mußt du es neu lernen:
Gottes Sache ist nicht abhängig von der Zahl.
Das Evangelium hat immer zuerst den einzelnen im Blick.
Und die Zusage gilt:
Sorgt euch nicht, ihr in der Minderheit!
Legt die Komplexe ab!
Gott geht es nicht um einen Massenauflauf.
Der kleinen Gruppe soll eine ganze Welt geschenkt werden,
die neue Welt,
Gottes Welt.
Also nimm die Gelegenheit ernst,
die Chance der kleinen Zahl,
denn das Salz in der Suppe
macht sie erst schmackhaft.

November **27**

Wenn du Gottes Sohn bist,
dann befreie dich doch und komm
herunter vom Kreuz!
Matthäus 27,40

Steig herab, Jesus,
von deinem Fluchholzbalken,
und hilf dir selbst,
denn selbst ist der Mann!
Steig herab, Jesus,
von diesem Galgenschandkreuz,
denn anderen hast du geholfen,
nun zeig, was du für dich tun kannst!

Ich habe solch einen herabsteigenden Jesus gesehen, als Kunstwerk in einer Kirche. Das Kreuz biegt sich nach unten, als zöge die Last des Körpers die Balken krumm. Jesus streckt den rechten Arm aus, die Stacheldrahtfesseln sind gelöst, die den linken Arm noch binden, die rechte Hand öffnet sich, als wollte sie nach etwas greifen oder es erreichen. Der Kopf streckt sich weit nach vorn, den Boden suchend, ihm entgegen. Und es scheint, als nähmen die ausgestreckten Arme mit dem aufliegenden Kopf in der Mitte nochmals die Form eines Kreuzes an, als wölbe sich der herabgleitende Körper, wie die Balken des Kreuzes sich biegen.
Da habe ich gedacht:

Steig herab, Jesus,
in unsere Tage, heute,
denn wir können uns oft nicht helfen.
Steig herab, Jesus,
in unsere Fragen,
denn du bist auferstanden.
Steig herab in unsere Welt,
komm in unser Dorf, in unsere Stadt,
in unsere Wohnung – in mein Zimmer.
Denn ich bin manchmal hilflos und schwach,
komm, damit ich stark werde,
um anderen zu helfen in ihrem Tal der Traurigkeit und Enttäuschung,
und sie heraushole von dort!

Das dunkle Rätsel dieser Zeit
löst herrlich einst die Ewigkeit.
Heinrich Daniel Zschokke

Wo die Vergangenheit und Zukunft ist geschwunden
in Gegenwart,
da hast du Ewigkeit empfunden.
Wo du Vergangenheit und Zukunft hast empfunden
als Gegenwart,
da ist die Ewigkeit gefunden.
Friedrich Rückert

Die Ewigkeit ist der ganze vollkommene
und mit einem Male gegebene Besitz eines unbegrenzten
Lebens. Severinus Boëthius

Ewigkeit,
das ist die unvorstellbar lange Zeit.
seit Menschengedenken nicht denkbar,
unbegrenzt,
über alle Zeiten hinaus, zeitlos,
unvergänglich,
ewig gültig,
nicht mehr aufhebbar,
ohne Leid,
ohne Haß,
ohne Tod.
Ewigkeit,
das ist Gottes Zeit.
Er ist, der da war, der ist und der sein wird
von Ewigkeit zu Ewigkeit.

November **29**

Laßt euch nicht so rasch verwirren oder erschrecken durch die Behauptung, der Tag, an dem der Herr kommt, stehe unmittelbar bevor. 2. *Thessalonicher 2,2*

Glaubt nicht daran,
auch wenn sich einer auf eine göttliche Eingebung beruft
oder auf eine Äußerung
oder einen Brief,
glaubt es nicht! schreibt Paulus den Leuten.
Dann also nicht darauf warten?
Nicht mit Christus rechnen?
Im Gegenteil, schreibt Paulus den Leuten,
macht euch jetzt würdig für das Leben,
zu dem ihr berufen seid.
All eure guten Vorsätze
will Gott durch seine Macht
ans Ziel bringen.

Ein Leben im Glauben führen,
das heißt nicht etwa, die Verantwortung für die Welt ablehnen,
nicht etwa, so leben wollen,
als sei ringsum alles bedeutungslos.
Das wäre Schwärmerei,
und gerade solche Leute stellen die kühnsten Behauptungen auf.
Nein, es gilt vielmehr:
Gerade wer mit Jesu Zukunft rechnet,
wer sie erwartet,
der lebt bewußter für andere,
bewußter in seiner Zeit,
mit ihren Problemen,
für die Verwirklichung des Menschen.

Niemand weiß Tag oder Stunde,
wann der Christus Gottes wiederkommt.
Er kommt wie der Dieb in der Nacht,
wie der Vorgesetzte überraschend seinen Verwalter aufsucht,
so kommt er.

Man singt mit Freuden vom Sieg
in den Hütten
der Gerechten. *Psalm 118,15*

Siegesgesänge auf dem Fußballplatz,
dröhnend,
berauschend,
mehrstimmig überzeugend.
Die eigene Mannschaft hat gewonnen,
der Aufstieg ist gesichert,
es geht voran, dem Pokal entgegen.

Siegesgesänge setzen voraus,
daß auch eine Niederlage zu verzeichnen ist.
Dem Sieger steht immer der Verlierer gegenüber.

Gottes Sieg wird auch gefeiert.
Es ist ein Sieg über Ungerechtigkeit,
über Lethargie,
Bequemlichkeit,
Faulheit,
Rücksichtslosigkeit,
über alles Lähmende.
Diesem Sieg zu Ehren wird gesungen,
von Haus zu Haus,
von Stadt zu Stadt,
von Ort zu Ort.
Wo immer Gottes Sieg gefeiert wird,
da beginnt ein Fest.

Ich möchte dabeisein,
auch meine Stimme soll gehört werden,
ich will davon singen,
wie Gottes Sieg auch mich überwunden hat.
Nun laufe ich wieder voran,
nun sehe ich wieder mit offenen Augen in die Welt,
nun höre ich wieder zu.
Singen will ich, Gott.
Und tanzen auf deinem Fest.

Dezember

Dezember **1**

Ein Mensch sieht,
was vor Augen ist; der Herr aber
sieht das Herz an.
1. Samuel 16,7

»Ich sehe was, was du nicht siehst ...«,
so spielten wir als Kinder das schöne Ratespiel.
Einem war ins Auge gefallen,
was den anderen verborgen blieb,
bis sie es durch Fragen entdeckten –
den Teller an der Wand,
die Kappe des Schreibstiftes,
einen Knopf
oder die eigene Brille auf der Nase.

Später, als die Kinderspiele aufhörten,
da entdeckten wir eine andere Wahrheit:
Was vor Augen ist, kann sehr vordergründig sein,
nur scheinbar wertvoll,
obwohl es uns so ungemein wichtig vorkommt.
Was vor Augen ist, täuscht vielleicht sogar.
Wir halten einen Menschen für charaktervoll,
und dann stellt sich das Gegenteil heraus.
Wir meinen, einer sei zuverlässig
und dann erschrecken wir über die Schlamperei.
So mancher Kaderleiter hat dadurch schlaflose Nächte erlebt.

Aber es kann ja gar nicht anders sein,
wir können nur mit menschlichen Maßstäben messen,
und da sind Täuschungen nicht ausgeschlossen.
Gott hingegen sieht ins Herz,
das heißt, er kann nicht getäuscht werden,
weil er die Substanz prüft.
Da ist Mogelei unmöglich.
Das zu wissen bedeutet auch eine Hilfe –
dort, wo sich Menschen nichts zutrauen,
wo sie meinen, unbrauchbar zu sein,
dort werden sie ermutigt, zu wagen
und Verantwortung zu übernehmen.
Manch einer hat das nötig.

Macht die Tore weit und die Türen
in der Welt hoch,
daß der König der Ehre einziehe!
Psalm 24,7

Macht hoch die Tür, die Tor macht weit!
Es kommt der Herr der Herrlichkeit.

Adventszeit – Vorweihnachtszeit.
Nun sind sie also wieder da,
die Tage, die so umstritten sind:
von den Kindern geliebt,
von den Traurigen gefürchtet,
von den Schuldigen als Atempause empfunden,
von den Zweifelnden mit Skepsis erwartet.

Adventszeit – Vorbereitungszeit.
Alles zielt auf das Fest hin,
alles dient seiner Vorbereitung.
Deshalb gibt es Geheimnistuerei,
verschlossene Schränke und verstellte Ecken.
Deshalb hört man aber auch die Aufforderung:
Macht weiter die Tore und höher die uralten Pforten.
Sorgt dafür, daß der Einzug stattfinden kann,
helft mit, die Verengung zu beseitigen,
baut die Hindernisse ab.

Adventszeit – Besinnungszeit.
Nicht so, als müßten wir von einer stillen Zeit zur anderen hetzen.
Nicht so, als gelte es, nur sich selbst zu bespiegeln.
Besinnen heißt: sich erinnern
und nachdenken und auspendeln.
Warum nicht bei einer brennenden Kerze?
Warum nicht beim Plaudern und Erzählen mit anderen?
Georg Weißel betet in seinem Adventslied:
Komm, o mein Heiland Jesu Christ;
meins Herzens Tür dir offen ist;
ach zieh mit deiner Gnade ein,
dein Freundlichkeit auch uns erschein.

Dezember **3**

*Denn wer Jesus Christus gehört,
hat sein Ich mit allen
seinen Wünschen und Leidenschaften
ans Kreuz genagelt.* *Galater 5,24*

Früher fasteten Christen in der Adventszeit.
Fasten, das hieß in erster Linie: nicht essen.
Es gibt ein Essen aus Heißhunger, Langeweile
und Traurigkeit,
aber auch aus Gewohnheit und Appetit,
mitunter aus Wut.
Mehrere Tage nichts zu essen erscheint problematisch.
Aber Nichtessen hat mit Hungern nichts zu tun.
Fasten heißt eben auch: mäßig leben,
und nach Tagen solchen Lebens kann sich schon bald
Wohlbefinden herausstellen,
der Körper wird sozusagen entschlackt.
Oder müssen wir immer gleich wieder essen,
weil wir mit der Lust dazu nicht fertig werden?

Früher fasteten Christen in der Adventszeit.
Ihr Fasten war gar nichts Trauriges, sondern hatte einen
freudigen Akzent, einen festlichen,
weil Fasten und Feiern dicht beieinanderliegen.
Vielleicht kamen die Christen früher dadurch viel eher zur
Ruhe.
Fasten macht auch schweigsam;
da gelingt die Abwendung von den lauten Stimmen,
und wir hören auf die Stimme in uns.
Ein gutes Fasten, wo wir mit Worten sparsamer werden.

Christen machen daraus kein Gesetz, keine Leistung.
Wir dürfen essen, trinken, rauchen, tanzen und uns freuen.
Christen nehmen alle Gaben aus Gottes Hand.
Aber es ist eben die Frage, ob es auch zur Freiheit eines
Christen gehört, sich wieder im Fasten zu üben –
in der Zurücknahme der Wünsche.

Irgendwie muß ich darüber nachdenken.
Damit ich lerne zu erkennen, was wichtig ist.
Und auch: zu verzichten.

Lieb ist wohl allen das Licht;
aber am liebsten denen, die lange in finsterer Nacht
wanderten. *Bernhard von Clairvaux*

Das Licht, das ist das Gute. *Adelbert von Chamisso*

Wer erfahren hat, wie merkwürdig schwarz die Nacht unter Umständen sein kann, der weiß auch, welch ein Licht ein einziger Johanniskäfer in den Busch zu werfen vermag.
Wilhelm Raabe

Und Gott sprach: Es werde Licht! Und es ward Licht.
Und Gott sah, daß das Licht gut war.
Da schied Gott das Licht von der Finsternis und nannte das Licht Tag und die Finsternis Nacht. Da ward aus Abend und Morgen der erste Tag. *1. Mose 1,3–5*

Auch ihr wart einst im Dunkeln,
aber jetzt seid ihr im Licht,
weil ihr mit dem Herrn verbunden seid.
Aus dem Licht kommt lauter Güte, Gerechtigkeit und Wahrhaftigkeit.
Fragt immer, was dem Herrn gefällt.
Beteiligt euch nicht an dem sinnlosen Treiben, das den Schutz der Dunkelheit sucht.
Im Gegenteil, deckt es auf!
Das Licht deckt alles auf.
Was aber ans Licht kommt, wird selbst Licht.
Epheser 5,8–11.13–14

Wenn du in diesen Tagen eine Kerze anzündest,
so nimm dir Zeit, in ihre Flamme zu blicken,
sieh, wie sie das dunkle Zimmer erhellt,
wie sie wärmt
und wie sie sich verzehrt.
Licht ist Leben.

Dezember **5** *Schafft Frieden in euren Toren!*
Sacharja 8,16

Schafft Frieden –
in eurer nächsten Umgebung!
Nicht nur, weil bald Weihnachten ist,
nicht nur, weil sonst die Stimmung verdorben bleibt,
sondern weil unser Streit gelitten wird,
weil Frieden Kräfte freisetzt,
Gutes zu tun.

Freilich können nur Menschen Frieden schaffen,
die selbst im Frieden leben,
die in ihrem Innersten befriedet sind.
Schon inneren Frieden will uns Gott schenken.
Auf ihn kommt es an.
Er ist mehr als Vernunft,
mehr als Einsicht in die Notwendigkeit,
er bringt uns zur Ruhe,
er läßt uns Glück empfinden.

Schafft Frieden –
stiftet ihn an,
seid die ersten, die damit beginnen,
auch wenn der andere abblockt,
gebt nicht auf.
Arbeitet dafür, daß kein Haß aufkommt,
denn Frieden färbt ab,
Frieden ist auf Dauer nicht zu unterdrücken.
Und –
beginnt sofort,
wartet nicht erst auf den günstigen Augenblick.
Es wird euch nicht reuen.

Ihr seid also Gottes Kinder.
Galater 3,26

6 Dezember

Sankt Nikolaus, der Freund der Kinder.
Und die Erwachsenen erinnern sich an frühere Jahre,
an den Mann, der die kleinen Vorfreuden brachte,
die Überraschungen,
die Aufmerksamkeiten vor Türen und in Schuhen.

Es ist immer schön, wenn jemand an uns denkt.
Vielleicht geschieht das auch heute noch,
vielleicht regt uns die Gestalt des Heiligen an,
und wir machen einem anderen Menschen eine kleine Freude.
Denn die kleinen Liebesbeweise
sollten nicht im Trubel
der Geschäftigkeit untergehen.

In diesen Tagen erinnern wir uns vielleicht besonders oft an unsere Kindheit, an das Elternhaus, die Geschwister und Spielkameraden. Nicht jeder hatte eine geborgene Kindheit. Mancher erlebte viel Trauriges, Streit und Kampf. Und doch liegt gerade über den Kindheitstagen fast aller Menschen ein milder Schleier, eben weil es die Welt ist, in der alles aus der kindlichen Perspektive gesehen wird, ein bißchen verklärt, ein bißchen verspielt, ein bißchen versponnen.

Die Bibel spricht davon, daß wir Gottes Kinder geworden sind.
Nicht Sklaven unseres Ichs,
nicht Sklaven eines despotischen Gottes,
sondern Menschen, die zu Gott »Vater« sagen.
Unsere Herkunft ist nun also klar.
Gott hat uns seine ganze Aufmerksamkeit geschenkt.

Manchmal kann ich das gar nicht begreifen.
Manchmal denke ich, das ist auch so ein Kindheitstraum,
eine Erinnerung, weit weg.
Aber dann weiß ich, daß Jesus unser Bruder wurde
und wir seitdem Gottes Kinder sind.
Und dann denke ich: Das ist eigentlich ein Grund,
einem anderen Menschen eine Freude zu machen.

Ich bin immer bei euch, jeden Tag, bis zum Ende der Welt.
Matthäus 28,20

Mensch, was du tust, bedenk das End,
das wird die höchste Weisheit genennt.
Hans Sachs

Ende gut, alles gut.
Sprichwort

Ende,
das ist die Bezeichnung der Grenze,
der Begrenzung.
Wir sprechen vom Ende des Jahres,
vom Ende des Lebens,
vom Ende der Welt.
Wir meinen damit:
Nichts ist ewig.
Alles unterliegt der Begrenzung.
Es gibt einen letzten Tag,
es gibt eine letzte Stunde,
es gibt den letzten Augenblick.
Nur Narren leugnen das.
Jesus sagt zu seinen Jüngern:
»Darum seid wachsam! Denn ihr wißt nicht,
an welchem Tag euer Herr kommen wird.«
Das heißt:
Seht die Realitäten der Vergänglichkeit.
Erst dann werdet ihr träumen können von dem,
was nach dem Ende kommt –
die neue Welt Gottes,
ewig,
unbegrenzt,
als unvergängliches Leben.

Es kommt ein Tag, der brennen soll wie ein Ofen. Da werden alle Verächter und Gottlosen Stroh sein.
Maleachi 3,19

8 Dezember

Die letzte Seite im Alten Testament ist aufgeschlagen.
Hart klingen die Worte des letzten Propheten herüber.
Mahnungen. Drohungen. Oder Verheißung?
Zuerst die große Abrechnung – und danach Begnadigung?
Zuerst Angst und Schrecken – und dann Geborgenheit?
Das Feuer reinigt Gold und Silber.
Die Seife wäscht den Schmutz vom Körper.

Dieser Tag wird kommen!
Für die einen der absolute Gerichtstag.
Für die anderen ein Sonnentag.
Auf der einen Seite bittere Enttäuschung.
Auf der anderen Seite Freudensprünge.
Die letzte Seite im Alten Testament ist aufgeschlagen.
Schon sind die Worte des anderen, des Kommenden, wahrzunehmen.
Der neue Bund kündigt sich an.
Das Himmelreich ist ganz nahe.

Dieser Tag ist da!
Nun wird nicht länger nur interpretiert.
Nun verändert sich die Welt.
Wohl und Heil sollen für sie dasein.
Die Tauben hören,
die Lahmen gehen,
die Blinden sehen,
und, was für unrein gehalten wurde, das ist rein.
Nicht also
Gericht für die einen
und Sonne für die anderen.
Die neue Welt Gottes bringt jedem neues Leben.

Dieser Tag wird kommen.

Lernt Gutes tun, trachtet
nach Recht, helft den Unterdrückten!
Jesaja 1,17

»Drei Dinge tut ein Mann«, sagt ein irisches Sprichwort,
»er baut ein Haus, zeugt einen Sohn und pflanzt einen Baum!«
Zweifellos eine schöne Regel,
so geht die Welt weiter.

Von drei anderen Tätigkeiten höre ich,
durch die die Welt besser werden könnte:
Gutes tun,
zum Recht stehen
und den Unterdrückten helfen.
Und ich weiß:
Gutes tun will gelernt sein,
Gutes tun muß trainiert werden –
auf Kinder nicht immer bloß schimpfen,
den Kollegen nicht behindern,
an Arme nicht nur Almosen geben.
Und ich weiß:
Recht will immer wieder erkämpft sein,
es fällt nicht einfach in den Schoß –
also muß ich zu dem stehen, was richtig ist,
was ich für rechtmäßig erkannt habe,
ich darf nicht klein beigeben.
Menschen brauchen meine Hilfe,
nicht nur in der Ferne,
sondern auch in meiner unmittelbaren Nähe,
Kranke zum Beispiel,
an sich selbst Verzweifelte,
Menschen auf der Schattenseite des Lebens.

Zweifellos eine schöne Regel – Gutes tun.
Das fordert Aktivitäten
und Phantasie
und Mut.
So verändert sich die Welt.

Graf EGO hört, sieht und tut alles am besten.
Christoph Lehmann

Du bist nicht jede Stunde derselbe,
keiner von uns.
Und keiner kann vergessen,
Erinnerungen sind mächtig,
Fleck ist Fleck
und Schuld ist Schuld.
Theodor Fontane

Alles, was ist, ist Ich.
Johann Gottlieb Fichte

Wer bin ich wirklich?
Wer will ich sein?
Jeder hat Vorstellungen, wie er eigentlich sein möchte –
im Verhalten zu anderen,
im Aussehen,
bei der täglichen Arbeit.
Solche Wünsche spornen an.
Aber sie können auch unzufrieden machen,
wenn der Abstand zu den eigenen Kräften
allzu groß wird.
In dieser Spannung kommt es darauf an,
die Idealvorstellungen mit den tatsächlichen Möglichkeiten zu vergleichen und dabei die positiven Gestaltungskräfte zu entdecken, die in uns vorhanden sind, in meinem Ich.

Rabbi Chanoch erzählt: Es gab einmal einen Toren, dem fiel es schwer, morgens seine Kleidungsstücke zu finden. So schrieb er sich am Abend auf, wohin er sie gelegt hatte. Am Morgen zog er den Zettel hervor und las ab, wo Hose, Hemd und Mütze lagen. Als er jedoch die Hose überstreifte und alles anhatte, fragte er sich: »Ja, aber wo bin denn ich geblieben?«

Wer arbeitet, dem ist der Schlaf angenehm.
Prediger 5,11

Der Schlaf ist die köstlichste Erfindung.
Heinrich Heine

Ich schlief, aber mein Herz war wach. Hoheslied 5,2

Dachtet ihr, der Löwe schliefe, weil er nicht brüllt?
Friedrich Schiller

Eine Stunde Schlaf vor Mitternacht ist besser als zwei danach. Sprichwort

Schlaf ist die beste Medizin.
Sprichwort

Es ist Zeit für euch, aus dem Schlaf aufzuwachen! Denn der Zeitpunkt unserer endgültigen Rettung ist jetzt näher als damals, als wir zum Glauben kamen. Römer 13,11

Leute, welche nicht schlafen, mag ich nicht leiden, sagt Gott.
Der Schlaf ist des Menschen Freund.
Der Schlaf ist Gottes Freund.
Der Schlaf ist vielleicht meine herrlichste Schöpfung.
Wer reinen Herzens ist, der schläft.
Nicht schlafen, was für ein Mangel an Vertrauen zu mir.
Wer nicht schlafen kann, der bricht der Hoffnung die Treue.
Und das ist die größte Untreue.
Unselig, wer wacht und mir das Vertrauen nicht schenkt.
Als hätt' ich noch keinen Beweis meiner Treue geliefert.
Charles Péguy

Dann werden sie
den Menschensohn
auf einer Wolke mit
göttlicher Macht und Herrlichkeit
kommen sehen. *Lukas 21,27*

Wie wird es sein, wenn das All sich erhellt,
wenn die Posaune erschallt
und der Eine sich stellt,
wenn die Nebel sich spalten
und die Sonnen erkalten,
wie wird es sein?

Komm, neuer Himmel,
komm, neue Erde!
Sprich nochmals, Herr:
Es werde!

Wie wird es sein, wenn das Licht sich erhellt,
wenn die Finsternis stirbt
und die Erde erbebt,
wenn die Sterne zerreißen
und die Monde nicht kreisen,
wie wird es sein?

Sprich nochmals, Herr:
Es werde!
Komm, neuer Himmel,
komm, neue Erde.

Christus ist der Schlüssel der Weltgeschichte:
die alte schloß er ab,
die neue schließt er auf.

Schenken heißt, etwas geben, etwas darreichen,
ohne dafür etwas zu verlangen.
Ich schenke einem anderen meine Gunst,
ich schenke ihm meine Liebe,
mein Vertrauen,
mein Herz.
Ich erlasse einem anderen seine Schulden,
ich verzichte darauf,
geschenkt.
Ich schenke mich einem anderen Menschen,
ich schenke ihm meine Zeit,
mein Wissen,
ich widme mich ihm.
Schenken heißt, etwas geben –
und nicht eines Tages zurückverlangen.

Geld schenkt die Eitelkeit, der rauhe Stolz;
die Freundschaft und die Liebe schenken Blumen.
Franz Grillparzer

Nichts ist besser verkauft, als was man einem
echten Freunde, der's bedürftig ist, schenkt.
Chinesisches Sprichwort

Kleine Geschenke erhalten die Freundschaft.
Sprichwort

Gott ist auf unserer Seite, wer kann uns dann noch etwas anhaben? Er schonte nicht einmal seinen eigenen Sohn, sondern ließ ihn für uns alle sterben. Wird er uns dann mit ihm nicht alles schenken? *Römer 8,31.32*

Seht euch vor! Laßt euch nicht vom Rausch umnebeln oder von den Alltagssorgen gefangennehmen. *Lukas 21,34*

14 Dezember

In solcher Gefahr bin ich schon manchmal,
daß mich die Alltagssorgen gefangennehmen
und der Kopf nicht mehr klar denken kann.
Da bohrt die Frage:
»Wie wird es weitergehen?«,
und da nagt der Gedanke an mir:
»Was muß ich tun, damit es anders wird?«
Ich weiß, ich muß mich vorsehen,
damit mir der Blick frei bleibt für das Ziel.
Ich darf mich nicht so gehenlassen,
darf mich selbst nicht so wichtig nehmen.

In solcher Gefahr bin ich schon manchmal,
daß ich mich wie in einem Rausch befinde,
und dann fehlt es mir an klarem Urteil,
dann übertreibe ich,
dann steigere ich mich hinein,
und alles um mich herum schillert und schwimmt.
Ich denke, ich bin jetzt in ganz großer Fahrt,
ich packe das Leben mit allen Zügeln.
Ich weiß, ich muß mich vorsehen,
damit ich nicht auf einen Sockel steige,
von dem ich doch wieder herunterfalle.

Jesus rät:
Bleibt wach und hört nicht auf zu beten,
damit ihr stark genug seid,
alles zu bestehen, was geschieht.
Zuletzt werdet ihr vor mir stehen.

In einem Glashaus sitzt so mancher Christ
und denkt: Niemand kann mich darinnen sehn,
doch weil ein Glashaus, wie ihr alle wißt,
durchsichtig ist, sieht beim Vorübergehn
ein jeder jeden frommen, braven Mann,
und damit fängt nun die Geschichte an.

Es war einmal ein braver, kluger Christ,
der wußte, daß er in dem Glashaus sitzt,
und da erfand er mittels einer List
etwas, das ihm doch gar nichts hat genützt.
Er wechselte die klaren Scheiben aus
und kaufte matte Scheiben für das Haus.

Nun sah man seinen matten Schatten nur,
und sein Gesicht war anders, als es war,
von früher war da wirklich keine Spur,
verschwommen war es, aber nicht mehr klar.
Ein Fremder sagte, als er dieses sah:
Nun ist als Schatten dieser nur noch da!

Da freute sich der brave, kluge Mann
und gab den Scheiben noch den letzten Schliff,
und dieser Schliff hat es ihm angetan,
weil jeder nun die Sache schnell begriff:
Nicht nur verschwommen sein, das war sein Ziel,
verzerrt, verkrampft erschien nun das Profil.

Der brave Christ, der sagte selbst zu sich:
Die mattgeschliffnen Scheiben helfen mir,
ganz rückgezogen lebe ich für mich,
und trete ich aus meiner Glashaustür,
dann kann ich notfalls auch mal anders sein.
Doch da warf Gott ins Haus mit einem Stein.

Ein halber Christ ist ein ganzer Unsinn.

Dabei wollen wir Jesus
nicht aus den Augen lassen.
Hebräer 12,2

Denn –
er hat uns den Weg des Vertrauens geöffnet
und bringt uns auch ans Ziel.
Er hat das Kreuz auf sich genommen
und sich nichts aus dem schändlichen Tod gemacht,
weil eine so große Freude auf ihn wartete.
Jetzt hat er den Platz neben Gott eingenommen.

So las ich am Sterbebett einer jungen Frau.
Wirklich eine Gute Nachricht?
Mitte Dreißig – und schon sterben!
Sie war von der heimtückischen Krankheit überfallen worden,
ihre Augen sahen mich flehend an:
»Ich möchte noch so gerne leben,
ein paar Jahre wenigstens noch!«
Am 21. Dezember haben wir sie beerdigt.

In diesen Tagen vor Weihnachten
steht das Leid nicht still,
die Krankenhäuser zeigen das,
Schmerzen müssen ertragen werden,
und vor manchem Krankenbett stehen die Ärzte hilflos.
In diesen Tagen vor Weihnachten
wird geweint und geklagt,
und es wird gebetet,
laut gerufen, es möchte doch endlich Hilfe geschehen.
Denn für viele Menschen in solcher Situation ist es dunkel,
sie sind am Verzweifeln.

Jesus nicht aus den Augen lassen,
das scheint mir wichtig zu sein.
Denn er hat uns den Weg des Vertrauens geöffnet.
Ich weiß keinen anderen Rat.

Dezember **17** *Räumt die Hindernisse aus dem Weg.* *Lukas 3,5*

Wer war Johannes der Täufer?
Ein Revolutionär?
Einer, der um jeden Preis die Veränderung wollte?

Jesus sagte von ihm:
Johannes ist bedeutender als irgendein anderer Mensch.
Trotzdem ist der Geringste in Gottes neuer Welt
größer als er.

Johannes der Täufer ist ein Prophet gewesen.
Propheten meinen nicht sich selbst und ihre Ideen,
sie suchen nicht den eigenen Erfolg,
sie geben nur weiter, was ihnen anvertraut wurde.
Johannes der Täufer rief zur Umkehr des einzelnen,
er suchte nicht die Massen,
obwohl viele Menschen zu ihm kamen;
er zeigte auf den, der nach ihm kommen würde.
Ein Bote also, der mit einer Nachricht vorauseilt:
Einer kommt, der ist mächtiger als ich,
für ihn müssen alle Hindernisse aus dem Weg geräumt
werden!
Johannes der Täufer sagt das unerschrocken zu allen,
auch vor dem König Herodes weicht er nicht aus;
besonders schöne Kleidung
und angenehmes Essen sind dem Propheten unwichtig,
wichtig ist nur die Botschaft:
Er, der eigentlich wichtige Mann kommt nach mir!

Vielleicht muß ich auch solchen Botendienst machen,
vielleicht habe ich einiges aus dem Weg zu räumen,
Sperrmüll neben mir – und in mir.
Damit der Weg frei wird für ihn.

Eigentlich erwarten wir doch immer jemanden
oder etwas,
nach der Arbeit die Eltern, den Partner oder den Freund,
die Kinder, die aus der Schule kommen,
Gäste am Abend,
den Postboten,
besseres Wetter
und überhaupt ein bißchen Glück.
Menschen, die nichts mehr erwarten, sind allein,
sie haben mit dem Leben abgeschlossen,
und das ist traurig.
Wer erwartet, der hofft,
und die Hoffnung ist für das Leben
wie der Sauerstoff für die Lunge.
Wer keine Hoffnung hat, der erstickt an seiner einsamen
Gegenwart.

Herr, ich warte auf dein Heil!
1. Mose 49,18

Schöner als der vollste Besitz
ist die Erwartung des Glücks.
Emanuel Geibel

Warten können,
das heißt Geduld haben,
und Geduld, heißt es,
ist der Schlüssel zur Freude.

Dezember **19** *Bei dir, Herr, unser Gott, ist Barmherzigkeit und Vergebung. Daniel 9,9*

Was setzen wir nicht alles ein,
um beachtet zu werden:
Geld,
Beziehungen,
Aussehen.
Wir wollen einigermaßen clevere Leute sein.
Mancher wird dabei leider unfair.
Er benutzt nur noch die Ellenbogen
mit der Begründung, das Leben sei nun mal so hart.

Bei dir, Herr, gelten andere Verhaltensweisen.
Du wendest dich dem Menschen zu
und gewährst immer wieder den Neuanfang.
Vor dir muß man sich nicht produzieren.
bei dir werden die Fehler wirklich ausgelöscht.
Habgier ist dir fremd,
du gestehst jedem das gleiche Anrecht zu
und machst alles hell und freundlich.

Wir könnten solche Kräfte einsetzen
und Vertrauen aufbauen, wo Mißtrauen herrscht,
andere Menschen fördern, wo sie sich selbst behindern,
versöhnen, wo bitterer Streit Menschen kaputt macht.
Wir sollten diese Kräfte einsetzen,
denn wer Barmherzigkeit erfahren hat,
der darf gut und gern davon abgeben,
und wem vergeben wurde,
der sollte auch vergeben können.

Der Siege göttlichster ist Vergeben.
Friedrich Schiller

Maria lobte Gott:
Über alles stelle ich dich, Herr,
über alles,
und mein Lachen gilt dir, meinem Retter.
Du hast mich angenommen,
obwohl ich nichts bedeute,
obwohl ich nichts vorzuweisen habe oder darstelle,
gar nichts.
Alle Menschen sagen jetzt:
Seht, wie glücklich sie ist, seht sie an!
Denn du hast mich aufgehoben aus dem Staub,
dein Name ist für mich »Herausreißer«.
Deine Hilfe kennt nicht das Wort »zu Ende«,
über Generationen hinweg stehst du zu denen,
die dir die Treue halten.
Du streckst deinen Arm aus,
und die selbstsicheren Menschen werden hinweggefegt,
in Nichts zerfallen stolze Pläne.
Machthaber stürzen unter deiner Hand,
und Unterdrückte erheben sich stark.
Die Hungrigen werden endlich satt,
während die Reichen betteln müssen.
Vielen Menschen vor unserer Zeit hast du versprochen:
Ich will ein Herz für die Ärmsten haben.
Jetzt wird dein Versprechen eingelöst,
du nimmst dich deines Volkes an.
So erfüllst du die Zusagen, die du Abraham gegeben hast,
viele Menschen haben darauf gewartet.
Über alles stelle ich dich, Herr,
über alles,
und mein Lachen gilt dir, meinem Retter.
Nach Lukas 1,46–55

Manchmal glaube ich das alles gar nicht,
die Geburt des Kindes und die Geschichte von den Engeln
und den Hirten und von den Tieren im Stall –
die Sache mit den Tieren vielleicht,
seitdem ich mich selber kenne, liebe ich die Tiere.

Manchmal glaube ich das alles gar nicht,
daß es wichtig sei, sich Heiligabend etwas zu schenken
und einen Baum geschmückt ins Zimmer zu stellen
und besonders nett zueinander zu sein
und Lieder zu singen –
Lieder singen, das ja, das vielleicht.

Manchmal glaube ich das alles gar nicht,
daß es die Stille Nacht und die Heilige Nacht gibt,
daß Weihnachten das schönste Fest im Jahr sei,
weil dann Schnee leise rieselt
und es nach Pfefferkuchen duftet –
Pfefferkuchen mag ich, die schon.

Manchmal glaube ich aber, es ist doch gut,
daß es die Geburt von Bethlehem gibt, den Stall und die Krippe,
und vor allem das Kind, vor allem das.
Ein kleines Kind ist noch nicht böse, noch nicht falsch,
ein kleines Kind spinnt keine Intrigen,
es spielt seine Macht nicht aus.

Manchmal glaube ich aber, daß es doch gut ist,
die Geschichte von den armen Leuten wieder zu hören,
von der Flüchtlingsfamilie, die gerade besitzt,
was sie auf dem Leibe hat, die in dem Loch der Armut hockt,
bis das Licht kommt,
bis es hell wird,
ein Schimmer von Hoffnung.
Und es ist gut, daß es die Hirten waren, die als erste die Gute
Nachricht hörten, einfache Leute, rauhe Gesellen, harte
Burschen, wo doch sonst alles so übergescheit zugeht,
so gekonnt und perfekt.
Manchmal glaube ich das – und bin dann ganz froh.

Man soll es eurem Beitrag anmerken, daß er ein Geschenk ist und keine erzwungene Abgabe.
2. Korinther 9,5

Paulus bittet um Spenden für die Gemeinde in Jerusalem.
Sie hat es nötig, weil sie arm ist.
Und es gehört dazu, sich gegenseitig zu helfen,
was wäre das sonst für ein Glaube.

Jeder soll geben,
aber nur soviel, wie er sich vorgenommen hat.
Denn es soll ihm nicht leid tun,
und er soll nicht nur spenden,
weil er sich dazu gezwungen fühlt.

Wir sammeln jedes Jahr Geld für eine Aktion.
Sie nennt sich »Brot für die Welt«.
Eigentlich sammeln wir kein Brot, sondern Geld.
Aber für das Geld werden Brot und Reis gekauft,
mit Geld können Schulen entstehen
und Ausbildungsstätten,
ohne Geld kann nichts aufgebaut werden.

Wieviel geben wir?
Oder anders gefragt:
Wieviel zu geben haben wir uns vorgenommen?
Zehn Prozent des Wertes aller Weihnachtsgeschenke,
die wir kaufen?
Oder sind es nur ein paar Mark,
Münzen oder Scheine, die wir gerade in der Tasche haben?

Viele Völker in der Welt brauchen unsere Hilfe.
Denn es gibt viele arme Gemeinden.
Und wir sind reich, wir haben reichlich genug.
Hoffentlich geben wir gern ab.
Und nicht nur ein »Trinkgeld«.
Es heißt: Weihnachten ist das Fest der Geschenke.
Schenken wir »Brot für die Welt«.

Dezember **23**

Das Volk, das im Finstern wandert, sieht ein großes Licht.
Jesaja 9,1

Nachtwanderung.
Eine begehrte Unternehmung während einer Klassenfahrt.
In stockfinsterer Nacht loslaufen,
durch dichten Wald,
Über Feldwege oder Landstraßen.
Ein bißchen Angst ist dabei
und das Gefühl,
ganz nah beieinander bleiben zu müssen,
damit sich niemand verliert.

Das Gottesvolk sah auch kaum einen Weg,
keine Lichtung,
nur Bedrückung,
nur Nacht ringsum.
Man sagte zueinander:
Es wird sich nichts ändern!
Unsere Lage dauert noch Generationen.
Und was danach kommt, ist auch ungewiß.
Bei solcher Einstellung sinkt jeder Mut.
Da lassen schon die Kinder »die Flügel hängen«.

Nachtwanderung.
Gottes Volk ist unterwegs.
Auf der Suche nach dem lichten Durchbruch,
mit der Sehnsucht im Herzen, den Tag zu erreichen,
den Morgen.
Kinder des Lichtes wollen wir sein.

Weihnachten steht vor der Tür,
mit seinen Lichtern,
mit seiner Guten Nachricht.

Denn uns ist ein Kind geboren,
ein Sohn ist uns gegeben,
und die Herrschaft ruht auf
seiner Schulter. *Jesaja 9,5*

Ein Kind wird geboren,
in großer Armut,
die Eltern befinden sich auf erzwungener Reise,
die Volkszählung befahl es,
und was der Kaiser anordnete, mußte befolgt werden.

Ein Kind wird geboren,
das ist immer ein Grund, sich zu freuen,
weil neues Leben beginnt.
Die Menschheit stirbt nicht aus,
ein Kind läßt hoffen.

Ein Kind wird geboren.
Es ist Heiliger Abend.
Sind darum die Menschen so friedlich?
Halten sie darum für ein paar Stunden beieinander aus?
Ist der Grund das Kind?

Ein Kind wird geboren.
Ein Menschenkind wie andere.
Und doch ein anderes Kind,
kein Wunderkind,
und doch ein Wunder, dieses Kind.

Ein Sohn ist uns gegeben.
Gottes Sohn.
Und die Rettung liegt in ihm beschlossen,
der Anfang einer neuen Zeit ruht in ihm.
Er wird alle Versprechen erfüllen
mit seinem Leben,
mit seinem Tod.
Denn der Weg von der Krippe führt zum Kreuz.
Für dich.
Für mich.

Dezember **25** *Die Hirten gingen zu ihren Herden zurück.*
Lukas 2,20

Es war alles genauso gewesen,
wie es ihnen der Engel gesagt hatte:
Und die Hirten fanden das Kind
und die Eltern dabei,
Stall und Krippe waren der Beweis.

Heute ist der 1. Weihnachtsfeiertag,
der 1. Christfesttag.
Vielleicht sitzen wir in der guten Stube im Bauerngehöft,
oder in einer Neubauwohnung,
oder im Altbau, in der alten Stadt;
die Geschenke sind begutachtet,
vielleicht wird manches nochmals und wieder anprobiert,
zufrieden oder enttäuscht blicken wir in den Kerzenschein.

Es heißt:
Die Hirten gingen zu ihren Herden zurück.
Also ganz einfach in den Alltag,
an ihre Arbeitsstelle,
zu den Hunden und Schafen und Ziegen.
Es heißt aber auch:
Sie lobten Gott und dankten ihm für das,
was sie gesehen und gehört hatten.
Also kein Rückgang zur Tagesordnung,
sondern Aufnahme der Guten Nachricht.

Eine Anregung für uns,
wir sollten darüber nachdenken:
Das Fest der Geburt Christi wirkt in den Alltag hinein,
dieser Geburtstag will unsere Herzen froh machen,
und unsere Tage sollen hell werden
vom Gesang der Lieder
und von der Gewißheit:
Eine neue Zeit ist angebrochen.
Gottes Zeit.

Herr, du hast
dein Versprechen gehalten!
Lukas 2,29

So betet der alte Simeon
und hält das Jesuskind in den Armen.
Nun, da er Gottes Rettung mit Händen greifen kann,
ist ihm auch nicht mehr vor dem Tod bange.
Der alte Mann hat mit eigenen Augen gesehen,
daß Gott sein rettendes Werk vor aller Welt begonnen hat.

Hast du auch solche Erfahrungen gemacht?
Sind dir die Feiertage bekommen,
das heißt:
Hast du nur versprochene Geschenke erhalten
oder geahnte und ersehnte Wünsche erfüllt bekommen,
oder hast du erfahren,
wie Gott sein Versprechen hält?
Zwischen den vielen Worten
und dem Zuruf »Fröhliche Weihnachten!«
hörte ich das eine Wort, das mich meinte,
die Bitte:
Öffne deine Hände,
breite deine Arme aus,
strecke sie,
damit du Gottes Liebe fassen kannst!

Ich weiß,
da sind auch die anderen Erfahrungen,
Gott ist in ihnen so weit weg,
und es wird kein Frieden in uns,
oft stehen wir uns selbst im Wege dabei.

Nimm Gottes Liebe an.
Und deine Augen werden den Retter sehen.
Dieses Versprechen gilt.
Glaube wie Simeon.

Man hat nur dann ein Herz,
wenn man es hat für andre.
Friedrich Hebbel

So viele Rätsel hat der Mensch gelöst; nur mit sich selbst kann er nie einig werden.
Der Sterne Lauf, der Weltgesetze Ordnung sind ihm bekannter als sein eigenes Herz. Joseph von Auffenberg

Wach auf, mein Herz, und singe
dem Schöpfer aller Dinge,
dem Geber aller Güter,
dem frommen Menschenhüter.
Paul Gerhardt

Mit dem Herzen dabeisein,
das heißt doch,
ganz dabeisein,
von Kopf bis Fuß.
Also nicht mit halbem Herzen zuhören
oder helfen,
gezwungenermaßen,
weil es nun mal sein muß.
Mit dem Herzen dabeisein,
das heißt auch,
mit Freude dabeisein,
Lust haben
und richtiges Interesse.
Eigentlich möchte ich das.
Halbe Sachen taugen nichts.

Tut alles von Herzen, als Leute, die dem Herrn und nicht Menschen dienen. Kolosser 3,23

Da brach Josef
mit dem Kind und seiner Mutter
mitten in der Nacht nach
Ägypten auf. *Matthäus 2,14*

Nur wenige Tage nach Weihnachten –
die Geschichte von bestialischer Brutalität:
Das Blutbad von Bethlehem.
Kinder werden ermordet, Säuglinge getötet.
Der Weihnachtszauber ist vorbei,
die harte Wirklichkeit greift durch.
Ich denke an Theresienstadt und an Vietnam
und an die Millionen Kinder, die der Hunger hinwegrafft,
ich denke an die Flüchtlingsströme in der Welt.

Nur wenige Tage nach Weihnachten –
da ist man schon hinter dem Kind von Bethlehem her,
von seiner Geburt an wird Jagd auf ihn gemacht,
und sie wird erst enden,
wenn das Kreuz aufgerichtet steht.
Nur wenige Tage nach Weihnachten –
da wird unser Glaube auf eine harte Probe gestellt.
Das Leiden Jesu beginnt.
Es sind nicht dumpfe Schicksalsschläge,
es ist die Nähe Gottes, die seine Feinde hervorlockt.

Nur wenige Tage nach Weihnachten –
da sind die Eltern mit dem Kind geflohen.
Sie folgten der Weisung Gottes und brachen auf.
So blieb das Jesuskind von dem Blutbad verschont.
Vielleicht brauchen wir auch solche Weisung.
Vielleicht in dem vor uns liegenden Jahr,
mit dem Hinweis: Steh auf und gehe!
Oder: Steh auf und kehre zurück!
Wenn wir auf Gottes Wort hören,
werden wir es erfahren:
Er baut uns Brücken,
wir müssen nur darüber gehen.

Dezember **29** *Ich will ganz für Gott dasein.*
Lukas 1,38

Eine Bereitschaftserklärung.
Eine Willenskundgebung.
Mit unserer Unterschrift stellen wir uns dahinter,
sei es eine Forderung,
eine Bitte,
eine Mahnung.
Mit unserem Jawort verpflichten wir uns.

Ich will ganz für Gott dasein.
Das haben Menschen zu allen Zeiten versprochen.
Oft bedeutete für sie eine solche Verpflichtung, sich für einen
Dienst der Kirche zur Verfügung zu stellen,
manchmal im Zusammenschluß mit anderen,
in einer Schwesternschaft oder in einer Bruderschaft,
meistens fürs ganze Leben.

Ich will ganz für Gott dasein.
Das sagen Menschen vielleicht als Gelübde.
Nach harten Zeiten als Dank für besondere Hilfe,
nach der Vergebung einer Schuld,
auf Grund einer Predigt, die sie hörten.
Da ist die Erkenntnis:
Alles andere zählt nicht, nur noch Gott.
Manch einer tut das sogar fanatisch,
mit allen Konsequenzen, die sich daraus ergeben.

Ich muß die Kehrseite kennen.
Bis zum Horizont sehen.
Erst einmal glaubend annehmen:
Gott ist ganz für mich da!
Da kann ich gar nicht gleich Aktivitäten entfalten.
Ich werde still und warte.
Erst dann will ich sagen:
Mein Leben soll Gott gehören,
ich will ganz für ihn dasein.

Jahre lehren mehr als Bücher.
Sprichwort

Das Jahr übt eine heiligende Kraft;
was grau vor Alter ist,
das ist dem Menschen göttlich.
Friedrich Schiller

Die Jahre, die du uns geschenkt,
wenn deine Güte uns nicht lenkt,
veralten wie Gewänder.

Nur Gottes Jahr währt für und für,
drum kehre jeden Tag zu dir,
weil wir im Winde treiben.
Jochen Klepper

Denk an deinen Schöpfer in deiner Jugend,
bevor die bösen Tage kommen und die Jahre anbrechen,
in denen du sagen wirst: »Sie gefallen mir nicht.«
Prediger 12,1

Gleich vollen Segeln fliehn die Jahre
mit ihren Augenblicken fort.
Friedrich Karl von Creuz

Dezember **31** *Für Gott ist nichts unmöglich.*
Lukas 1,37

Ist er da, der große Kassensturz –
Silvester?
Wieviel ist im vergangenen Jahr möglich gewesen?
Wieviel hatte ich mir vorgenommen,
was habe ich erwartet –
und was hat sich erfüllt,
was kann als Erfolg abgebucht werden?

Viele Fragen,
ich denke, jeder stellt sie sich.
Denn der Rückblick ist zugleich auch der Ausblick.
Das erreichte Ziel bestimmt den nächsten Start.
Und wer möchte nicht unter guten Bedingungen starten!

Für Gott ist nichts unmöglich.
Das mag für die einen Trost und Hoffnung sein.
Für andere ist es nur ein Spruch.
Mich spornt solch eine Behauptung an.
Nicht, weil ich an ihr Erfolg und Niederlage messe,
sondern weil ich neue Erfahrungen machen möchte,
ich will ausprobieren, was Gott möglich macht.
Ich weiß, dazu bedarf es des Vertrauens.
Deshalb möchte ich auch anderen Mut zusprechen:
Versuch's auch!
Gib das alte Jahr in Gottes Hände zurück,
und nimm von ihm das neue, das unbekannte.
Denn dort, wo du nur verbaute Wege siehst,
will Gott dir eine Öffnung zeigen,
eine Tür,
ein Fenster,
einen Menschen,
damit du glauben lernst:
Für Gott ist nichts unmöglich.